基金项目:国家社科基金艺术学项目(21BH147)
浙江理工大学哲学社会科学繁荣计划学术著作出版资助(2021年度)

时尚消费文化生态研究

——基于中国文化价值创新驱动

孙虹 张瑾 著

浙江大学出版社
·杭州·

图书在版编目（CIP）数据

时尚消费文化生态研究：基于中国文化价值创新驱动 / 孙虹，张瑾著. -- 杭州：浙江大学出版社，2024.10

ISBN 978-7-308-24536-4

Ⅰ．①时… Ⅱ．①孙… ②张… Ⅲ．①消费者行为论－研究－中国 Ⅳ．①F723.55

中国国家版本馆 CIP 数据核字（2024）第 004547 号

时尚消费文化生态研究——基于中国文化价值创新驱动
孙虹　张瑾　著

责任编辑	傅百荣
责任校对	徐素君
封面设计	周　灵
出版发行	浙江大学出版社
	（杭州市天目山路 148 号　邮政编码 310007）
	（网址：http://www.zjupress.com）
排　　版	杭州隆盛图文制作有限公司
印　　刷	广东虎彩云印刷有限公司绍兴分公司
开　　本	710mm×1000mm　1/16
印　　张	18
字　　数	333 千
版 印 次	2024 年 10 月第 1 版　2024 年 10 月第 1 次印刷
书　　号	ISBN 978-7-308-24536-4
定　　价	78.00 元

版权所有　侵权必究　印装差错　负责调换
浙江大学出版社市场运营中心联系方式：（0571）88925591；http://zjdxcbs.tmall.com

作者简介

孙虹,博士、浙江理工大学教授,长期从事时尚产业与文化的教学和研究,著有《休闲服消费价值体系研究》等时尚领域的著作五部,发表《女性主体地位嬗变与服饰文化转型研究》等学术论文50余篇,获国家级省部级课题10余项,时尚产业发展资深咨询专家。

张瑾,浙江理工大学表演(时装表演艺术)专业系主任,致力于时装表演教育与实践,担任亚运会启动、杭州国际日、杭州文化旅游推广等多场大型服装表演实践活动的总策划和总导演,时尚表演领域资深专家。

目　录

第一章　时尚理论发展史 …………………………………………… 1

第一节　时尚的起源 ………………………………………………… 1
一、时尚的溯源 ………………………………………………… 2
二、时尚的词源 ………………………………………………… 6
三、时尚的本质 ………………………………………………… 7

第二节　时尚符号论 ………………………………………………… 8
一、时尚符号的理论性 ………………………………………… 8
二、时尚符号消费的衍生 ……………………………………… 10

第三节　时尚的现代悖论 …………………………………………… 17
一、时尚的进步性 ……………………………………………… 17
二、时尚的消极性 ……………………………………………… 21

第四节　时尚消费大众化的发端 …………………………………… 26
一、时尚消费大众化的内在原因 ……………………………… 26
二、时尚消费大众化的外在表现 ……………………………… 28
三、案例分析：时尚大众化引路人——Coco Chanel ………… 32

第五节　时尚理论的现代消费映射 ………………………………… 35
一、炫耀消费——时尚消费外流 ……………………………… 35
二、品牌消费——文化体验输出 ……………………………… 36
三、个性消费——心理补偿方式 ……………………………… 37

第二章　世界五大时尚之都的形成与发展 ……………………… 41

第一节　法国——浪漫风情下的时尚 ……………………………… 41
一、历史背景 …………………………………………………… 41

二、"浪漫风情"文化形成 …………………………………… 42
　　三、时尚风格特点 …………………………………………… 44
　　四、品牌风貌举要 …………………………………………… 45
第二节　意大利——多元化的时尚 …………………………………… 47
　　一、历史背景 ………………………………………………… 47
　　二、"多元风格"文化形成 …………………………………… 48
　　三、时尚风格特点 …………………………………………… 49
　　四、品牌风貌举要 …………………………………………… 50
第三节　美国——自由精神催生下的时尚 …………………………… 52
　　一、历史背景 ………………………………………………… 52
　　二、"自由至上"文化形成 …………………………………… 53
　　三、时尚风格特点 …………………………………………… 53
　　四、品牌风貌举要 …………………………………………… 55
第四节　英国——实践主义下的自豪感 ……………………………… 59
　　一、历史背景 ………………………………………………… 59
　　二、"实践与自豪交融"文化形成 …………………………… 60
　　三、时尚风格特点 …………………………………………… 61
　　四、品牌风貌举要 …………………………………………… 62
第五节　日本——东西方文化交融下的时尚 ………………………… 64
　　一、历史背景 ………………………………………………… 64
　　二、"东西交融"文化形成 …………………………………… 65
　　三、时尚风格特点 …………………………………………… 65
　　四、品牌风貌举要 …………………………………………… 68

第三章　中国时尚消费文化的演变 ……………………………………… 70

第一节　启蒙时代西风东渐(1992—1949年) ………………………… 70
　　一、打破传统新服制 ………………………………………… 71
　　二、优雅别致新旗袍 ………………………………………… 71
　　三、寓意深邃中山装 ………………………………………… 74
　　四、中西合璧文明装 ………………………………………… 76
第二节　解放初期质朴简洁(1950—1965年) ………………………… 79
　　一、革命情怀列宁装 ………………………………………… 80
　　二、朴实耐磨工人装 ………………………………………… 81
　　三、友谊见证布拉吉 ………………………………………… 81

四、勤俭实用日常服·································· 84
第三节　"文革"岁月红流滚滚（1966—1976 年）············ 85
　　一、全国上下军装风·································· 85
　　二、素雅质朴女性服·································· 87
　　三、挺括耐穿的确良·································· 89
　　四、别有情趣装饰物·································· 90
第四节　改革开放千姿百态（1978—2000 年）··············· 91
　　一、引领时尚新裤型·································· 91
　　二、款式多变西服装·································· 93
　　三、实用洒脱宽外套·································· 94
　　四、风靡一时彩色裙·································· 95
第五节　加入世贸时尚新潮（2001—）······················ 96
　　一、轻熟时尚韩流风·································· 97
　　二、华服风尚新热潮·································· 98
　　三、绿色健康环保流································· 100
　　四、可咸可甜中性服································· 101
　　五、文化自信汉服热································· 102
　　六、原创品牌新风范································· 103

第四章　时尚消费与大众媒体·························· 107

第一节　文化传播与时尚传播的发展探析················· 107
　　一、文化传播现状··································· 107
　　二、中国时尚传媒发展现状··························· 109
　　三、中国时尚传媒发展趋势··························· 113
第二节　文化传播对时尚消费的影响机制················· 114
　　一、传统文化媒体··································· 115
　　二、文化新媒体····································· 121
　　三、文化传播与消费································· 125
第三节　时尚传播媒体对时尚的影响机制················· 126
　　一、时尚传统媒体··································· 126
　　二、时尚新媒体····································· 129
第四节　日本时尚媒体本土化借鉴······················· 138
　　一、日本文化的发展································· 139
　　二、日本时尚的发展································· 140

三、日本时尚媒体的本土化 …………………………………………… 140
　　　四、日本时尚本土化对我国的启示 ……………………………………… 142
　第五节　中国时尚话语系统 ……………………………………………………… 144
　　　一、时尚语汇的由来和意义 …………………………………………… 144
　　　二、提高中国国际时尚话语权的发展基础 …………………………… 146
　　　三、建立中国话语系统下时尚语汇谱的基本构想 …………………… 148

第五章　时尚消费与营商环境 ……………………………………………………… 156

　第一节　我国营商环境现状分析 ………………………………………………… 156
　　　一、营商政策环境 ……………………………………………………… 157
　　　二、营商要素环境 ……………………………………………………… 160
　　　三、营商政务环境 ……………………………………………………… 164
　　　四、营商贸易环境 ……………………………………………………… 166
　　　五、营商投资环境 ……………………………………………………… 169
　　　六、营商法治环境 ……………………………………………………… 171
　第二节　高时尚消费地区的营商环境建设 ……………………………………… 173
　　　一、他国地区营商环境建设 …………………………………………… 173
　　　二、国内地区营商环境现状 …………………………………………… 177
　　　三、未来国内营商环境建设 …………………………………………… 180
　第三节　优化我国营商环境的协同机制 ………………………………………… 182
　　　一、思想判断层 ………………………………………………………… 182
　　　二、他律控制层 ………………………………………………………… 184
　　　三、自律屏障层 ………………………………………………………… 188

第六章　时尚消费与品牌创新 ……………………………………………………… 192

　第一节　时尚消费下的品牌创新文化生态现状 ………………………………… 192
　　　一、时尚消费趋势分析 ………………………………………………… 192
　　　二、时尚品牌生态现状 ………………………………………………… 194
　　　三、时尚消费回流路径 ………………………………………………… 197
　第二节　中国时尚产业创新体系 ………………………………………………… 198
　　　一、机遇无处不在 ……………………………………………………… 199
　　　二、挑战时刻相随 ……………………………………………………… 200
　　　三、体系彰显特色 ……………………………………………………… 201
　第三节　时尚消费下的品牌创新之路 …………………………………………… 203

一、时尚消费产品创新 ……………………………………… 203
　　二、时尚消费服务创新 ……………………………………… 206
　　三、时尚消费网购创新 ……………………………………… 208
　　四、时尚消费技术创新 ……………………………………… 212
　　五、时尚消费营销创新 ……………………………………… 214
　　六、时尚消费渠道创新 ……………………………………… 215
　　七、时尚消费模式创新 ……………………………………… 217
　　八、时尚消费价值创新 ……………………………………… 219
　　九、时尚消费文化创新 ……………………………………… 220
　第四节　成功时尚品牌创新案例分析 ……………………………… 221
　　一、案例一：SHEIN ………………………………………… 221
　　二、案例二：无印良品 ……………………………………… 223
　　三、案例三：李宁 …………………………………………… 224

第七章　设计创新文化生态研究 ……………………………………… 229

　第一节　国内设计生态现状分析 …………………………………… 229
　　一、对中国优秀传统文化态度的转变 ……………………… 229
　　二、设计创新趋于民族化 …………………………………… 235
　　三、设计创新发展的不足 …………………………………… 237
　第二节　后备人才培养 ……………………………………………… 240
　　一、人才培养及需求现状 …………………………………… 240
　　二、机制建设 ………………………………………………… 242
　　三、产教融合 ………………………………………………… 243
　　四、高校课程建设 …………………………………………… 245
　　五、政府角色 ………………………………………………… 247
　　六、"赛一展"促学 …………………………………………… 248
　第三节　知识产权保护 ……………………………………………… 249
　　一、时尚设计创新知识产权特点 …………………………… 249
　　二、行业自律 ………………………………………………… 252
　　三、地方联动 ………………………………………………… 253
　　四、法律规定 ………………………………………………… 254
　第四节　创新体系建设 ……………………………………………… 256
　　一、创新传播 ………………………………………………… 256
　　二、创新政策 ………………………………………………… 258

三、创新设计 …………………………………… 260
第五节　他山之石品鉴 …………………………………… 264
一、五大时尚之都经验 …………………………………… 264
二、日本人性化设计理念 …………………………………… 267
三、国内经验案例综述——浙江杭州 …………………………………… 269

第一章 时尚理论发展史

"时尚"并不是遥远和陌生的词,也不是"另类""独特""奇装异服"的代名词。不知不觉,在我们的周围,充斥着各种各样与"时尚"相关的词语。时尚是抽象的,被赋予了许多华丽的辞藻,总让人触不可及,但时尚也是具象的,表达着人们的审美品位,体现在生活的方方面面。从看得见摸得着的漂亮的服装、精致的配饰、完美的妆容、健硕的肌肉乃至于各类时尚品牌、时尚穿着、时尚发型,到看不见摸不着的时尚观念、时尚生活、时尚概念。无论是物质上的还是精神上的,毫无疑问,它们在不断地丰富着我们的物质生活和精神生活,体现着人们对美好事物的向往和追求。

人有千面,物有多维,时尚在不同的人眼里有不同的解释。"夫道学者,学士大夫所当讲明,岂以时尚为兴废",在文人学者眼里,时尚是当下所推崇的学风;"今之成衣者,辄以旧衣定尺寸,以新样为时尚,不知短长之理",在能工巧匠眼里,时尚是市面流行的样式;时尚是生活方式或行为模式的模仿,在社会学家眼里,时尚是一种集体选择;时尚是炫耀心理的一种外在表现,在心理学家眼里,时尚是阶级分化的产物;时尚是人与人之间的情感交流方式,在哲学家眼里,时尚是个人主义的表达;时尚是人类装饰习性的族群演变,在人类学家眼里,时尚是一种文化的传承。凡此种种,可见时尚所用之广,所涵之丰。

第一节 时尚的起源

时尚不是无源之水,无本之木。通过对时尚产生的历史背景、原因以及本质进行探究,有助于我们从本源对时尚进行把握。一方面,这种初步的感性把握可以为随后的理论梳理做感性铺垫;另一方面,由于任何事物的产生都有其必然存在理由,因此时尚的产生暗含必然性的要求,通过探究可以发现一些暗藏其中的自然规律。

一、时尚的溯源

任何事物的产生,都有促使其发展演变的土壤,我们也称之为"环境",这种环境包括自然环境、人文环境和社会环境。自然环境是"时尚"产生的基础,为时尚产品的生产提供了丰富的物质资源;人文环境是"时尚"发展的加速器,为时尚的升级提供了高效快捷的生产方式和多种多样的工艺表现手法;社会环境是"时尚"传播的渠道,为时尚在各个圈层、阶层的同化和分化提供途径。这三种环境都为"时尚"的产生提供了完备的先决条件,它们三者之间相互协调与合作,虽然是各自独立的个体,但又在整个生态环境和体系链中相辅相成,紧密相连,互为主从,形成同生共荣的良性循环。显然,时尚是多个要素共同成就的,不是独立的存在,但"时尚"的千变万化,始终摆脱不了社会发展演变进程中的产物这一属性。这就决定了我们应该从不同的角度,站在社会学的层面,对这一与时代发展紧密联系的特有现象去溯源,去考察与研究。

(一)社会生产力的发展

"时尚"这一社会现象从人类产生分化便已存在,它"在社会学方面,是阶级分野的产物"[1]。时尚的表现需要物质作为载体,如早期的装饰性贝壳、树叶,以及经过简单加工的石块、兽皮等,这些装饰品的资源采集和加工工艺都暗含着一个族群生产力的进步和发展。因此,时尚的产生和传播,必然以人类社会的开化和发展作为前提,只有社会内部存在阶级或身份上和私有财产的显著区别之后,才会形成不同族群、阶层的分化,并且在此基础上,每个部落也会根据族群的生产特点确立自己的信仰、图腾,初步形成一种简易的族群文化,随之,一些代表当地生活方式和文化信仰的纹样和图案也应运而生。这种带有自我种族文化的装饰性穿着,正是原始社会的一种时尚的雏形。

时尚的产生和传播是受历史条件限制的,但往往是首先产生于与群体相关的个体的一种新的地位和新的表达。在原始社会初期,生产力低下、生产资料缺乏、人均寿命低等种种外界环境导致刀耕火种的人们常常受到生命的威胁,这很大程度上限制了人们在穿着方面的发展(见图1-1)。不得不说,当一个族群每天在思考如何稳定地在这片栖息地生活下去、生存成为唯一目标的时期里,人类便不存在所谓的自我发展,时尚也因此缺乏生长的土壤。随着生产力的发展、社

会分工不断细化、社会财富也产生多寡不均等问题,此时阶级逐渐形成,时尚培

图 1-1　刀耕火种的原始社会时期

(图片来源：https://pic.sogou.com/d? query=％D4％AD％CA％BC％CA％B％C6％DA&mode=&did=5♯did52)

植的土壤也初步形成。

(二)阶级分化的表征

时尚作为个体展示与众不同,张扬个性,引人瞩目的表演舞台,往往发端于社会中拥有较高地位的阶层,继而成为较低阶层的参照而存在。而一旦完成由较高阶层到较低阶层的过渡之后,较高阶层的人马上抛弃了旧时尚转而创造出新的时尚,从而一直保持着他们与较低阶层群体的差异性,尤其是消费行为与方式上的区别与距离,以显示自身的优越感和尊贵身份,而这一行为客观上推动着时尚的发展(见图 1-2)。

时尚最初的表现形象主要体现在服装上,它在整个欧洲历史中一直作为阶层区分的主要表现方式。从标志时尚开始的 4 世纪到现在,天然的稀缺性提供了某类人群独自占有的优越性,而服装来源的稀缺性就自然呈现了不同服装的档次,并体现了所属的阶层,象征了人的社会地位。"物以稀为贵是经济学上的一项基本价值规律。经济学上的稀缺性是指相对于人类无限的需求而言,资源总是有限的,这种物质的不可获得性即为稀缺性。"[2] 这种原材料的稀缺主要是地域差异和生产资料产量低下造成的,例如西方国家长期靠从东方进口丝绸等。这些昂贵的材料的稀缺性决定了只有贵族才有可能获得这种物质性的满足,而

下层劳动人民只能穿着常见的普通兽皮或者粗布面料的衣服，因此阶级分化在服装形态上得以直观地区分开来。正如齐美尔所论述："时尚的本质存在于这样的事实：时尚总是只被特定人群中的一部分所运用，他们中的大多数只是在接受它的路上。"[3]

图 1-2　不同阶层人们的服饰风格

（图片来源：http://www.sohu.com/a/4597692_479726）

（三）模仿行为的出现

在实现了原始的基本属性（如遮羞、保暖）之后，人们不断拓展服装的功能属性，给其附加了特殊符号意义，并成功将这种特殊符号融入社会当中去，从而使服装成为时尚的载体。同时正是由于服装的这种社会符号性质，使之在整个社会阶层秩序上呈现出凛然的威严和尊卑差异。就如道格拉斯·凯尔纳（Douglas Kellner）提到的："……所有的一切都意味着，经济上的限制有效地维护了社会秩序。"[4]后来，社会的发展一度撼动了原本固化的着装规范，原本由于资源稀缺带来的社会阶层着装区分变得不那么明显了，由此，第一部节制个人消费的法律颁布。法国大革命后，众议院向国王爱德华三世提出请愿书，强制规定不同阶层可以穿着的织物材质和类型，继续维持服装制度在社会阶层分野当中的强制性，以维持原有的服装分配制度。但是法律没有对服装样式做出硬性规定，使得时尚的模仿特性有了产生的可能。当下层人民开始模仿上层人士的服装样式时，上层人士为了达到区分的目的重新发明新的服装样式，随之而来，新的模仿战也开始打响。当这种模仿蔚然成风时,逐级传递迁移的时尚最后被完全地大众化。这种大众化的"时尚"也逐渐地渗入社会生活的各个领域:如服饰、发型、语言、社交和生活方式等,由此形成各个社会成员群体的"时尚",最终在模仿的追逐中不断实现了更新和发展。[5]

(四)个体主义的表达

时尚的产生与流行,固然跟崇尚优越的身份与地位有关,但最根本的原因还在于个体对新奇事物的追求,希望与众不同,突出自我,标新立异的求异心理作用,离开了个体主义的情感与心理表达,时尚无从谈起。

不可否认的是,如果没有社会变革和短暂之物的转向,时尚是不可能存在的。时尚要出现,"现代"必须被接受,且被渴望;当下必须比过去更受推崇;新奇之物以一种前所未有的转变,被赋予了高贵的价值。社会生活对于短暂的倾向中这一根本转向的根源非常复杂,但这一变化特别与对个体这一权利的认识相关,就是个体使自身引人注目,将外观特殊化,并且借此而改变的权利。随着社会身体在其同集体标准的关系上具有的新地位,一种同变化之间的新的社会关系建立起来:革新和社会当下状态的合法化同个体主义的审美逻辑的到来是联系在一起的,这种逻辑也是一种区分和自律的逻辑。

由于"时尚"这一概念本身的复杂性,即使对上文提及的"时尚"产生的历史背景进行梳理,专家学者们也无法明确这一社会现象真正发挥其推动作用的时间点。艺术史学家安妮·霍兰德(Anne Hollander)较早地将时尚的起源聚焦在中世纪晚期,"人类从远古时期就已经发明了很多穿衣方式,但时尚则不同,中世纪晚期开启了西方服装优雅的新体系"[6]。然而,历史学家们则有自己独到的观点:早期现代主义者安·罗莎琳德·琼斯(Ann Rosalind Jones)、彼得·斯塔利布拉斯(Peter Stallybrass)、卡罗尔·夏玛(Carole Shammas)、劳娜·韦泽利尔(Lorna Weatherill),分别将时尚起源的关注点集中在 15 世纪、16 世纪和 17 世纪[7]。还有一部分的早期现代主义者认为时尚产生于 18 世纪的"消费革命",如丹尼尔·罗氏(Daniel Roche)、詹妮弗·M. 琼斯(Jennifer M. Jones)、尼尔·麦肯德里克(Neil McKendrick)、约翰·布鲁尔(John Brewer)和 J. H. 普拉姆(J. H. Plumb)[8]。20 世纪末期以来,时尚学者们纷纷将目光集中在中世纪晚期,但仍旧无法在时间点上达成共识:莎拉·格蕾丝·埃莱尔(Sarah Grace Heller)认为时尚产生于 13 世纪;斯特拉·玛丽·牛顿(Stella Mary Newton)认为时尚起源于 1340—1365 年;苏珊·莫舍·斯图尔特(Susan Mosher Stuard)和法国服装史家奥迪尔·勃朗(Odile Blanc)都认为时尚产生于 14 世纪的宫廷;卡罗尔·

科利尔·弗里克(Carole Collier Frick)则认为时尚产生于15世纪[9]。众多学者倾注大量的精力研究时尚的起源这一问题，不仅仅是由于它与现代性和资本主义的起源相关联，更主要的是因为对时尚起源的研究是认识中世纪晚期这个特殊过渡时期的一种方式，也是社会文化变革的一部分，堪称"在商品化过程中财产的改变引起的社会文化巨变"[10]。

二、时尚的词源

"时尚"这一词，单从词源的角度去探究，就要追溯到1482年。早期具有"时尚"雏形的单词是"modus"，在英语中意指"manner"，或在法语中意指"manidre"。而现在广为人知的"fashion"一词则来源于拉丁语词"facio"或"fatio"，有"制造"的意味。而在古代语法中则表示为"fazon"，并进一步演变为"facon"，再后来又发展为法语的"faconner"，并延伸成为中古英语中的"fashion"。无论是英语中的"fashion"一词，或法语中的"la mode"一词，都比常见的与时尚相关的词，如服饰(clothes)、衣着(garment)、衣服(attire)、装扮(garb)、服装(apparel)和装束(costume)等要更具备"时尚"所蕴含的社会意味。据1988年版的《巴恩哈特词源词典》记载，大约在1300年，意义为风格(style)、时尚(fashion)、服装样式(manner of dress)的词第一次被记录。到了20世纪初，"时尚"才开始具备现代意义上的内涵[11]。

正如"fashion"一词被定义为目前社会上正流行的衣着打扮、礼节、家具及说话方式。"fashion"如它的同义词方式(mode)、风格(style)、时髦(vogue)、趋势(trend)、模样(look)、品味(taste)、风尚(fad)、风行(rage)、流行(craze)，以同样的方式被提及，但它们所传递的社会意义还是略有不同。《现代汉语词典》将时尚解释为"当前的风尚"，《牛津英文字典》则丰富了关于时尚的解释："形成过程""服装""风格""一种特别的形状或交集""典型的或者普及的实践""当下流行的生活消费品形式""最新的和受人追捧的风格"等[12]。然而，若将"时尚"按照词性进行划分，则有着天壤之别：作为名词，时尚意味着"风格""样式""种类"或"分类"；作为动词，时尚特指做某件事的行为。美国人类学家泰德·波汉姆斯(Ted Polhemus)和南美洲的林恩·普罗克特(Lynn Procter)在1978年合作出版的《时尚与反时尚：人类学视野的服饰与装饰》中，对"时尚"一词又赋予了"装饰"的含义，自此开始，"时尚"的词意也变得更加复杂。由于时尚现象的反复性，人们似乎从不将时尚视为静止、固定的事物。

时尚和服装通常是可以互换的，因为时尚主要和服装有关。英国学者马尔科姆·巴纳德（Malcolm Barnard）对时尚和服装的研究是少数几个把这两个词放在一起，并试图加以区分的研究者。巴纳德尝试把服装与时尚相区分，并分别观察它们的定义、功能和意义，经常同时探讨这两个词。德国学者布伦宁克迈尔（I Brennikmeyer）也为样式（mode）、衣服（clothing）、衣着（dress）、装束（costume）、风俗（custom）和风格（style）等词下了定义："样式"是时尚的同义词；"服装"来源于"布料"，意思是一片适于缠绕或穿在身上的织物、羊毛、头发和棉花黏合物。1823年，"服装"的意思是任意职业的人所穿的带有区别性的衣着。"dress"来自中古法语的"dresser"，演变到英语中则成了有"安排"意思的"dress"。一般而言，它是指妇女外套或服装的可见部分。"costume"指个人的穿衣风格或属于某一民族、阶级或时期的衣着。既然时尚与这些概念有许多相关的方面，将时尚阐述清楚就变得不可能，因为焦点是物质对象[13]。时至今日，时尚已渗透进我们生活的方方面面，从服装、化妆品、汽车、家居、旅游、运动到传媒、广告、文化、艺术、音乐、影视，以及科技、体育、电信、商业，甚至是环境保护和农业都成为时尚风潮的一员。

三、时尚的本质

严格意义上的时尚是什么？其本质是什么？

当一个词经历了不同时代的洗礼后，想要赋予它一个精确的定义显而易见是困难的。时光飞逝，"时尚"的意义和内涵也随着当时社会习俗和历史背景在不断变化。时尚确实为服装增加了额外价值，但是这个附加因素仅仅是着眼于精神层面的考量，实际上，时尚不仅仅是看得见的服装，更是看不见却实实在在影响人的内涵。作为概念的时尚比单纯讨论的词语的意义要宽泛，它显示了有关服装的附加和隐含意义，这对时尚的消费者来说是很有吸引力的。

就字面意思来看，时尚的定义显然与"服饰""装饰""风格"等有关。伦敦时尚学院的恩特维斯特尔教授（Joanne Entwistle）在其名著《时尚的身体》中指出"装饰"与"服饰"都具有人类学的血统，因为人类学在寻找一种表达人类对其身体所做一切事情的术语，时尚比"装饰"和"服饰"更为精确地表示西方社会的特性，同样的意义也体现在"风格"一词，从一个意为"做一件事的方式方法"的词，不知不觉演变成"社会或者文化认可的行为方式"[14]。但跳出这个固有印象去审视时尚，又赋予了这个词不同的意义：让·科克托（Lean Cocteau）认为"时尚是不会过时的东西"；伊丽莎白·威尔逊（Elizabeth Wilson）则认为时尚是一种"快速和不断变化的风格"[15]；迈克尔·卡特（Michael Carter）将时尚称之为"风格上的不安"[16];日本学者藤竹晓也指出,时尚是某种思潮或行为方式,通过各种渗透过程,不断改变人们的价值判断[17];艺术史家贺南德(Anne Hollander)认为时尚就是"一种互相沟通的文化现象"[18];德国的费舍尔(Friedrich Theodor Fischer)在《时尚与犬儒主义》一文中,将时尚定义为"用来描述在一定时期内有效的一组文化形式"[19];劳雷尔·安·威尔逊(Laurel Ann Wilson)甚至指出,"变化的商品化"就是时尚,将时尚设定为一个可以界定的体系,其中变化是最理想的商品,这意味着它可以不必局限于任何社会或者任何时间点,这一特点也是构成时尚系统的根本要素[20]。这意味着时尚与衣着或服装是不同的概念和实体,能够或者应该分别加以研究。

鉴于此,我们可以试着将"时尚"的定义简单地归结为各种元素组成的集合,一种仍在不断演变、成长、发展的语言网络。时尚是思想上、精神上的一种享受,它不仅体现了个人的消费爱好,更主要的是体现了一个人的价值观念和审美等内在的东西。时尚学是一门研究时尚的学问,而不是研究衣着、服装的学问;也是一项关于时尚的社会学调查;是将时尚视为一个产生时尚的概念、现象和实践的体制;也是研究艺术产品的实践和制度的艺术社会学;是一个存在于人的心里的、关乎时尚信仰的社会生产过程;也是一种具有分享和交流意味的文化现象。

第二节 时尚符号论

时尚不仅仅代表一种物质形态和行为方式,更是蕴含着文化精神和符号意义。放在广阔的历史和文化背景下去考察时尚,便不难发现其具有不同寻常的意义符号特征。我们现在处于时尚符号被大量产生和消费的时代,它是一个特殊的符号系统,更加复杂和抽象。时尚的变化很难预测,这种不可预知性就使人们产生了新奇的想法,这也正是时尚吸引人的地方。时尚的符号也随着流行不断变化,在这其中制造新奇,形成自己的逻辑准则。

一、时尚符号的理论性

关于时尚理论的发展,大多源于20世纪初,从社会阶层分化开始,真正诞生出现代意义上的时尚现象。由此发展出的消费心理,使得时尚迈入心理学的范畴。同时当人们将目光聚焦于时尚背后所代表的符号价值时,其背后的文化内涵也逐渐显现出来。而随着时代的发展和进步,当今社会下的时尚则逐渐向产业化迈进,形成了以产业集群为载体的时尚体系。由此可见,时尚正以势不可挡的趋势深入社会各个领域,它不仅停留在社会现象的表层,更是与经济学、社会学、美学、哲学、心理学等诸多学科有着千丝万缕的关系。其中,符号学更是对于时尚现象的审美、传播等多个方面影响深远。对"时尚的符号论"的研究,是我们正确把握时尚特性过程中的重要一环。符号在符号学中一度被认为是携带意义的感知。意义必须用符号才能表达,符号的用途是表达意义。换言之,没有意义可以不用符号表达,也没有不表达意义的符号。符号学试图追寻并分析意义研究的最新发展,探索和其他学科进行融合与对话的可能,促进人文科学的跨学科互动。就时尚领域而言,在与多种学科的交叉之下也诞生了许多新的学说理论,如传播符号学(communication semiotics)、电影符号学(semiotics of cinema)、游戏符号学(game semiotics)、广告符号学(semiotics of advertising)、音乐符号学(musical semiotics)、认知符号学(cognitive semiotics)、艺术符号学(semiotics of art)、性别符号学(semiotics of gender)等等。

符号学即意义学,而文化就是人类所有表意活动的集合。

20世纪60年代,以阿多诺(Theodor Wiesengrund Adorno)为代表的法兰克福学派指认时尚成为一种新型的文化现象;本雅明(Walter Benjamin)则强调时尚是一种永恒变化的新事物;布迪厄(Pierre Bourdieu)也曾从文化的角度来研究时尚,认为围绕时尚进行的一系列探讨和感知本身是一种文化的积累过程[21]。将高级时装设计等同于艺术、文学等精英文化的生产,在当时引发了巨大的冲击。20世纪70年代以后,越来越多的学者提出将时尚作为一种文化和艺术来进行研究,乔安娜·芬克尔斯坦(Joanne Finkelstein)在《时尚导论》一书中这样写道:"'时尚'被视为是时尚价值观念影响下的当代文化的生产空间。"她认为时尚是性别身份的表达,也是一种语言和文化,同时还可以是一种体验。可以说她对时尚的理解从传统的高级时装衍生到生活中的多个层面[22]。

符号学在关于时尚的文化现象理论里的一个重要研究发现,它揭示了时尚如何演变为一种高度拜物教的过程。法国文学批评家和文学理论家罗兰·巴特(Roland Barthes)开始将时尚作为一种符号和象征来研究,他认为时尚系统的核心推动力来自微观的时尚元素,还有能将这些不同的时尚元素合成一体的复杂社会关系网,系统就是将不同元素组合成相互依存关系的过程。为了把握服装和时尚研究的复杂性,他把服装分为"真实的服装"、"表现的服装"与"使用的服装"三种,以更好地区分在不同情况下时装所扮演的不同角色。其中"表现的服装"包括"图像的服装"和"文字的服装",虽然图像本身的意义是模糊的,但语言丰富了图像的意义,所以"文字的服装"就是把原料转换成语言,是一个抽象的符号系统与最终的服装形态,也是时尚的现代意识形态表达[23]。"被时尚的形成逻辑抓住,如被差异逻辑抓住"[24],在当代消费社会中,时尚正是遵循这样一种逻辑:时尚从表面上看似是对流行物品的追捧和推崇,实际上却是对被符号所伪装起来的流行物品的追捧和推崇,时尚不再是传统意义的对某种物品的追求、占有和使用,而是某种文化符号意义的表现载体。

二、时尚符号消费的衍生

符号的消费性从根源上讲是一种"炫耀性消费"心理的延伸,即上层阶级通过一种超出生活基础需要的奢侈性消费,旨在加深阶级分化,炫耀自己的社会地位。如今阶级观念相较以前变得更加模糊,社会已从"以生产为主导方向"转变为"以消费为主导方向"的消费社会。但时尚的符号消费依旧存在于时尚领域的各个方面,而时尚符号消费也逐渐演变为通过对商品的符号价值进行消费,从而满足人们精神上的需求。

(一)时尚产业的艺术符号消费

艺术能被人们称之为精英文化而载入史册、被研究和膜拜,其原因在于艺术衍生的丰富性。艺术的表意即艺术符号,是艺术家对于现实素材的剪裁与取舍的一种表现形式,通过艺术加工创作出源于生活却又高于生活的艺术作品。艺术符号是一种生命形式,同古代意境理论有异曲同工之妙,通过高度抽象化的符号含蓄地传达特定的意义。人们借助艺术符号表达情感,通过欣赏艺术作品时常能感受到生命力的张弛,继而产生情感上的共鸣[25](见图1-3)。

图1-3 中国传统福寿纹样、锦鲤纹样

(图片来源:https://www.tupian4.com/shiliangtu_275777.html http://www.nipic.com/show/66006.html)

"消费主义把消费视为生活的目的和最终意义,并且视之为自我认同的手段,那么在大众传播中就需要符号的选择、制造和传递,以帮助接受在传播者心中相似的意义。"当艺术在消费社会中进行商业转化时,其作品中蕴含的艺术符号也被赋予了更多信息传递的功能。例如中国古人在进行服装、建筑、家具等设计时,往往讲究一种意境,常用的图案、花纹符号也都有固定的象征意义。人们往往为了博个好兆头,选择这些蕴含着美好意愿的设计产品。如有些椅子侧面装有横枨,前低两侧高,寓意为"步步高升"。在中国传统服饰中常出现的鲤鱼、蝙蝠、寿桃等符号也都表达了好运连年、福寿延年的美好祝愿,是国内早期艺术符号消费的一种典型代表。另一个艺术作品商业化的成功案例便是草间弥生的南瓜系列作品,这一系列之所以大获成功也正是因为其极具辨识度的传播学符号语言的运用。相较于波点等前期作品,南瓜系列的符号内涵更加平民化,容易与消费者达成共情,因此,相关产品设计包括服装、配饰、家居等都大获成功。另外通过与大牌推出联名限定合作款,不仅将南瓜系列作品作为一种艺术符号推广出去,还吸引了艺术界、设计圈和时尚界的一大批草间弥生的忠实粉丝来继续支持她的艺术作品,实现艺术符号消费的良性循环[26](见图1-4)。

图1-4 草间弥生和L&V的联名合作款
(图片来源:https://www.jiemian.com/article/248760.html)

(二)时尚产业的传播符号消费

消费主义作为一种全球化的文化,本身就带动了符号学的传播。20世纪80年代以后,传播符号学更加注重与时尚和消费相融合,吸收相关的学科成果,以解决更多实际问题。其中,传媒产业作为以符号的生产和消费为特征的混合产业,通过利用符号学的传播理论,对于时尚产业模态下研究传媒实践和审美经济具有极其重要的作用[27]。比如,运用格雷马斯方阵等符号工具对动漫等传媒产品进行剖析,可以发现成功的动漫产品所具有的特征,从而对我国产业的实践提供有益借鉴[28]。除了利用符号学理论来对时尚产业进行产品传播的数据评估以外,从传播内容来看,"符号产品"的主要经济价值则是基于它们提供的"意义"而非物质性的使用价值,如奢侈品、"娱乐服务"和"体验产业"[29]。因此,传播符号在产业中运用更为广泛、也更为直白的则是对某种"象征意义"或者"思想"的传播。这种精神层面的文化输出从某种角度上讲更是一种时尚领域的"洗脑风暴",随之而来的便是新一轮的"流行趋势"的席卷。综上,时尚的传播换而言之也是新一轮的符号传播。

现如今,信息传播技术快速迭代为符号的传播提供了更多新的可能:注重报网联系、视网联合的5G时代、传统媒体和新媒体融合的融媒体时代和人工智能为核心的智媒体时代[30]。在融媒体与智媒体兴盛的当下,时尚符号产品的物质组成部分也变得不再那么重要,许多素材和资源可以从网上获取,因而未来时尚产业的符号传播方式将会更加偏向于销售模式和手段的创新。

(三)时尚产业的性别符号消费

在漫长的思想文化历史中,性别赖以产生的各种符号系统一直成为性别符号学研究的文化土壤和理论资源。但时尚产业的性别符号消费所指向的不尽相同。首先,这里探讨的性别符号不是哲学领域的性别符号学,而是在时尚消费领域内,将性别作为一种符号去传递和影响的消费现象。其次,从根源上讲除了先天生理上性的差别外,男女在经历社会性或不同文化构建后,所表现的社会身份、期待以及行为方式也存在显著的不同。因此,性别符号的消费往往是通过一些"性别特质"的隐喻来实现符号的传达,从而刺激形成性别消费[31]。

为了吸引受众眼球,迎合受众消费娱乐的欲求,媒介消费主义与性别文化结合,将女性形象逐渐物化和商品化,体现出一种以符号价值为主导的使用价值与符号价值的自然有机统一,从而使"性别符号"成为商品销售获利的一大卖点。无论是车展抑或是其他大型展会,无一例外会选择身材高挑的女模来进行产品的辅助宣传,这些媒体眼中的"消费偶像""角色类型",成为一种"符号化的编码",使传统的美女文化演变成现代的美女经济,并为传媒找到了新的经济增长点。不仅是女性性别消费,随着大众审美的逐渐转变,作为时尚消费主力军的女性群体开始得到重视,随之而来的便是为了迎合女性受众群体而发展出的男色消费时代《偶像练习生》等男性选秀节目,将女性化的"花美男"形象无形之中植入到观众的审美心理和消费取向,从而带动粉丝经济创造新的"美男"消费(见图1-5)。另外,受部分女权主义的影响和人文主义的复兴,一种被称为"中性风"的时尚风格映入人们的眼帘:女明星开始通过中性打扮展现自己硬朗帅气的一面;

花美男则是将柔美之气带入穿着搭配的细节当中,这种刚柔并济的中性美带动新的性别符号消费,也席卷起一阵新的时尚流行浪潮。

图1-5 男性选秀节目《偶像练习生》
(图片来源:https://www.sohu.com/a/479770_20285206)

(四)时尚产业的电影符号消费

对于电影符号学的研究,已经远不是通过探究抽象的文字符号就可以表述清楚的,这是一个通过对多种景、物、光、色、声、境等符号进行分析,来弄清作者想要表达的欲望、情感、思想、认识、理念、观念的研究。随着科技的发展,电影作为一种客观存在的"物",无论是电影产量、银幕数量,还是票房收入,都呈现出爆炸式增长,让电影作为一种"符号消费"成为可能[32]。

电影作为一种结合了视觉与听觉的艺术表达形式,与语言文字一样具有传递信息与表达交流的功能。在电影中,借助图像、声音、色彩和镜头的选择运用,传达不同的信息、情感和意图,从而形成了一个完整的信息意义表达系统。就此而言,图像、声音、色彩和镜头等要素作为特殊"语言"拥有了与语言文字一样的功能,构成了广义的语言符号体系。

在现实生活中,非同一般的强烈视觉吸引力的影像和画面,或是借助各种高科技电影手段创造出来的奇幻影像和画面及其所产生的独特视觉效果都会给观众产生某种联想。奇观电影作为一种符号,通过给观众带来震撼的感官体验,将创造者赋予它的"符号价值"以及"文化内涵"灌输到消费者的思想中,导演们往往喜欢运用科学元素来建立起电影这个虚拟世界与现实世界的耦合度,从而构建起叙事脉络、支撑整个时空观[33]。因而,如《骇客帝国》《星球大战》《速度与激情》等被冠以"科学"符号的系列电影,再结合酷炫的场面,便很容易吸引大批的票房和粉丝,并带动相关产业的发展。

其实,电影题材本身就携带着符号的功能,随着网生内容的不断丰富和壮大,IP文化逐渐兴起,如近几年大热的影视作品:《甄嬛传》《琅琊榜》《花千骨》《鬼吹灯》《盗墓笔记》等都是从小说发展出来的热门IP。这些作品有的远销海外,将影视作品中包含的中国元素和传统文化作为一种文化输出传递到世界的各个角落。电影作为IP产业链的一环,其产品不止于影片为我们所提供的票房、版权与广告植入的一次性回收,更是将网络小说、游戏、动漫、传统院线、电视剧等多个领域全面打通,实现了与相关产业的跨界合作发展,将符号消费传递到电影产业的每一个环节(见图1-6)。

图1-6 热门IP影视作品海报
(图片来源:https://m.jiemian.com/article/2408174.html)

(五)时尚产业的游戏符号消费

信息化是一个新时代的开始,作为这个时代的符号,早时的电子游戏具有对传统游戏的模拟和依附于新技术的视觉化符号特点,在产品外形上也同样符合当时电子产品的整体风格,符号意义统一于整体时代背景[34]。游戏的符号消费同影视作品有着异曲同工之妙,多数凭借多感官的联动来实现内容的符号传播,从而形成消费。

基于不同的技术背景和社会需求,游戏符号借助的传递媒介也各有不同。初期游戏诞生并没有任何其他的符号意义,即所指的意义和内容相对的缺乏,也无明确的定义,作用也是为了娱乐生活、消遣时间,因此一些精巧的游戏内容设置,如迷宫、战斗、解密等互动操作便成为游戏的一大消费卖点。后期技术的革新使得游戏二维界面不断丰富甚至向三维方向发展（VR 系列），使得游戏画面更加精致、配乐更加精良、操作和互动性能也更加流畅。当玩家在享受游戏盛宴时产生了审美疲劳，开始对游戏内容和其背后所传递出来的思想，即"游戏符号"有了更多的要求（见图1-7）。

图1-7 VR游戏操作过程

（图片来源：http://ask.zol.com.cn/q/2058078.html）

当下，一些独立游戏制作人开始对作品使用的符号及传递出的信息意义有了新的思考。比如近几年登录 iOS 与 Steam 平台的国产独立游戏《荧幕判官》，便是通过运用独特的画风和细腻的叙事手法，向玩家传递出制作团队对于"大众审判"这一社会现象的深度思考，实现游戏主旨的"意义"化。另外，一些利用古代神话内容或中式设计元素的、制作精良的中国风游戏，如：《仙剑奇侠传》《古剑奇谭》《说剑》《永无止境》等，通过融入丰富的中国元素，向玩家们尤其是海外玩家传递出中国文化的博大精深，促使人们对中国文化产生浓厚的兴趣，从而带动消费以及相关产业的发展，这是中国优秀传统文化批判继承、古为今用的一种表现（见图1-8）。

（六）时尚产业的广告符号消费

广告是时尚消费全链条活动中最为醒目和活跃的成员。当今以文化传播为媒介的广告与旧有模式相比最大最突出的变化，就是最大限度淡化受众理性思考的色彩，同时强化并加重受众的情绪、欲望、冲动和潜意识等感性心理，在引领与强化的同时通过重复的刺激最终实现社会群体的无意识行为——跟着感觉走。

图 1-8　国风游戏海报

(图片来源:http://mini.eastday.com/a/7062545.html)

广告本身就是信息符号体系的一员,作为文本意义进行内容的生产、传播和扩大。广告的符号消费实际上是通过一定的战略技巧使受众产生购买意愿或者行为的说服性传播活动,并诱发消费者做出的符合广告商期待的消费行为[35]。作为时尚产业的广告在其直观呈现的时尚性消费符号能动引导下,巧妙地掩盖了性别意识形态和商业价值意识形态以极其隐晦和暗含的方式最大限度地发挥着消费主义的意识形态,在以精致的作品和精心策划的方式提供了产品信息的同时,极大地调动构成广告内容的符号、信息、画面、色彩、代码和影像,赋予商品象征属性,即一种社会性身份与生活方式的意义,无边界无止境地刺激着受众的视听感官、消费欲望、消费需求和购买冲动。

以意大利著名奢侈品品牌 GUCCI 的一则香水广告为例,广告借助视觉美的形式艺术设计,利用欧式古老庄园、大提琴、华尔兹舞蹈、红酒等视觉符号为人们塑造了一个气质优雅、身份尊贵、品位高雅的精致女性形象。这种充满"格调"的形象成为品牌方赋予产品的一种文化资本,使 GUCCI 的香水摆脱单纯的奢侈品印记,突显一种高端审美情趣的价值诉求,通过与中产阶级消费者达到共鸣的方式来实现符号消费。另一个借助短视频进行广告符号营销的成功案例是"一条",它涉及领域涵盖建筑、摄影、美食、个性酒店、读书、时尚等,通过塑造"生活、潮流、文艺"的文青形象,进而推行中国生活美学的核心价值观。虽然广告的最终目的是通过宣传刺激消费,但"一条"的短视频弱化了商业气息,强调布景与摆设,更多的是借助短视频广告传递一种文化符号。"一条"通过不落俗套的审美来吸引受过高等教育且注重生活品质的中产阶层人群,看似在宣传一种恬静闲适的生活方式,实则在推动其背后相关产品的消费。

(七)时尚产业的音乐符号消费

随着时尚产业的整合和发展,音乐符号的消费开始向着网络方向发展。它往往依托于短视频、影视作品、游戏、广告等媒介进行符号输出,还有一部分凭借网易云、QQ音乐、酷狗音乐等网络音乐平台借助版权进行商业化发展。当然,新媒体的出现改变了音乐的生产模式和传播方式,网络音乐由于其传播独特的虚拟性与公共性、时效性与流动性、互动性和综合性以及对艺术审美意义的重构等特点,使其被赋予了相较于传统音乐模式的不同文化价值和符号内耗,也极大地影响着音乐的艺术消费途径[36]。

以现在市面上大热的抖音等短视频软件上的音乐创作为例,时长为5秒至60秒不等的短视频内容有着易于发布、操作简单等特点,使音乐创作的门槛降低,仅就抖音神曲《远走高飞》一首来说,抖音平台上对于该歌曲的不同版本的改编有20种以上,甚至部分改编音乐在配合适当的短视频剪辑后,其流行程度更甚于原作。通过这些音乐平台,人们可以在上面完成简单的音乐创作和发布,也可以作为观众的身份去打赏和为那些喜爱的歌曲点赞、评论。这种原创者和观众的良性互动,不仅有利于提高音乐作品的质量,平台和作者还可以通过这种"互动"获得丰厚的收益,促进音乐符号的良性消费和发展,也吸引更多同类型的接受者聚集在此类平台。

第三节 时尚的现代悖论

时尚作为时代的产物折射的是整个社会在某一阶段或特定时期的特征与印迹,时尚既有进步性也有消极因素,随时代发展变迁而动态变化。

一、时尚的进步性

(一)智慧变革和材料研发

看一个实例:随着蓝色的灯光缓缓亮起,2017年Dior在上海西岸艺术中心举办的一场名为"I feel blue——迪奥蓝调之夜"的特殊走秀缓缓拉开了帷幕。这场时装秀的特殊之处在于,全场利用了全息投影呈现了Dior从1947年发展至今70多年的历史。其中最令宾客们惊讶的是,秀场中的所有模特都是全息投影打造出的"假模特",再配合场上昏暗的灯光,更加衬托出星辰闪烁的气氛,让观众们仿佛置身于科幻的场景之中,美轮美奂。

其实这不是时尚秀场第一次使用全息投影技术,不仅是 Dior,Burberry 也曾经在北京走秀的时候用这项令人惊叹的技术进行艺术表现:舞台上两位迎面相走的模特,她们碰撞后从对方的身体中穿过,逐渐变得透明,直到变成白色的烟雾。大牌们纷纷选择高新科技设备来完成自己的时装秀并不是一种偶然。实际上,随着人们日益增长的物质文化需求愈发旺盛,供给关系发生了结构性的改变,消费者们变得不再是一味地适应和接受时尚,而是对时尚的追求有了更高的要求,许多新奇的想法和念头都需要技术的支持和跟进。因此,一些智慧革新技术在时尚需求的刺激下被研发出来,不断丰富和充实设计手段与方法,为设计师所服务:可以打印出仅有 50g 重的球鞋的 4D 打印机、通过内置设备实现采集穿戴者信息的智能鞋、利用 VR 设备在 4D 环境中进行产品设计等等。这些智慧科技的出现,为时尚产品的设计和展示锦上添花,使"时尚科技化"与"科技时尚化"相得益彰。一方面,时尚的需求促进了智慧设备的研发;另一方面,高新技术的投入使设计绽放出新的活力。正如业界人士所说的:"时尚秀场上,设计师需要从科技上寻找灵感,以追求更酷更炫的设计;而科技领域,设计师希望自己的产品越来越时尚,以打入年轻人的世界。"(见图 1-9)。

图 1-9　4D 打印鞋 Adidas ZX 4000 4D
(图片来源:https://www.sohu.com/a/338687020_120274820)

从古至今,材料种类的丰富度一直是限制时尚发展的一大绊脚石,遏制了设计师的设计灵感,甚至让设计师陷于困境。因此,服装材料学成为在时尚推动下诞生的一门很重要的学科。时尚产业的发展促进了许多新型材料的研发,最大可能满足设计师和消费者的需要,而可持续便是当下时尚材料领域的一大研究方向。优衣库一直秉承着研发高性能面料的理念,缔造了许多销售奇迹:摇粒绒面料服装、HEATTECH 发热面料内衣、高级轻型羽绒服等。为了解决下雨天面料容易湿透的问题,戈尔特斯(GORE-TEX)面料是美国 W. L. Gore&Associates, Inc. 独家发明和生产的一种轻、薄、坚固和耐用的薄膜,它具有防水、透气和防风功能,突破一般防水面料不透气的缺点,被誉为"世纪之布"。各品牌方为了能在激烈的竞争中抢占先机,建立面料研发工作室或与高校等科研院所合作已经成为他们的必选之路。

全美高级纺织协会(AFFOA)与麻省理工学院进行面料研发合作的项目负责人曾这样解释:"这种伙伴关系预示着我们正在创建一个全新的行业,基于纤维材料和新技术制造业的突破。新纤维制成的面料将令人们有机会多角度感受周围环境,转换并储存通信以及各项能源,并将对健康监督、体温控制以及色彩和造型改变带来全新的发展方向。"[37]消费者的需求是无止境的,对于品牌方来说,他们能做的就是不断提升自己的技术来满足消费者各式各样的需求。这些需求的出现很大程度上为技术的革新和发展提供了灵感和方向,鞭策着新材料的研发。

(二)经济发展和产业优化

时尚产业作为一种创意性经济,在促进经济发展方面是有目共睹的,尤其是信息、贸易市场均为全球化的 21 世纪,各国各地区的文化交流更加方便、快捷和频繁,这样的变化不仅提升了时尚产业的行业质量,还带动了当地经济的迅速发展。首先,时尚产业是建立在人们精神文化需求上的产业,这就意味着必须要以经济发展为基础,因此,想要发展时尚产业就必须要有充足的经济发展作为温床。其次,在世界范围内,时尚产业的增长速度要远超 GDP 的增长,比如在美国现代经济危机期间,好莱坞的加速发展创造了美国的黄金期;而 20 世纪 70 年代日本的经济状况也被日本动漫文化产业从大萧条中拯救出来;中国在"国潮"的刺激下,不仅促进了一大批"老字号"品牌"起死回生",还走出国门走向世界。从这些事例中不难看出,时尚产业对于国家经济发展的贡献不低于任何一个传统产业,成为当今名副其实的朝阳产业。

时尚产业对于经济发展的激励作用体现在方方面面。仅在中国,以丝绸闻名的浙江便是时尚产业促进经济变革的鲜活例子。浙江省近几年建设了各类时尚产业特色小镇,与国内外高校对接,集聚了大量优秀企业和设计人才等高端要素。如余杭的艺尚小镇,2017 年集聚国内外顶尖设计师 20 名,引进区域性服装企业总部36家,企业565家,其中服装类企业169家。近几年举办的"中国服装定制高峰论坛"等活动也为浙江时尚企业和品牌的发展、产业跨界合作提供了良好的平台和环境。在时尚产业浓郁氛围的带动下,2017年浙江时尚产业总产值达到12305.9亿元,同比增长18.3%,成为带动浙江省经济发展的中坚力量。

从行业或产业角度来看,时尚产业在结构整合方面有着不可取代的作用。改革开放以来,时尚产业的各分支产业在我国取得了长足的发展。商贸、服务业、物流业、旅游会展业、影视业、音像新闻出版业、游戏动漫产业、电子产业、艺术产业、体育产业、新媒体产业等在内的各行各业都是时尚大家庭的一分子。时尚代表社会风尚,反映着特定时期主流消费者的消费倾向。化妆品、消费类电子产品、服装、珠宝首饰和时尚服务业是我国时尚产业的典型代表。2008年至2010年我国社会消费品零售总额连续三年同比增长20%左右,推动传统制造业的转型升级,向着时尚产业的方向迈进。经济全球化带来了经济的大发展,同时也加深了各种文化之间的大交流。在多种文化的刺激下,时尚产业细分出许多新的产业类型,其中"适度时尚"就是伊斯兰文化对时尚产业影响的结果。"适度时尚"产业是一种在遵循宗教信仰和文化习俗的前提下,将主流时尚元素与之相融合的时尚产业分支。DKNY、H&M等品牌都推出过"适度时尚"系列的产品,这种时尚原本是受制于伊斯兰文化的一种产物,在时尚产业的整合下,俨然成为促进经济发展的新动力[38]。

(三)思想进步和文化思潮

从前述的时尚起源可知,时尚是一定社会和文化大背景下的产物,它往往开始于某种思想的启蒙,止于某种文化变革的兴盛。时尚与大众的精神诉求密切关联着,它不仅仅是一种消费行为,也是流行的一种生活方式和精神状态,是以物质文化的形式而流通的消费文化。它的载体不仅是物质的,更是有着深刻的文化内涵,体现了人们对于当下事物的看法,抑或称之为一种思想变革和文化思潮兴起的急先锋。

历史上许多著名的思想文化运动同当时的时尚息息相关。对于欧洲文化发展具有重大影响的"文艺复兴"运动便是一个例子。文艺复兴时期的艺术有一个显著的特点:现实和人性,当时所有的创作几乎都围绕这个主题。艺术家们通过自己作品宣言一种打破封建神权统治、解除宗教禁欲的思想,去掉宗教和制度对于人们精神上和肉体上的枷锁,是旨在改变意识形态的基础关怀和尊重,建立以人为本的世界观[39]。这场运动使文学、艺术、哲学和自然科学蓬勃发展,对神学的统治地位进行了沉重的打击。另外,文艺复兴时期的人们开始关注世俗生活的质量,在印刷、艺术、诗、建筑等知识的传播与应用下,新技术引起了文学、艺术内容上的变化。"文艺复兴"运动是一场时尚领域的变革,同时也是整体制度变革的催化剂,通过这场运动为资本主义的发展和资产阶级统治地位的确立制造公众舆论,所以文艺复兴是新兴资产阶级的一场文化思潮运动。

时尚对于中国的影响,更多的是通过精神文化层面的渗透来改变人们的世界观和价值观。在中国近代史上的许多思想运动离不开当时之"尚"。甲午中日战争中,洋务派创办的北洋舰队全军覆没,中国处于生死存亡的危险边缘。而洋务运动失败后,西方的许多文化思潮涌入国内,一时间,学习西洋文化成了当时的"时尚"。在西方思想的影响下,以康有为、梁启超为代表的维新派认识到仅靠学习技术无法振兴中华,必须要从思想上进行革新。正是这种当时所崇尚的西方思想文化对中国知识分子的影响,人们开始有了追寻"民主"和"科学"的文化思潮,并掀起了维新变法、辛亥革命等文化革命和起义。此后,各种思潮、流派应运而生,并在中国文化的土壤上争鸣、角逐,但各自的最终命运则取决于中国社会变革的历史抉择。

追求时尚是社会进步的一种表现。时尚的出现是时代的变革,让人可以挣脱生活的束缚从而产生新思维新审美新追求,也只有在人文气息浓郁,思想环境通畅且等级制度松散的社会中时尚之光才能迸发向上。正是因为人的努力和社会的进步,时尚也将必然跟随时代的脉络不断地朝前迈进。

二、时尚的消极性

(一)环境破坏和健康威胁

时尚在给人们带来视觉和体感盛宴的同时,也在加剧对环境和人类健康的威胁。

环境方面,时尚产业虽然是一种文化产业,但它的运行和发展离不开传统制造业的支持。各种金属辅料、塑料制品、化学染色试剂等高污染物的生产、化工废料的排放都对周围环境造成了极大的破坏;牛仔布等特殊面料在制作和水洗的过程中都要添加大量的有毒化学用品,污染附近的水源和空气;过度包装之下,各种外形迷人的时尚包装(纸质的、金属的、塑料的)、包装袋和包装瓶罐等不仅喧宾夺主,还浪费资源,产生了大量的废弃物;过度的宣传和粉饰使得一些巨大的时尚电子显示屏林立街头,炫彩夺目的霓虹灯除了不停播放着内容单一的商业广告,还占用了人们的空间资源;以夜总会、酒吧、歌舞厅为主的时尚娱乐场所,为了制造狂欢的气氛,运用大量的旋转灯、荧光灯以及闪烁的彩色光源,不仅带来巨大的噪声,还制造了彩光污染。尽管现在时尚领域多次提出"可持续发展"和"绿色设计"概念,但没有真正遏制对环境的污染,存量污染未见减少,增量污染更令人震惊,时尚产业依然始终是高污染的产业。我们不得不承认,这些装点了我们生活的时尚元素还在持续不断地侵蚀着我们赖以生存的空间。

更令人不可忽视的是,时尚对于人们身体健康造成的危害。有些时尚产品在很大程度上是一种"反人类""反人体工程学"的设计。比如在我国,人们为了展现美丽的体态和挺拔的身材,72%的成年女性会选择穿高跟鞋。却不知美丽的代价也是残酷的,长期穿着过高的鞋子容易导致腿部关节僵直、肌肉酸痛,而且易引起足弓变形,或足跟和脚脖痛及趾面关节等疾病。另一个对人们身体发育有着严重影响的便是各式各样的"紧身装",古时欧洲女性为了追求一种近乎"变态"的美感,往往会使用束腰来收勒身型(见图1-10)。身体在木板条和皮革束腰的压迫下,造成了持续性的内脏损伤和肋骨变形,这种束腰甚至比中国古时的女子缠足还要凶残。缠足虽疼,却不致死,然而在19世纪的欧洲,因为束腰而使肋骨过度受压,最终致死的事件层出不穷。虽然现在已经没有束腰束脚之类的陋习,但是体现女性S形身材的审美理念却一直没有改变,一些包臀裙、紧身牛仔裤、紧身内衣在展示优美线条的同时,仍然对人们的身体发育产生不利影响,其中过紧内衣压迫导致乳腺增生等疾病都已经是老生常谈。在人们开始对身体健康产生焦虑情绪的时候,保健美容却成了时尚的新宠,各种运动保健、医学保健、绿色保健、按摩保健、饮食保健等等名目繁多刺激眼球,其中不乏鱼目混珠的"伪保健",让人在"享受"时尚的同时付出伤害健康的代价。至于再造美女的整形手段更是五花八门,美容院成了对女人进行改造和二次生产的梦幻工厂,随之而来的便是各种各样整形失败的惨痛案例。副作用相对较小的中草药养生或许对一部分体质特殊的人有一定成效,但长此以往对身体的伤害也是不可小觑。消费者不仅花费了大量的金钱,还加剧了健康的风险。正如伊里奇所说:"对健康的追求本身已经变成压倒性的致病因素。"[40]在对美容时尚的疯狂追逐中,人们迷失了自己,迷失了方向,并付出了高昂的健康代价。时尚反生态的一面看似是伴随着现代科技发展产生的,但更深层的原因却是,在商品经济和市场利益的驱使下,商家利用了消费者追求时尚的狂热心理而进行的投其所好的劣质生产罢了。

(二)商品拜物和时尚媚俗

诚如列斐伏尔所言,在时尚的庇护下,科技提供了一种乌托邦的想象,人们可以在电影院、迪斯尼乐园等娱乐场所中忘掉日常生活的困窘。但实际上,人们

图 1-10　束腰的畸形审美
（图片来源：http://www.sohu.com/a/1536480_124464）

依然服膺于技术和商品社会的体系。当今的大众文化具有商品和商品拜物教性质。时尚产业将牟利性质嫁接到精神产品上，这种文化或精神逐渐赋予商品更多的虚拟价值，价格系数无底线增高，金钱拜物教的风靡也很快会成为冷酷无情的事实[41]。时尚领域内最显著体现商品拜物性质的便是"炒鞋"，通过一些新闻和明星带货将原本普通的球鞋炒出天价，辗转倒卖从中牟取惊人差价，从那个时候开始，球鞋开始脱离它的使用价值，转变成一种符号性的商品，成了身份与身价的代言人，成本不再是决定球鞋价格的主要因素。同"炒鞋"相同性质的商业营销在时尚领域比比皆是，当价格严重脱离产品的应有价值时，便会形成一种泡沫经济。一旦商品受到舆论的误导和资本的支配，时尚中的"艺术性"便会被无情地践踏，艺术内涵遭到严重损害与掏空，时尚品成为徒具一副赤裸裸外表的商品空壳。

在商品拜物教的催生下，商品的文化内涵被逐渐消磨，商家为了迎合消费者不成熟的低级趣味，以迅速过时的媚俗艺术为代表的时尚一跃而起，这种低俗的"时尚文化"不断侵占着人们精神生活的方方面面，在我们的生活中泛滥成灾，而那些真正有启迪性的作品和高雅情趣的作品在意义和内涵上被遮蔽。趣味低劣的装饰艺术最早萌生于16世纪至17世纪，随着工业文明的发展，科技的繁荣昌盛，时尚又步入了单纯靠技术化而缺乏人类智慧和创造性来博取眼球的僵局。20世纪文化思潮的觉醒，人们对传统美学的"摒弃"，使得艺术性审美的建立再次遭到严重的挑战，时尚开始呈现多元化的发展趋势。在经济学的介入下，许多商品的艺术价值和审美价值被金钱剥夺，"消费"取代了"欣赏"，"价格"成了"价值"的代名词,艺术的社会批判功能和陶冶功能也自然被浅俗的娱乐、消遣功能所取代。在具有呼风唤雨能力的商品市场的强有力"感召"下,媚俗艺术这种负面的时尚怪胎便粉墨登场了。媚俗文化的一大特点便是浅显易懂且容易复制,通过借助现有的新媒体等传播手段,去迎合一些需要娱乐而忽视文化价值内核的普罗大众。就当下流行的网络直播而言,不少主播为了赚取点击量,拍摄一些冲击感强烈的"吃播"画面,主播通过以量或者以奇取胜,不仅带坏直播风气,还对观众的文化价值有着错误的引导。另一个媚俗文化兴盛的产业便是广告业,受"消遣""娱乐"等以感官刺激为主的"快餐文化"影响,无论是在平面媒体还是电波媒体,广告的媚俗化现象都十分严重,一些以性感美女为主的"香艳"画面成为广告时尚的主流,刺激着人们的感官和欲望。从这一时刻开始,时尚走向了媚俗,媚俗也成了另一种时尚。所有这些,必然造成群体性的躁动、浅薄与随波逐流,最终结果就是人生观、价值观的扭曲。

(三)颠覆主流和秩序反叛

每一轮时尚的兴起都伴随着文化的更迭。大众希望找到一些超常态的方式来释放自己的压力和不畅快,求得一种暂时的、短时间的社会平等感,以及对传统的反叛所带来的愉悦感。20世纪80年代的中国有着这样一群逆流而上的叛逆青年,他们身着时尚的喇叭裤、的确良衬衫,头顶蘑菇头,将收音机扛在肩上,行走在中国的大街小巷,这些装扮无疑就是"反叛"文化的象征,时尚的着装和鲜明的打扮使他们成为中华人民共和国成立后最早的"弄潮儿",这也是年轻人对当时朴素、毫无个性穿着的一种反抗和宣示。随着改革开放的春风吹向全国的每一寸土地,经济得到了快速的发展,喇叭裤也成了再普通不过的穿着并早已被更丰富多彩的衣着所取代,但流行于年轻群体的"反叛"文化一直流传至今。人们利用时尚来表达反叛情绪的方式变得更加含蓄,开始通过进行极端夸大的手法和各种"巧合"的构建创作讽刺漫画,暗讽社会中存在的灰色地带;在影视剧创作时运用夸张的手法,调侃、嬉戏、玩世不恭等偏离社会正统观念的方式直接大胆地揭露现实中价值观念和行为方式的荒诞性。当然,并不是所有表达和宣泄自己叛逆情绪的时尚都如此温和,有少部分群体选择通过夸张的造型、五颜六色的过度装饰来标榜自己的独一无二,甚至还有的群体会设计出用于内部人员交流和彰显身份的"火星文",人们称之为"非主流"。这种以不健康的价值理念为主色调的反叛文化很容易对处于人生懵懂期的青少年产生不良的影响和消极的情绪引导。

不单在中国,在欧洲和美国等发达国家,也出现过以反社会、反传统的非主流文化为中心的抗议和反叛运动。进入消费社会后，消费成为实现各种愿望的通道。时尚已大大超越了穿着外观的领域，并且以层出不穷的形式不断影响信念、生活、道德和品位等方面。这种以消费为中心的市场机制高度重视人自身的体验和需要，人们以前所未有的自由去做自己想做的事情，不仅追求着思想的自我，也追求着身体的完全自我，不在意外人或外界的看法与评价，只在乎自身的快意与愉悦。这些人在利用自己的怪诞行为标新立异的同时，吸引了更多的模仿者加入其中，形成了一种非良性的时尚氛围。随着人们的追捧和效仿，这些文化逐渐演变为一种亚文化潮流，被人们统称为"街头时尚"，其中英国的"朋克"和美国的"嬉皮士"便是显著的代表。早期这类时尚是旨在表达社会和政治对人们个性和精神压迫的不满，批评西方国家中的主流价值观，在运动不断演变的过程中，也诞生了许多沿用至今的时尚元素，如"机车风""嘻哈风""涂鸦""图腾""金属铆钉""破洞""脏辫"等等，这些元素成为时尚流行的丰硕果实被保存下来。但不可否认的是，在这种街头文化盛行的同时，许多"反叛者"用赤裸裸的脏话辱骂社会，以此来表达对主流文化的抗议和挑战以及对社会的不满和反叛；更有甚者还会三五成群聚在一起吸食毒品，让无数青年在其中沉迷堕落。这类青年亚文化及其亚文化商品成为时尚的主题，通过风格化方式来挑战正统和主流文化，以反叛的姿态来表达对当下社会和秩序的不认同（见图1-11）。

图1-11　嬉皮士风格的年轻人

（图文来源:https://pic.sogou.com/d?query=%E6%D2%C6%A4%CA%BF&mode=1&did=8#did7）

第四节　时尚消费大众化的发端

时尚是一种消费行为和生活方式，也是一种审美心理和消费文化。

时尚在很久之前，一直都是与贵族、宗教、阶级相伴相生的高端产物，时尚传播的方式也主要表现为自上而下和平行传播。第二次世界大战是时尚发展的分水岭，服饰时尚信息和时尚流行不再被上流社会和贵族所独享。发展至今日，时尚已经与大众文化合二为一，大众文化的成果和产品日益以"时尚"的形式表现出来。包括电影、媒介、小说、歌曲、广告、时装表演等在内的大众文化产品，正在逐渐脱离纯粹文化意味和文化形式，在与工业生产相结合从而获得文化和经济双重属性的过程中，它们都不约而同地被涂抹上"时尚"的色彩。

一、时尚消费大众化的内在原因

（一）战后经济萧条

早期的法国高级时装是为贵族、富豪阶层专享的，在传统西方概念里，"时尚"是"高雅品位"的代名词，这就导致其目标消费市场极其狭隘和有限，很难得到大的发展。二战之后，以法国为代表的欧洲国家的经济发生了巨大的变化，以法国为例，战争使得法国生产能力大幅度下降，1945年初的工业产量还不足1938年的一半；50万座建筑在战争中被摧毁，150万座建筑受重创，战后恢复压力大；由于连年战争，青壮年男性损失惨重，导致人口性别比例严重失衡。不仅如此，地区经济发展不平衡、农村人口大量流入、传统工业萎缩等问题也迫使法国等战后欧洲国家经济入不敷出，往日极度浮夸、奢靡的服饰令贵族阶层难以负担。

为了恢复战后经济，法国的许多妇女开始走出家庭、走向工作岗位，成为活跃在经济复苏一线的一员。走向工作岗位的年轻女性们对服饰有了新的认知和要求。战后的女性撑起了经济复苏的半边天，她们的性格也变得十分坚韧，再加上为了方便外出工作，如同男装、军装的款式的设计风格开始备受青睐。自此开始，妇女们对于穿着方便、外形中干又不失优雅大方的时装的需求迅速激增，并且开始重视服装与配饰的整体，这个时期的服装成就了一批活跃、勇敢进取与生机勃勃的现代女性。Chanel、Pierre Cardin、Dior等一些以高级定制为主的时装屋，也开始转换思路，提出"时装大众化"的口号，摒弃华美的装饰转而设计风格高雅、质价适度的，符合大众需求的女士成衣。这种服饰风格不仅将法国时装从

图 1-12 二战后的法国
（图片来源：https://www.toutiao.com/i6312567554149712386/）

刻意华贵和珠光宝气的沉重束缚中解脱出来，也成为时尚消费大众化的开端。

（二）摆脱宗教束缚

不可否认的是，任何对时尚大众化的理解其实都是一种对宗教精神控制和束缚的反抗。在贵族和宗教统治的年代，时尚文化总是作为精英文化或高雅文化的代名词，凌驾于现实生活之上，也正因为它一直阐释着人类社会的宗教、哲学及审美精神，传承着人类社会的终极生存意义，因而神圣而不可侵犯。宗教最早兴起是为了给予人们精神上的寄托和心灵上的慰藉，但随着宗教的不断演变，其逐渐成为控制人民思想的一种工具，强调服从性、灭人欲。

在这种高强度的精神压迫下，人们逐渐产生出摆脱宗教思想控制的想法。文艺复兴运动等便是欧洲对于当时宗教压迫的一种文化反抗。战争使社会阶级矛盾激化，在战后，底层劳动人民的思想发生了巨大的改变，对于原属于宗教、贵族圈层的"时尚"开始有了新的认识。人们将"时尚"从神坛落下，转而向大众化方向发展。这种文化是源自人民最迫切的基础需求，而非精神上的需求，是建立在满足人们物质需要的基础上。时尚由神圣的文化变为世俗的文化，由对未来主义的关注转向对当下生活精神以及娱乐自我的理解。

时尚的大众化相对于原有的宗教文化在西方学术界有着两种意义：第一，它代表着在科学主义精神指导下的理性主义。第二，这种大众化的演变还体现了一种追求现世精神以及和善的生活的倾向，禁欲式的清教徒生活成为过去式，对来世的追求被消费倾向所淡化。可以说，当代大众文化的世俗化就是对神性信仰和宗教的摧毁,也是精神膜拜的消失和审美对象的灵韵的消失。

(三)技术解放双手

时尚早期之所以被少数人拥有,除了资源稀缺之外,主要是因为生产力水平低下,导致各种基础原材料供给不足、生产工具简陋、生产技术不到位,使产量无法达到人人皆可拥有的标准。但是,18世纪60年代英国工业革命的到来,却打破了这一僵局。英国工业革命的真正打响是从棉纺织轻工业开始的,这是由于轻工业投资少,见效快,销路广,获利大。不仅如此,棉纺织工业作为英国的新兴工业,受封建商会和地方势力的制约比较小,印度和中国高质量纺织品的竞争力倒逼着英国的纺织工业必须采取技术革新的措施来提升核心竞争力。

1785年,工程师埃地蒙特·卡特莱特制成了水力织布机,功效提高了40倍。1791年,英国建立了第一个织布厂。随着棉纺织机器的发明、改进和使用,与此有关的工序也不断革新和机械化。如净棉机、梳棉机、漂白机、整染机等,都先后被发明并得到了广泛的使用。

在工业革命的帮助下,英国的棉纺织工业实现了机械化生产,同时,各种染色、印花技术的不断完善,为时尚设计提供了更多的可能性。

在高产量、高技术的推动下,一方面,物质的极大丰富提高了服饰产品的产量,以前生产复杂、获取困难的面料现在变得更容易获得,时间成本下降的同时,价格也使得更多的小资产阶级能够接受;另一方面,劳动人民解放了双手,开始有更多的时间去思考穿着的问题,时尚也开始在普罗大众之间传播开来。虽然工业革命并没有完全改变时尚主流仍然是贵族资产阶级独享的局面,但科学技术的发展为日后时尚走向民群、实现时尚大众化奠定了坚实的基础。

二、时尚消费大众化的外在表现

(一)人性解放

快节奏、高强度、高压力的现代都市生活使人们抱怨,大众化的时尚在现代环境下发展为一种"娱乐"文化,于是在单调、重复性的工作之余,人们选择解放天性,通过各种各样的娱乐方式去释放压力、追求娱乐、追求刺激。正如坎贝尔所言,"大众消费主要是需求所驱动的,而且是一种以'浪漫的伦理'的兴起为前提的"。按马斯洛的需求层次理论,在物质得以极大地满足之后,人们就需要在心理上得到满足,在精神上得到平衡,大众文化之所以得以迅速发展也在于它寄托了大众的梦想和欲望,更多地展示了人的感性和人性的丰富性。在消费社会当中,时尚消费的大众化已经不仅仅是对实际需求的需要,而是转化为内在精神的欲望,也就是超越实际的文化和心理的需要,最终解放了天性,实现了自我欲望的满足。这种对物质需要的"享乐主义"不同于贵族时尚的享乐,少了几分地位炫耀的成分,更多的是对自我压力的排解和人性压抑的释放。

值得我们警惕的是,人们在被横流的物欲洗礼的过程之中,经常会下意识地寻求简单的、浅薄的快乐,如果没有正确的价值观进行引导,人性逐渐变得堕落、满于安逸,这种人为物欲的状态反而促使人走进了异化的道路,离人的解放越来越远。所以,在时尚消费大众化发展的过程中,我们要学会理性地克制自己的欲望,至少不让欲望膨胀,坚守自己的人格和本性,在享受大众文化带给我们的愉悦的同时,也能使自己及时从商品的"囚役"中摆脱出来。相对的,对于创作者来说,一件成功的作品的问世,它的意义不仅仅是让人在消费和使用的过程中获得美妙愉悦,而是能在这种体验中陶冶性情,洞察深意,娱乐只有当其与文化中某种根本而深层的东西融合起来时,才是富有价值的。

（二）注重实用

受众的变化影响并决定了时尚的发展变化。当时尚开始从少数人走向大多数人的时候,对时尚的定义与看法必然发生变化。制作成本低、流通快、重内容轻形式、注重实用等便催生了时尚产业的转向。

时尚大众化的一大特点就是摒弃了原有贵族时尚的华美装饰。大量运用蕾丝、细纱、荷叶边、缎带、蝴蝶结、多层次的蛋糕裁剪、折皱、抽褶等繁琐、累赘的装饰元素,以及立领、高腰、公主袖、羊腿袖等宫廷款式被人们所抛弃,转而发展为展现女子高雅气质和干练风采的简便装扮。19世纪50年代,Dior的"New Look"风格便是时尚大众化发展的一个典型的代表。款式主要以收腰和A字型轮廓为主,配合圆润平滑的自然肩线,展现女子婀娜多姿的形态;放弃豪华而无用的装饰,利用豹纹和简单的印花来对服饰进行点缀。比Dior的设计更加朴素简约的是Chanel的时尚风格,它以男装和中性元素为切入点,针对战时面料选择的匮乏和妇女参与备战工作的实际需要,外表简约清爽、活动自如的针织外套、直筒裙和素净水手衫的推出不仅让她在战时收入颇丰,也给阴暗的战争年代点缀了些许色彩(见图1-13)。

自此开始,由于时尚行为发生的主要对象发生了转变,贵族阶级不再是时尚的唯一拥有者,而"地位炫耀"也不再是时尚的唯一功能性,越来越多的底层人民加入到时尚的大军中去,他们的需求也引发了设计师对设计定位的全新思考,开始不断强化功能主义的要求,将实用和功能作为一种社会价值,着装更简便、耐用并适合于出席各种场合,为服装的功能及装饰性能提出了新的要求,精简、舒

图 1-13　欧洲贵族服饰与大众化时尚

适、实用的理念才是女性时装的未来,而形式上则是形成以牛仔服饰为代表的轻松、随意且经久耐穿的服饰风格。

(三)内容通俗

大众文化从发源上看是一种民间的文化。这种民间文化是从下面长出来的,是人们自发的土生土长的表达,是根据自己的需要创造出来的,"几乎没有得到高雅文化的益处"。当然,时尚向大众化方向发展,使得大众文化成为娱乐化、感性化的代名词,并被消费者喜爱,文化生产者和传播者的偏爱使得它在传播的过程中畅通无阻,这也促使大众文化具有流行短、传播广、时效快等特点。

时尚大众化的通俗性体现在作品内容上不再以"咬文嚼字"和"故作深谙"为主,而是运用简单直白的手法去表达最贴近人们生活的真情实感。时尚大众化的通俗性在服饰方面表现并不明显,但是在其他类型的艺术品创作中表现尤为突出。以当代画家罗中立的油画作品《父亲》为例,作品诞生于 20 世纪 70 至 80 年代,正是中国社会的变革时代,创作题材从描绘革命领袖进而转变为对周围身边的琐事,及普通劳动人民生产生活景象的描摹。罗中立毫不遮掩地把农民的"丑"真实地表现出来:老农面容枯黑,干瘦的脸上布满了像沟壑又如车辙似的皱纹,深陷的眼睛露出了凄楚、迷茫又带着恳切的目光。在画家富有创作力的笔下,一位辛勤劳苦的老父亲形象跃然纸上。这种贴近人民生活的大众艺术创作更能打动人们的内心,成为当下流行的一种创作题材(见图 1-14)。

图 1-14　通俗作品代表《父亲》

（四）风格多元

时尚大众化的普及不仅是人性的解放，也是艺术创作的一种解放。在时尚仍受贵族阶级掌控的时候，服饰风格总是受阶级的影响被限制在某个固定范围内，即使是少有的创新也只是在某几个固定元素之间的排列重组，一旦有标新立异的服饰出现便会被人们标榜为另类，并受到来自社会的叱责和排挤，人们在穿着上毫无自由可言。但随着时尚向大众化方向迈进，禁锢人们思想的枷锁被打开，时尚设计不再仅仅局限于某几种或者是几类风格，即使是同一民族、同一文化的聚集下，服饰也不再拘泥于传统的格调，而是在原有制式的基础上结合许多新的元素。在物质的极大富足下，人们关于穿着的服饰时尚也迸发出更多新的灵感，一时之间，百花齐放，百家争鸣，许多时尚风格犹如雨后春笋般竞相入市：瑞丽、甜美、淑女、名媛、清新、田园、休闲、运动、中性、通勤、商务、韩版、简约、森系、日风、百搭、欧美、街头、嘻哈、朋克、学院、英伦、复古、中国风、波希米亚、洛丽塔、哥特、巴洛克、嬉皮等等。时尚大众化从整体上开始向着多元化的方向发展，在形式上高喊个性化，在风格上突显多元化，实质上提高趣味化。

（五）商品价值

消费社会总是离不开"消费"二字，而时尚消费的大众化更是时尚产品"商用化"的一种转变。在消费时代，时尚消费大众化倾向主要表现是实用主义精神，受经济支配的实用主义也就意味着经济效益，于是它对文化的实用价值尤为关注，也叫文化的"兑现价值"。它的第一个特征就是日常生活意识形态的盛行。

人生终极意义已成为过去,现实的日常生活摆在人们面前,"讲潮流"便是缩影。它体现在消费主义和享乐主义成为时下人们所追求的一种生活方式和生活态度,快乐原则取代了超我的理想原则,感性行为取代了理性行为,形而下取代了形而上,于是人们的生活进入到一个日益消费化和物质化的阶段。

大众化后的时尚不像精英文化或高雅文化那样只供上层阶层享用,而是为各种各样的大众服务并生产出来的文化。它作为一种文化商品,只有拥有广泛的接受者才能得到最大的利益,才能享有多次的生产并得到更多的经济回馈价值。零售业的巨大规模、对品牌的迷恋和商场的无所不在,都使消费者无法规避购物所具有的说服力的冲击和主导。女性和青少年消费者常常被指责屈服于品牌时尚或设计师产品的诱惑,而男性也同样热衷于寻求阿玛尼西装和阿迪达斯鞋以及劳力士手表等时尚产品。在大众消费的刺激下,时尚也得到了蓬勃的发展。

三、案例分析:时尚大众化引路人

时装设计师嘉伯丽尔·香奈儿(Coco Chanel,1883—1971)是20世纪的女企业家,所经营的产品包括时装、香水、珠宝等,从一个女帽设计师迅速转型成为潮流的引领者,最后上流社会人士都将她奉为时尚标杆。她的简约时尚、优雅精致的服装设计理念我们已经耳熟能详,鲜为人知的是,那有着极简线条风格包装的 CHANEL N°5 香水也会散发着自由与独立的气息,彗星珠宝、水晶手镯里隐藏着她打破传统阶级观念的强势态度(见图 1-15)。

图 1-15　Coco Chanel

(图片来源:https://www.sohu.com/a/224667726_492903)

(一)H型的宽腰女装

一战结束后的法国在经济、政治、文化上都发生了重大变革,法国的女性在对待个性自由上有着执着和独特的追求。加上20世纪的法国迸发出新的艺术高潮,装饰艺术和新艺术运动蓬勃发展,对巴黎的女性服装设计师们产生了深刻的影响。法国开始出现了一种新型的女装款式——H型宽腰身女装,这是当时人们对战后的现实选择,是对结构复杂的传统服装发起的挑战。香奈儿在1926年根据当时的社会需求,大胆抛弃了传统的复杂装饰、花花绿绿的配色以及夸张瘦腰的造型,自此,优雅大方又不勒紧身材的小黑裙便在这个时期应运而生(见图1-16)。这种一反传统,不凸显女性身材的"平胸、平臀、宽肩、低腰"的服装在当时是离经叛道的,但是却被当时所有追求自由平等的女性所钟爱。香奈儿女士的独特时尚风格,使得香奈儿时装在战争后大放异彩。这是社会制度的革命,也是服装史的革命。

图1-16　香奈儿小黑裙

(图片来源:http://www.sohu.com/a/12425138_1132276)

(二)干练的男式简装

香奈儿是一位创新者,也是一位时尚革命者。她善于观察人们的日常生活细节,也善于捕捉流行细节,并将自己的观察和解读融入服装设计当中,引起许多女性消费者的共鸣。

虽然法兰西第二帝国刚刚灭亡,但那个时代的风尚早已消失。骑兵的装束变得简单,平顶帽取代了高筒檐帽。19世纪末,男士身穿合体夹克,头戴薄绸软帽,与满身累赘、头上塞满鲜花和丝带的女士形成鲜明对比。在法国南部赛马

场,香奈儿正是深深了解当时男士们简约合体的穿衣审美,从中得到启发,才设计出斜纹软呢、针织服装、排列扣子、军装口袋等

适合融合男装元素后同样也适用于女性的外套。香奈儿身着开领休闲女士衬衫、外套及宽松罩衫,体现出她简约的品位和删繁就简、去粗取精的决心。从香奈儿开始,女性服装风格开始摒奢入简,机能型女装(仿照军装)、女子裤装的出现都说明了法国女装业正处于"男孩化"风格转变,"解放身体"成为当时风靡欧洲时尚圈的时尚主旋律。

(三)活泼的运动时尚

在1913年之前,人们的思想还比较传统和保守,没有运动服的女性只能穿着繁缀的服饰将自己团团包裹住,无法正常运动。鉴于这种情况,香奈儿从诺曼底渔夫的服装上汲取灵感,创造了运动时尚。她将原本用作内衣的经编针织物面料用于休闲外套的设计当中,利用面料的弹性来给予女性更多的活动空间。为了进一步解放女性,方便女性行走,她还将裙子剪短确保不会在地上拖来拖去。不仅如此,善于从生活中汲取设计灵感的香奈儿还从寻常的工作服、士兵们穿的杂务服以及她情人们的衣橱里的服装中寻觅设计元素,为女士们的娱乐和工作生活创造出一种全新的时尚。香奈儿的每一个设计都是在为解放女性而考虑,为更多大众的需求着想,她简洁舒适的设计风格恰好符合了战争时期女性的社会需要,她的服装变成了女性同胞合身的战袍,这也使得香奈儿的设计成为当时时尚大众化的一个开端(见图1-17)。

图1-17 香奈儿设计的针织面料运动戏服
(图片来源:http://www.sohu.com/a/12425138_1132276)

(四)元素的旧物新用

香奈儿的设计虽然处处都体现了对旧时复杂设计的反抗,但她并没有对所有传统的设计元素都给予否定,而是做到了"批判继承,古为今用"。俄国大革命之后,香奈儿结识了许多流落法国的俄国落魄贵族,她深深地被俄国刺绣和佩腰带的长款衬衫、女衫鲁巴什卡、带有肋条形军装胸饰大衣 Pelisse 和俄国军装剪裁的海军领外套等传统俄国贵族设计元素所吸引,并立即将这些元素融入她最新的设计当中[42]。1920年她发布的束腰外衣和俄国刺绣裙装大受市场欢迎,此后香奈儿还专门成立了刺绣工作室,为她的设计提供服务。旧的元素经过重新组合成为新的时尚,刺绣工作室与香奈儿的合作也反映了之后时尚"合作化""大众化""现代化"的发展趋势。

总的来说,香奈儿不仅设计服装,还设计人生,用设计为自己带来快乐。"香奈儿女士是第一个面向最广泛意义的公众,并对各式各样的喜好定出一种标准,让所有人喜欢。她是第一个基于经济观点把女装艺术民主化的人。"她作为女权主义的先锋,用她独有的设计观念与行为方式深深地影响了一代女性。作为带领时尚走向大众化发展的先驱,她的出现标志着男性左右女性着装时代的落幕,她的每一件成功作品都是她传奇人生的极佳展示。

第五节 时尚理论的现代消费映射

一直以来,大众对"时尚"的关注度使得"时尚"不仅仅成为一种社会现象更形成了相对系统的时尚理论。在消费社会语境中,"时尚"也被打上了各种标签,逐渐符号化,随着符号逻辑的变化,科技与传媒不断重新定义时尚文化,时尚理论在现代消费社会的范围也逐渐拓展。时尚首先是差异性的存在,是后现代消费社会下的构建产物,即具有辨识度的,体现身份与个人品位的。而后时尚则成为一种具有个体指向性的补偿心理,它是基于个人成长环境及社会历史条件的深刻而独特的自我解读。

一、炫耀消费——时尚消费外流

时尚的本质是一种社会阶级的时尚,时尚的分化功能赋予了时尚一定的阶级象征[43]。对上层阶级而言,购买昂贵的奢侈品不仅是经济能力的象征,也是他们长期形成的习惯。商品更多地转化成了他们自身品位、地位的符号语言,是社会身份的认同和彰显。代表着合法趣味的时尚总是被一部分人优先占有,并通过"时尚"这一符号实现阶级区隔。因此,为了占据有利的社会地位,人们总是倾向于选择这类位于商品等级序列前端、具有合法性与卓越化意义的商品。消费者总是试图通过占有珠宝等本身代表着"上流性"的奢侈品,使自己获得上流社会的标识。

随着居民收入水平的不断提高,消费层次逐步由大众化消费向中高端消费迈进。这一消费模式是消费者内在层次需求的外在表现,也是消费结构升级的必然结果。根据研究院发布的《2018中国奢侈品报告》显示,2018年,全球奢侈品市场规模约3470亿美元,虽然受中美贸易战等经济不稳定因素环境的影响,全球奢侈品市场仍然实现12%的增长。其中,中国人全球奢侈品消费额同比增长7%至1457亿美元,占全球奢侈品市场的42%。未来10年,中国高端消费市场潜力仍巨大。在高端消费市场急剧白热化的同时,中国消费外流现象也十分突出,除了时尚消费观念的因素,国内缺乏相对成熟的高端品牌是不可忽视的重要原因之一。经济发展动力源于消费需求,合理利用人们对于国内高端消费的需求、实现消费回流,对于拉动内需具有强有力的作用。

二、品牌消费——文化体验输出

如今的消费不再是纯粹意义的消费,商品的符号价值构成了品牌的现代性认同。品牌,从广义上而言,是企业、产品、符号、文化、差异等多个方面的集合体,是一种复杂的象征,它是产品、品牌属性、包装、价格、历史声誉、广告方式的无形总和。[44]生产商生产的是带有文化、理念与品牌的商品,时尚消费更多的是一种文化消费,或者说是体验消费。"一旦文化成了商品,它就会成为真正的'明星商品',商品被出售的正是其'文化'的一面,而不是'物质'的一面。"[45]在消费社会里,我们购买商品往往不是因为它的使用价值,更看重的是它所蕴含的文化符号价值。商品除使用意义外,橱窗、广告、售后服务以及生产的商号和商标等一连串的附加物已经渗透进人的选择思维之中。

"人们不是购物,他们买的是印象。"[46]现如今的营销模式并不倡导直接向消费者推销任何直白、无聊的产品,营销的基点在于准确把握消费心理发展规律,随之采取一系列相应配套的情感性营销策略,包括更多地强调购物体验以及产品蕴含的品牌文化。以星巴克为例,尽管成熟的市场口味早就多元化了,而星巴克的连锁优势依旧很难撼动,关键就是品牌背后的文化价值和服务体验。不同于其他咖啡店,星巴克一直以销售"第三空间"乃至现在的高端"烘焙工坊"自我定位,通过提供舒适放松、又极具设计感和体验感的环境来丰富消费者的消费体验。另外,作为"最成功的社交媒体营销商"的星巴克,还利用公司网站、微博、微信、B2C平台、论坛等多种社交媒体实现与消费者的互动和星巴克文化的输出,并且在销售咖啡的同时,销售公司文化和周边产品,如水杯、包包等,实现文化二次输出。显然,除了商品本身,让客户心甘情愿为商品外的东西买单,才是品牌的应变计划,也是时尚产品在现代社会的营销模式。

三、个性消费——心理补偿方式

时尚是现代工业文明给大众提供的物质享受的精神快餐,但在表达特定情趣时,往往呈现出对大众心理认知的控制。尽管消费个体总想建构属于自己的风格,但时尚作为消费者心理补偿符号的功能更加强大。面对现代人的生存困境,货币经济和工具理性造成了现代人物化和世俗化的精神品质,人们的心理感受就转向感官刺激和自我本能冲动,以寻求一种心理上的补偿。[47]作为个人主义表征的现代时尚审美承担着世俗救赎的功能,将人们从刻板单调的生活中解救出来,而个体也终于超越了平淡和烦琐。当人们通过个性化的时尚获得了极大的审美愉悦和自我实现,那么,由于现代社会强大的物质文化造成的人性压抑也由此得到了缓解。

人们在时尚领域中"特立独行"的个人主义思想表达,促使时尚朝着数量少、种类多、更新快的方向发展,由此催生了一批个性化、翻新快的快时尚品牌,以及为客户提供私人订制的高订品牌。NETIGER东北虎、郭培工作室、兰玉工作室等都是国内高级定制行业的佼佼者,它们借助国内网络营销平台的优势,将服装定制与VR技术结合起来,实现个性化时装定制的新途径:虚拟显示技术通过模拟人体的真实数据实现虚拟试衣;与设计师进行交互设计,实现2D服装样板的3D模型转换;VR技术提供客户极大的便利性,甚至可以在家完成自己的个性DIY创作,极大满足了个性化需求。时尚凭借着新颖的科技手段不断地丰富着人们的精神生活,并使个体、社会、文化符号结合起来,为自己找到独特而广阔的发展空间。时尚这种实现自我审美需要的获得和心理补偿的满足,使之成为意义的表达和自我建构的有效工具。同时,时尚的文化和心理补偿功能,构建了人们追求时尚的心理机制。

● 参考文献

[1]齐美尔.社会是如何可能的——齐美尔社会文选[M].林荣远,译.桂林:广西

师范大学出版社,2002:12.

[2]朱国华.文学权力:文学的文化资本[J].求是学刊,2001(4):74-79.

[3]齐美尔.时尚的哲学[M].费勇,译.北京:文化艺术出版社,2001.

[4]道格拉斯·凯尔纳.波德里亚:批判性的读本[M].陈维振,译.南京:江苏人民出版社,2005:1.

[5]洪星球.时尚缘起及研究述评[J].大众文艺,2010(05):31-32.

[6]Anne Hollander, Sex and Suits: The Evolution of Modern Dress(New York: Kodansha International, 1995: 14.

[7]Ann Rosalind Jones and Peter Stallybrass, Renaissance Clothing and the Materials of Memory(Cambridge: Cambridge University Press, 2000); Carole Shammas, The Preindustrial Consumer in England and America (Oxford: Clarendon Press, 1990); Lorna Weatherill, Consumer Behavior and Material Culture in Britain 1660-1760(London: Routledge,1988).

[8]Daniel Roche, The Culture of Clothing: Dress and Fashion in the Ancien Régime, Translated by Jean Birrell, Cambridge, 1994. Paperback ed., Cambridge University Press, 1996; Jennifer M. Jones, Sexing La Mode: Gender, Fashion, and Commercial Culture in Ancien Régime France (Oxford: Berg, 2004); John Brewer and J. H. Plumb, The Birth of a Consumer Society: The Commercialization of Eighteenth-Century England (London: Europa,1982).

[9]Sarah Grace Heller, Fashion in Medieval France, Cambridge: D. S. Brewer, 2007; Stella Mary Newton, Fashion in the Age of the Black Prince: A Study of the Years 1340-1365, 1980. Reprint. Woodbridge, Suffolk: The Boydell Press, 1999; Blanc, Odile, "From Battlefield to Court: the Invention of Fashion in the Fourteenth Century." In Koslin and Snyder, Encountering Medieval Textiles and Dress,157-172;Susan Mosher Stuard, Gilding the Market: Luxury and Fashion in Fourteenth-Century Italy, Philadelphia: University of Pennsylvania Press,2006;Carole Collier Frick, Dressing Renaissance Florence: Families, Fortunes & Fine Clothing (Baltimore: The Johns Hopkins University Press,2002).

[10]Martha C. Howell, Commerce Before Capitalism in Europe, 1300-1600, (Cambridge: Cambridge University Press, 2010),P4.

[11]Yuniya Kawamura. Fashion-ology: An Introduction to Fashion Studies,

Berg Publishers,2005:3.

[12]牛津高级英汉双解词典(第四版)[M].北京:商务印书馆,1999:528.

[13]川村由仁夜,张恒岩,窦倩.《时尚学:时尚研究概述》前言[J].艺术设计研究,2010(2):16-23.

[14]张莹.时尚的起源——评《中世纪时尚的诞生》[J].艺术设计研究,2018(3):119-123.

[15]Elizabeth Wilson Adorned in Dreams: Fashion and Modernity, Berkeley: University of California Press, 1987. (First Published by Virago Press, 1985),P56.

[16]Susan Crane, The Performance of Self: Ritual, Clothing, and Identity During the Hundred Years War(Philadelphia: University of Pennsylvania Press,2002),P13.

[17]藤竹晓.废弃与采用的理论[M].东京:日本诚文堂新光社,1966:04.

[18]贺南德.透视时装[M].纽约:柯达莎出版社,1994.

[19]杨道圣.时尚的历程:细说时尚的历史、领袖和理论[M].北京大学出版社,2013:27.

[20]Laurel Ann Wilson, The Birth of Fashion in the Middle Ages, Fordham University,2011:9.

[21]Bourdieu P. The forms of capital[J]. Cultural theory: An anthology,2011: 81-93.

[22]Finkelstein J. Fashion: an introduction[M]. New York: NYU Press, 1996.

[23]斯蒂芬·罗兰·巴特:图像—音乐—文字[M].伦敦方特拉出版社,1977:8.

[24]Jean Baudrillard. For a Critique of the Politiical Economy of Sign[M]. Telos Press,1981:67.

[25]张睿.基于艺术符号学的设计审美与设计文化[J].艺术与设计(理论),2011,2(10):34-36.

[26]黄腾.草间弥生的艺术符号学研究[D].福州:福建师范大学,2018.

[27]李思屈.数字娱乐产业[M].成都:四川大学出版社,2006:185.

[28]李思屈等.中国数字娱乐产业发展战略研究[M].北京:社会科学文献出版社,2007:281.

[29]李思屈.当代传播符号学发展的三种趋势[J].国际新闻界,2013,35(6):24-31.

[30]李鹏.打造智媒体,实现媒体自我革命[J].传媒,2018(21):22-23.

[31]朱海燕,李昕,宋志一,张晓琳,邓芸菁.符号表达中的性别隐喻[J].应用心

理学,2019,25(4):340-347.

[32]潘源.电影符号学与电影意象论比较研究——探寻中国电影学派理论建构的基石[J].艺术评论,2019(10):42-55.

[33]曹祎娜.奇观电影:一种"符号消费"——以科幻影片与漫威电影宇宙为例[J].电影评介,2019(15):53-57.

[34]庞建军,杨春燕.从符号学角度谈电子游戏之发展[J].大众科技,2011(10):86-88.

[35]李敏.符号学视角下的广告说服机制探究[J].新闻研究导刊,2018,9(1):229-230.

[36]伍婧.全媒体时代音乐传播中的符号学原理释义[J].四川戏剧,2017(8):93-96.

[37]成娜.时尚产业的科技成色[J].产城,2019(7):78-79.

[38]"适度时尚"正在成为主流[J].成功营销,2018(Z1):95.

[39]河东.文艺复兴:变革从文艺开始[N].深圳特区报,2013-05-17(B11).

[40]Ivan Lllich:'L'Obsession de la sant parfaite',Le Monde diplomatique,March 1999:28.

[41]傅永军.法兰克福学派的现代性理论[M].北京:社会科学文献出版社,2007.

[42]方雪娇,李强.香奈儿时尚变革的探究[J].服饰导刊,2019,8(4):48-54.

[43]齐美尔.货币哲学[M].北京:光明日报出版社,2009:152.

[44]刘世忠.品牌策划实务[M].上海:复旦大学出版社,2007:7-74.

[45]多米尼克斯特里纳蒂.通俗文化理论导论[M].阎嘉,译.北京:商务印书馆,2001.

[46]拉斯·史文德森.时尚的哲学[M].李漫,译.北京:北京大学出版社,2010.

[47]邓志文,李红霞.现代性视域中的时尚——西美尔的时尚现代性理论[J].湖北科技学院学报,2013,33(12):58-61.

第二章 世界五大时尚之都的形成

时尚从来都是有迹可循的,世界五大时尚之都无疑起到引领作用。法国、意大利、美国、英国和日本有着各自的特点和文化,它们的时尚走势为其他国家提供了各具特色的风格。

第一节 法国——浪漫风情下的时尚

天性优雅的法国人吸收、融合不同国家的时尚风格并加以创新,形成了极具浪漫风情的法国时尚风格,进而有了法国丰富强大的时尚产业。

一、历史背景

中古时期。前期蛮族入侵、内外战争连绵不断,封建自然经济的盛行,领主权力的扩大,贵族离心倾向与独立性的强化等因素叠加,造成长期生产落后、与国家分裂的局面;中期,一些城市发动公社运动,通过武装起义或金钱赎买取得了自治权,农业、手工业、商业有所发展;后期,是从封建社会向资本主义社会过渡的重要时期,代表资产阶级利益的启蒙运动蓬勃发展起来。

启蒙运动。法国启蒙运动是18世纪法国的一次波澜壮阔的思想解放运动,是继文艺复兴后,欧洲历史上第二次伟大的思想解放运动。启蒙运动的斗争对象是封建专制制度以及背后的天主教会势力。启蒙运动是法国大革命的前夜,从封建主义向资本主义过渡的决定性运动,对整个西方近代文明产生了深远的、关键的影响,它在政治、思想和理论上为西方后来的经济社会高速发展奠定了坚实的基础并最终使法国走进现代文明发达国家行列。启蒙,就是启迪和开导人们的反封建意识,反对蒙昧主义、专制主义和宗教迷信,打破旧的传统观念,传新思想、新观念,给尚处在黑暗中的人们带来光明与希望。思想解放后的法国追求生活品质,自然而然地形成如今法国的浪漫与风情。

法国大革命。1789年7月14日爆发的革命,又称资产阶级革命,是法兰西贵族最后的丧钟,意味着城市平民阶级开始崛起。法国在这段时期经历了史诗式的转变:过往的贵族和宗教特权不断受到自由主义政治组织及上街抗议民众的冲击,旧的观念逐渐被全新的天赋人权、三权分立等民主思想所取代[1]。革命后的时尚已不仅仅属于贵族,开始普及大众,浪漫思潮也逐渐大众化。

工业革命。法国是指在19世纪20至60年代,工业生产中以机器为主体的工厂代替以手工技术为基础的手工工场的一场变革,亦称法国工业革命。法国工业革命的发生,不是历史偶然的现象,而是法国资本主义经济发展的必然结果,是一场工业生产技术上的革命,对当时的社会生产关系产生了巨大影响。其对时尚产业尤其是服饰业的影响尤为显著,原先的手工业开始被机械流水线生产替代,推动了时尚产业的规模化发展,这为法国时尚大众化、平民化提供了强有力的技术支撑。

二、"浪漫风情"文化形成

提起法国,人们的第一联想就是浪漫:塞纳河边的散步,香榭丽舍林荫下的低回,酒吧里的慢酌,咖啡馆里的细语[2]。法国的浪漫无一例外与鲜花、烛光、香水、拥吻联系。这些浪漫表达,是他们对优雅、精致、舒适生活的追求,整个国家所散发出来的浪漫,并不是矫揉造作的贵族们缔造出来的假象,它体现在城市每个角落,体现在每一个法国人身上。

(一)城市浪漫

巴黎圣母院,凄美的爱情故事,深深地震撼了人们的心灵。提到巴黎圣母院,便想起翩翩起舞的吉普赛女人撩人的舞姿,丑陋可怕的敲钟人猥琐的身影,美与丑、善良与卑劣,被伟大作家雨果渲染得如此动人。而巴黎圣母院正如书中描绘的一样,黄昏时分,夕阳把这座雄伟精湛的建筑映照得金碧辉煌,那雕刻得无比精美的图案,把巴黎特有的浪漫体现得淋漓尽致。

卢浮宫,世界三大博物馆之一。建于12世纪末,宫中收藏约40万件艺术品,据说每件展品看上十秒就需要九个月的时间,有人看一小时,有人看一辈子。当不计其数的艺术品突然簇拥到眼前,也许会有些茫然无措,但有些展品一定不容错过(见图2-1)。

图 2-1　巴黎圣母院和卢浮宫

（图片来源：http://www.sohu.com/a/62627451_376247

http://www.auyou.com/xianlu/xl174181.html）

普罗旺斯，要说爱情的天堂，不得不说是法国最浪漫的普罗旺斯了，那里是薰衣草铺成一片紫色的海洋。巴黎有花都之称，流传着无数经典爱情故事，情侣们徘徊其间流连忘返，希望鲜花来见证爱情。鲜花、烛光、香水、浪漫，这就是法国给世人的印象。法国的浪漫不是刻意做出来的，是一种自然流露，浪漫、优雅从容地享受生活已经成为了法国人特有的生活方式（见图 2-2，左图）。

香榭丽舍大街，被誉为巴黎最美丽的街道。分为两部分，东段以自然风光为主，两侧是平坦的英式草坪，在法国梧桐下散步能感受到它的宁静和舒适。西段为商业区，世界名品琳琅满目，直陈香榭丽舍的时尚和繁华（见图 2-2，右图）。

图 2-2　普罗旺斯和香榭丽舍大街

（图片来源：http://www.sohu.com/a/211216886_99992300

http://www.sohu.com/a/160894844_99890027）

埃菲尔铁塔，法国最高的建筑，吸引无数游客前来参观。埃菲尔铁塔，有很多象征意义，尤其受到情侣的追捧。浪漫的巴黎人给铁塔取了一个美丽的名字——云中牧女,并且以设计人法国著名建筑工程师埃菲尔的名字命名。埃菲尔铁塔背后有一段深刻凄美的爱情故事:埃菲尔的爱人去世了,设计师情不自已,于是花费了十年的时间来建造这座铁塔,在离天堂很近的地方向爱人告白(见图2-3,左图)。

凯旋门,位于巴黎戴高乐新型广场的中央,法国皇帝拿破仑为纪念战争的胜利而建立。它特别大,是欧洲一百多座凯旋门中最大的,广场周围有2条放射型林荫大道,广场上总是车水马龙。游人可以登上凯旋门,欣赏巴黎的美丽景色(见图2-3,右图)。

图2-3 埃菲尔铁塔和凯旋门
(图片来源:https://baike.sogou.com/v3103074.htm
http://www.nipic.com/show/14922015.html)

(二)生活浪漫

法国人的浪漫无处不在。漫步街头,随处可见忘我拥吻的年轻情侣,携手挽臂相拥前行的银发老夫妇,橱窗身穿情侣装展示的模特情侣,超市货架精心摆置颜色协调的日用品,街头广告匠心独具令人浮想联翩无限创意,还有街侧转角小小点心店一周一变换的内部装饰以及一款款小巧精致精心点缀的甜点,目之所及,无处不透露法国人不经意中的优雅。浪漫已经渗透于法国人生活中的一点一滴。它是一种优雅,一种从容,也是一种活力,一种洒脱。浪漫已不是刻意的情调和功利的追求,而是现实的生活方式,是法国人的品位。

三、时尚风格特点

作为具有悠久历史和浪漫风情的国家,法国的时尚产业在世界上占先导地位。在充满艺术气息的创作环境中,法国设计师的创造力与想象力受到其他文学艺术作品和创作元素的启发,往往在自己的设计中融入音乐、舞蹈、建筑和雕塑等多种艺术形式。大多数的时尚产业研究者和追随者关注法国乃至爱上法国文化,只是为了让生活更加真实,并能够成为真正的享受生活[3]。无疑,法国是时尚的代名词,在这里,出现了典型的时尚风格特点。

(一)奢华浪漫

法国众多建筑,宫殿教堂无不华丽与奢华,从中透露着法兰西民族特有的浪漫。法国的建筑体现了法国人的生活态度,从巍然耸立的宫殿到质朴凝重的古堡,从价值连城的名画到古香古色的家具,是法国奢华浪漫的另一种表达,并自然而然形成了法国独特的时尚风格——奢华浪漫。

(二)简洁经典

文化积淀下的时尚在法国从来都是一门创造性的艺术。工业革命后,机器代替手工业,机器化生产下的服饰褪去了原先的奢华繁复,取而代之的是简洁,这也是战后人们的思想解放所形成的去束缚理念。LV等一些时尚品牌以此为基调,讲究简洁、经典、耐用,从而形成了法国另一时尚风格——简洁经典。

(三)高贵典雅

浪漫的法国人自喻高贵典雅。杰出的英雄式人物——查理曼大帝、圣路易、黎世留、拿破仑缔造了法兰西民族的辉煌历史;伏尔泰、卢梭、雨果、巴尔扎克、罗丹等伟大的文学家、思想家积淀了厚重的法国文化;法国还是许多世界闻名的艺术家的故乡,印象画派艺术家莫奈、阿尔弗雷德、西斯利等创立了独有的艺术风格。所有这些最终凝结成另一种时尚风格——高贵典雅。

四、品牌风貌举要

(一)Dior——奢华创意

Dior,法国著名时尚消费品牌,由法国时装设计师克里斯汀·迪奥于1905年创立,总部设在巴黎[4]。迪奥主要经营女装、男装、首饰、香水、化妆品、童装等高档消费品,其男装品牌现已独立为迪奥男装。

Dior的设计重点在于服装的女性造型线条而非色彩,强调女性凸凹有致形体柔美的曲线,淋漓尽致地体现女性独特的魅力,原不被欣赏的黑色成为了流行的颜色。迪奥的时装华丽,晚装最为豪华、奢侈,在传说和创意、古典和现代、硬朗和柔情中寻求统一的晚礼服总让人们屏息凝神惊诧不已。迪奥采用差异化竞争战略,施行分销渠道策略:一是建立宽渠道,多渠道供货;二是设立专营店;三是和免税店合作;四是布点大型商场专柜。表2-1为迪奥SWOT分析表。

表 2-1　迪奥 SWOT 分析

Strengths	一、迪奥自身研发能力强；二、拥有全球性市场；三、众多的粉丝；四、迪奥本身就代表着潮流时尚的消费；五、深厚的迪奥文化积淀；六、产品更新周期短；七、拥有世界著名的服装设计师等高端人才和优秀团队；八、价格优势，在众多的奢侈品中占据有利席位。
Weaknesses	一、收入严重依赖市场份额；二、被零售商转嫁危机；三、各国贸易保护主义使迪奥产品成本增加；四、大多数商品为上流社会人员所设计，中下收入人群很难买到；五、明星代言易引发品牌危机（如明星绯闻等）。
Opportunities	一、新兴市场发展广阔，尤其是中国这样高速发展的新兴国家；二、品牌资源丰富（多品牌资源）；三、创新优势，引领时尚品牌；四、公益活动为迪奥品牌树立了完美形象；五、网络发展前景广阔。
Threats	一、受困于国际贸易，易受到国际市场的冲击；二、国际市场竞争激烈；三、效仿者日益增加；四、价格竞争（如香奈儿）；五、社会环境不稳定因素；六、地域环境的不同，民族风格的不同。

（二）LV——时尚经典

LV 于 1854 年成立于法国巴黎，从皇室御用到顶级工艺作坊，LV 的种种经典设计顺应了旅行历史的重要发展，独有的 Logo 创意也成为其经典象征。路易威登将其精湛工艺及独有奢华延伸至时装、鞋履、腕表、配饰和珠宝精品，为顾客在法式传统中融入了时尚的色彩[5]。LV 坚持做自己的品牌，坚持自己的品牌精神，做不一样的东西，给用户提供一个真正的文化的东西，150 年来一直崇尚精致、品质、舒适的"旅行哲学"，使之成为全世界公认的顶级品牌。

LV 有着自己独特的营销策略：一是文化传播，路易威登深知文化的重要性，因此在各个城市的宣传短片输入本品牌的文化价值，灌输品牌理念和传播品牌 DNA，提升了自己的品牌价值；二是杂志媒体传播，这是 LV 惯用的大众媒体传播方式，主要通过高端杂志，介绍具体产品的设计、使用与保养等等，不知不觉中影响消费者；三是视频媒体传播，相比于普通硬广告，LV 采取微电影的广告方式深入地实现品牌形象、理念的渗透和推广，微电影注重增加故事性，选择在特定区域和特定人群中进行重点推介，进一步提升客户形象宣传的精准程度和效果；四是微信博客，领袖意见，这也是体现其品位和艺术涵养的重要途径，同时借助许多时装界的"意见领袖"通过各自的博客和微博，从各种角度介绍 LV 事件，图文并茂，和粉丝火热互动，进而影响消费者；六是组合式传播，LV 综合运用不同方式让更多的受众了解其他艺术家，如草间弥生、时装、互动网站、APP 应用、线下展览等营造异常绚烂又怪诞的跨界。

（三）Givenchy——高贵时髦

Givenchy 由 Hubert de GIVENCHY 于 1952 年创立于法国。优美、简洁、典雅是 Givenchy 最大特点。几十年来，品牌一直保持着"优雅的风格"，在时装界几乎成了"优雅"的代名词，经典、高贵、时髦是 Givenchy 多年来的风格本质。旗下产品包括男装、女装、运动装、体育用品、牛仔装、皮饰品、配件、香水、家饰品等。

不同的国家有不同的节日，所有节日组合在一起，就是一个庞大的数字，Givenchy 看准这一商机，较早开始节日营销，成效显著。除广告营销外，还有奢侈品普通的营销方式，如明星效应，通过明星代言或参加各种节目、晚会（如慈善晚会）等，将产品推向市场，扩大目标消费市场。

第二节　意大利——多元化的时尚

意大利是最有影响力的时尚王国之一，其中 Gucci、Armani、Prada、Gianfranco Ferre 等，都是耳熟能详的超级时装名牌。对意大利而言，时尚不仅是支柱行业，也是社会与文化的重要组成部分。

一、历史背景

意大利是历史古国，罗马帝国的发祥地。罗马共和国和罗马帝国曾经统治数个世纪，2 至 3 世纪为古罗马全盛时期，版图遍及整个地中海沿岸，为后世留下了深远的影响。14 至 15 世纪文艺空前繁荣的意大利是文艺复兴运动的摇篮。到了 16 世纪，意大利文艺复兴进入繁荣时期，达芬奇、米开朗琪罗和拉斐尔等艺术家的出现进一步推进了意大利文艺复兴中多元文化的发展。

史前时期。古神话记载，由母狼抚养和哺育长大的罗慕路斯和他的孪生兄弟雷穆斯于公元前 753 年建立了罗马。事实上，自公元前 2000 年左右，古意大利部落就居住于此。公元前 900 年，伊特鲁里亚文明开始发展，公元前 3 世纪末期，古罗马人占领了伊特鲁里亚城。至此，意大利痕迹就已逐渐显现。

罗马统治时期。公元前 510 年，罗马人建立了共和国，罗马共和国延伸到意大利南部。公元前 202 年，西西里、西班牙和希腊一并纳入罗马版图，且罗马通过叙利亚战争控制了西亚部分地区。此后，从恺撒到五贤帝时代，罗马达到了全盛，进入和平时期。直至公元 313 年，君士坦丁大帝颁布米兰敕令宣布基督教合法,并于公元330年迁都拜占庭。公元395年西罗马再次建立,由于哥特人和汪达尔人不断入侵,公元476年正式灭亡。罗马时期的意大利无论是版图还是经济政治和文化的发展都极为快速,奠定了意大利多元化的基础。

中世纪时期,意大利中世纪最显著的特征在于北部强大城邦的崛起。15世纪,文艺复兴造就了多那太罗、波提切利、达·芬奇和米开朗琪罗等艺术天才[6]。到了16世纪早期,意大利大部分领土处于奥地利哈布斯堡王朝统治之下。1796年,拿破仑入侵之后,消失了几个世纪的统一迹象又重新显现。19世纪60年代,在爱国者和马志尼和加里波弟的努力下,统一运动(意大利复兴运动)蓬勃开展。1861年,意大利王国宣布成立,国王维托里奥·埃马努埃莱二世成为了统治者。中世纪的文艺复兴诞生了无数艺术天才,对意大利时尚起到快速推进作用,同时艺术的多元化与设计的多元化相互促进。

二战时期,随着法西斯的垮台,社会主义思潮的兴起,意大利设计师的思想变得越发前卫。意大利设计师们批判继承,即不否定传统手工艺特征,同时向美国学习新工艺的应用,至此,设计风格更加多元化。

二、"多元风格"文化形成

经历了罗马统治和文艺复兴时期的意大利,其文化既保留了罗马时期的典雅,又融入了其他艺术特点,形成了今天多元文化。文艺复兴时期,意大利城邦如佛罗伦萨曾是时尚创新的中心。此后的几世纪里,巴黎取代了佛罗伦萨,成为时尚界的主宰方,而意大利时尚在那时段里成了法式的衍生物,生产着法国风格的时装。直到20世纪50年代,意大利才有了自己独特的时尚之风。米兰凭借全球最好的面料研发制造基地,与闻名的意式传统手工艺,被誉为设计制造的故乡。每一季的米兰时装周,知名的设计师和新兴的设计师蜂拥而至,向世界展示他们的手艺。

意大利文化的多元性体现在以下三个方面。

(一)古典主义——古典风

意大利是文艺复兴的发源地。几千年来,在悠久的文化积淀下,意大利被赋予了无与伦比的魅力。作为时尚之都,意大利几乎成为潮流的"风向",被全世界追捧。意式家具极具盛名,其特点强调奢侈、豪华的皇家装饰,运用曲线曲面,追求动态变化,并以家具表面涂金装饰展现财富和能力。在设计上繁复的装饰更为含蓄精雅,古典中注入简洁实用,使得意式家居装饰更有灵性,这是典型的将古典的美融入现代生活的一种方式。设计师们是意大利至今不变的古典主义的践行者，他们主要通过古典而简约的创意、细节处的线条雕刻、富有西方风情的陈设配饰品，营造出意式新古典风格特有的磅礴、厚重、优雅与大气。

（二）现代主义——简约风

二战之后，意大利的设计开始朝着理性、简洁方向发展，尤其是线条单纯、功能用途一目了然的产品，深受消费者喜爱。作为世界一流面料基地，米兰素有意大利"经济首都"之称，对美有着特殊感受与执着追求的设计师，用高雅、方便、舒适、自由、休闲和年轻化的高级成衣设计诠释了他们对现代审美情趣和生活方式的独到理解[7]，将现代主义的简约风发挥到极致。

（三）后现代主义——自由风

现代主义运动后，意大利经典的"线型设计"渐渐演变为极简的"国际式样"，但意大利特殊的文化背景使其新的有机造型仍旧有别于德国及欧洲其他国家，其独特设计风格和强有力的市场竞争力带动意大利经济在20世纪60年代初走向繁荣。60年代中期，由于世界经济的衰退，社会购买力的不足，"产品危机"凸显了设计的重要性[8]。波普反理性思潮影响到意大利，引发设计界各种思想的激烈碰撞，意大利后现代主义自由风由此产生。

三、时尚风格特点

（一）古典优雅

意大利作为文艺复兴的摇篮，见证了极高的文化艺术成就诞生。米开朗琪罗和达·芬奇等艺术家创作了不朽艺术画卷，佩托拉克、卡斯蒂廖内、马基维利和薄伽丘等艺术家在创作经典文学作品，佛罗伦萨的圣母百花大教堂和罗马的圣伯多禄大殿等伟大建筑物得以建成，文艺复兴奠定了意大利古典优雅的时尚基调。

（二）简约经典

二战之后，物资匮乏成为首要问题，战后意大利的时尚风格不再拘泥于古典，人们更多地在服装上追求简洁朴素。由于固有的文化使意大利人对生活仍处于高要求水准，这时，如Prada等塑造的经典风成为意大利人追捧的品牌。

（三）创造自由

对宫廷艺术繁琐堆砌以及自然主义的"逼真"的反叛，现代主义以激进的姿态出现，在大工业生产的背景下开创了一代经典的"国际式样"[9]。20世纪60年代以后，被称为"后达达主义"的波普再一次模糊了艺术和生活的界限，激起人们对多样化生活的渴求。随着"反传统"潮流在欧美普及扩散,众多激进组织成立,极大程度带动了"地区主义"的发展,世界各地区的设计开始呈现出不同的特点。60年代,意大利作为创造设计自由的推动者,一直凭借着极富思想、文化内涵的设计体系和极富想象和创造性的设计产品引领世界设计潮流,不断推动世界后现代主义设计的进程。

四、品牌风貌举要

(一)Armani——优雅自然

作为当之无愧的世界时装界的一流品牌,Armani 由时尚设计大师于 1975 年创立于意大利,并以使用新型面料及优良制作而闻名。不拘于正式与非正式的休闲衣着打扮,天然去雕饰的色彩,Armani 完全剔除了 20 世纪 60 年代盛行的嬉皮风格,以简单的轮廓、宽松的线条,改变了传统男装硬挺拘束的风格,推出的男装微缩版女装,更是显示强烈的中性风格,时至今日,Armani 的优雅自然成为经典。货品种类林林总总:有男装、女装、鞋履、香水以至眼镜饰物等等。

对绝大多数奢侈品而言,广告是促销工具之一,品牌文化很大程度上是通过广告来设计创造的。在品牌推广上,Armani 是第一批认识到明星的营销潜力并付诸实践的现代服装设计师之一,多次与电影跨界合作,为电影提供服装,许多大名鼎鼎的好莱坞明星对 Armani 情有独钟,两者在成名的道路上相辅相成。图 2-4 为《美国舞男》里 Armani 的服装展示。

(二)Prada——简约主义

Prada 来自米兰,创始人 Miuccia Prada 的独特天赋在于对创意的不懈追求,对知识的好奇心和文化兴趣,从而开辟了先驱之路,于是 1913 年 Prada 诞生了。这是一个"崇尚极简"的品牌,融合着传统与现代元素。设计风格简洁、冷静,所使用的素材及崭新的图腾极具现代感,领导着世界的时尚潮流,金属材质的三角形标牌就是最好的体现。现今,Prada 已扩展到服装、鞋子、配饰等各个领域,成为一个完整的精品王国。Prada 的设计追求是切身实用与流行美观的完美平衡,其用料、颜色与款式都体现了这一特点[10]。

随着现今越来越发达的科技发展,网络几乎变成了消费者购买物美价廉的奢侈品的好去处,同时网络销售逐步演变成了代购微商。由于国人对 Prada 的钟爱使得 Prada 的代购尤为火爆,也成为当下奢侈品营销的一个亮点。

(三)Gianfranco Ferre——自由创作

Gianfranco Ferre 于 1989 年创立于意大利,品牌以设计师 Gianfranco Ferre

图 2-4 《美国舞男》阿玛尼服装展示

(图片来源:https://luxury.qq.com/a/20120516/000009.htm)

命名[11]。毕业于建筑系的 Ferre 认为时装的设计也像建筑设计一样,需要规划和构建。服装在模特身上要能够体现出女性柔和的线条和比例。与建筑不同的是,服装表达的是动态的美。但是对于两者来说,情感的表达,也就是想象力和敏感度都缺一不可。Ferre 特别着迷于印度的东方文化,简洁的创意,蕴含着细腻的工艺、东西方的交融和穿插等要素,都充分地体现在自己的设计中。他的产品包含了生活的各种场合:工作、休息、休闲。时而高雅别致,时而舒适随意,时而艳丽活泼。多变的风格,自由的设计是 Ferre 坚定的理念。Ferre 寻求创新和传统的和谐统一,充满奇思幻想,诠释多维的现代生活方式,它的服装是传统和现代的结合,代表着高尚的品质和风格。服装所采用的面料考究、色彩鲜明,裁剪细致精巧,设计平和却有十足的魅力。到今天,它的帝国,已经包括了服饰(七条成衣线,一条牛仔线)、香水(七种畅销香水)、内衣、鞋、童装、眼镜、美容产品等等[12]。

无论是在回应传统的需要,还是在追寻理想的边际,抑或是单纯地表达强烈的浪漫,Ferre 的作品总是那么具有创造力。在今天,它就是精确、精致和精美的同义词,不但对设计精确,也讲究对所服务的人的精确定位,从而有了专门设计这一营销方式。Ferre 的营销特点为走多产品线道路,满足不同类型的消费市场,为消费者进行专门设计。

第三节　美国——自由精神催生下的时尚

美国的文化精神主要集中在对自由的追求上，这和移民国家属性是密不可分的。美国对于自由精神的强调也影响着其文化与时尚的发展。

一、历史背景

殖民时期。英国殖民入侵，在乞沙比克海滩建立了詹姆士镇，这是英国在北美所建的第一个永久性殖民地。在以后 150 年中，陆续涌来了许多的殖民者，定居于沿岸地区，其中多来自英国，也有一部分来自法国、德国、荷兰、爱尔兰、意大利和其他国家，北美洲成为了一个名副其实的巨大的文化熔炉，多民族文化在这里交会、融合，为日后美国多元文化的形成奠定基础。

独立战争。战争的爆发将殖民地与英国之间的矛盾正式推向顶峰。1776年，在费城召开第二次大陆会议，签署著名的《独立宣言》，美国人民向往自由和民主的想法不断强化，成为日后美国"自由主义"精神形成的历史开端。独立战争结束后，美国确立了"三权分立"制度，各方权力相互调和制衡的思维方式也不断地影响着后期美国文化的形成，使得各种文化在美国能够互相融合和发展。

南北战争。实际上是奴隶解放运动的开端。经过四年的内战之后，《解放黑人奴隶宣言》的颁布和北方政府的胜利，不仅使美国恢复了统一，还使得处于底层阶级的黑奴得到了解放。虽然黑人的种族歧视问题直到现在仍旧存在，但在当时很大程度上解了对黑人种族的束缚，释放了黑人的创造力和艺术才能，黑人文化也开始在美国蔓延开来。

工业转型。以电气化推动的第二次工业革命和以计算机电子信息化为核心的第三次科技革命为美国带来了新的发展机遇。尽管一战与二战之后，美国都曾有过深陷经济大萧条的窘境，出现周期性的经济危机，但是在政府和市场双重作用下，经济迅速恢复，特别在 20 世纪 80 年代，美国走上无可撼动的世界经济"大哥大"。1991 年苏联解体，美国在全球政治、经济、科技等方面都有着巨大优势，成了世界上唯一的超级大国。较为健全的法律制度、健康的生活环境、顶尖的教育资源等优势，吸引了世界各地大批的优秀人才，自此，美国自由民主的多元文化氛围正式形成。

二、"自由至上"的文化

美国文化是兼容性和进取性很强的文化,其多元化、商业化和大众娱乐化的特点使得美国文化比较奔放、冒险、自由、个性和张扬,其核心是:个人至上、私欲至上,追求个人利益和个人享受,强调通过个人奋斗、个人自我设计,追求个人价值的最终实现。这种"自由至上"的文化风格主要体现在个体思想表达的自由和在社会发展中的自由,即个人主义和平等主义,这两种鲜明特点深深影响着美国消费文化的演变和发展。

(一)个人自由——个人主义

美国公众注重成就,仰慕英雄,有深厚的成就崇拜和英雄崇拜的心理积淀。个人成就是美国人价值观中评价最高的价值之一。因此代表个人主义的众多"英雄"题材类影视作品可以在美国的文化市场一直盛行,各种漫威英雄题材的漫画、电影等系列作品被当下美国青年所喜爱和追捧,从侧面体现出这种"英雄梦"对当下青年价值观的影响和塑造。这种强烈的成功意识促使美国人不断追求,勇攀高峰,成为他们积极进取的不竭动力。一些事业有成的企业家或知名人物,如比尔·盖茨、乔布斯、科比、迈克尔·杰克逊等成为了各自领域的新时代英雄,他们的奋斗历程也成为其所属领域的生动教材和努力的标杆。这种自我意识的塑造可以充分调动人们的智慧和发展潜力,但自我意识过剩也会使得人际关系的处理更加困难,整个社会也会缺乏凝聚力[13]。

(二)社会自由——平等主义

美国国土面积广阔,人口密度低,流动性较大,包括地域性流动和社会性流动。从殖民开始深入骨髓的冒险传统促使更多的美国人从乡村流到城市,又从城市回归郊区。作为擅长"造梦"的国家,美国历史并不悠久但充满活力。美国文化强调个人价值、追求民主自由、崇尚开拓和竞争,无论身居何处,追求美好生活的权利都是平等的。美国社会阶级不像欧洲国家那样固化,公立大学给予当地学生的优惠政策,公民受教育程度普遍较高,客观上使得向高社会阶层流动成为了可能。无论是土生土长的美国人,还是漂洋过海的外国移民,只要努力奋斗就有通往成功、改变自己社会地位的平等机会,最终实现自己的人生梦想,实现自己的"美国梦"[14]。

三、时尚风格特点

美国不同于其他历史悠久的时尚大国,虽然没有路易·威登、香奈尔、范思哲、迪奥等举世瞩目的顶级奢侈品品牌,但是纽约的高级成衣、休闲运动品牌数量一直位于世界榜首。美国当下的服饰在逐渐摆脱欧洲殖民文化中奢华、优雅的风格约束,并融合美式元素后表现出来一种全新风格:整体上更加简约、休闲、自由;面料上更加舒适、鲜亮;功能上更加实用、耐用。正是凭借着多元融合风格,美国在世界时尚领域中占有一席之地,体现出价格低廉、实用性强、个性多元的特征。

(一)价格低廉

从殖民地发展而来的独立国家,美国没有明显的贵族等级之分,更多的是民主自由和平等,因此服装相较于等级制度森严的欧洲国家来说,缺少浮夸的装饰,价格也比较亲民。在美国,Abercrombie&Fitch、Old Navy 和 Urban Outfitters 等平价且接地气的休闲品牌一直是消费者们的宠儿,凭借低廉的价格买到适合自己的服装逐渐成为美国的一种流行趋势。就 2018 年来看,美国的折扣店的销售增长速度也是最快的。例如,美国知名的折扣连锁店 TJ Maxx 在 2018 年销量增长了 7%,净销售额同比增长 12%,高达 98 亿美元。

(二)实用性强

美国服饰史上最著名的单品是牛仔裤,以及背后依托的一整个丹宁系列。这类单品是 19 世纪中期美国西部"淘金热"催化下的产物,这种用帆布缝制、走线密实且缝制有多个口袋的实用性服装,即使在淘金热过后依旧被务实的美国人所喜爱。这也间接体现了美国人在时尚消费观念上追求实用性和功能性的特点。现如今,那些原体现在劳动中的"实用"服装由于社会发展变化而变得不那么"实用",但设计元素早已融入人们的生活中,成为美式风格中的一道亮丽风景线。

(三)个性多元

美国复杂的社会构成在根源上决定了当地居民的多元化审美,文化的多元性带动了时尚的多样性发展。美国不断吸收外来文化并将其美国化,在美国的时尚中可以看到天主教价值观与儒教价值观的混合,也可以看到不同国家的文化缩影。比如,当代最具美国特色的爵士乐来自非洲,汉堡包或牛肉香肠虽是地道的美国货却源自德国。多元化表现的另一个特点便是时尚的个性化发展。为了在社会中突显个人价值,人们往往追求自我的个性化表达,在个人主义和自由主义的催生下形成了一些小众又个性的时尚风格。比如美国盛行一时的街头文化,嬉皮士、短裙、丹宁、古着、嘻哈、爵士等街头非主流元素,成为美国时尚风潮中不可或缺的一部分,并一直延续至今。

四、品牌风貌举要

(一)GAP——简约的时尚

GAP 在 1969 年创建于美国加州，依托售卖价格合理式样简单的休闲服装，深受美国大众的喜爱。最早以销售"合身、合身、再合身"的牛仔裤起家的 GAP，产品系列也逐渐覆盖到女装(GAP Women)、男装(GAP Men)、各种配饰、童装(GAP Kids)、(GAP Maternity)甚至宝宝装(Baby GAP)领域(见图 2-5)。

图 2-5　GAP 门店

(图片来源:https://www.sohu.com/a/231936205_100147580)

作为全球四大快时尚品牌之一的 GAP，虽然同其他快时尚品牌一样涉及品类广，但是风格定位十分沉稳，完全不同于 H&M、ZARA 和 UNIQLO 两个极端。一端是 H&M 和 ZARA 这两个追随潮流的欧洲品牌，凭借对当下时尚流行趋势的快速反应、精准把握和成本控制，将"时尚流行款"和"经典款"做得虎虎生风；另一端则是专注于"基本款"研发的 UNIQLO，通过改善面料的舒适度、增加"功能款"服装来稳固自己的市场。位于中间梯队的 GAP 融汇"基本款"和"经典款"，正如它蓝底白字的 logo 一样简单明了，没有多余的装饰，充分体现了美国时尚"平价、简约"的特点(见图 2-6)。

GAP 的成功离不开美国 20 世纪 70 至 80 年代的时代大背景，无论是饮食界的肯德基，还是休闲鞋界的匡威，抑或者是美妆界的 ELF，都凭借着"平民化"的价格在年轻人消费中占据一席之地。在消费者眼中，GAP 虽然是经济实惠的代名词，但并不代表"普通"。GAP 致力于用简单的款式来塑造个人的风格，每一季新款上市的时候，GAP 的设计师都会活用当季新款，追求最符合消费者穿着需求的时尚搭配，让每一款产品不那么"简单而无趣"，并且都能成为"百搭

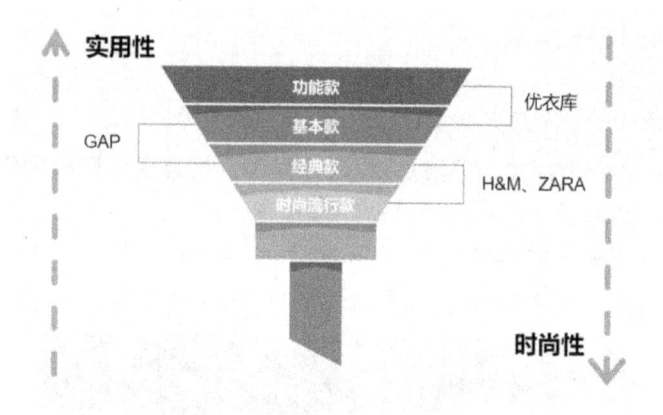

图 2-6　四大快时尚品牌定位图

款"。正是这种简单的多变,即使是莎朗·斯通这样的好莱坞性感天后也会对GAP爱不释手,这也是GAP在美国"抵制传统,抵制奢侈"的文化风潮下风靡至今的秘诀。GAP不需要花哨而又复杂的营销策略,简约的款式、实惠的价格、时尚的搭配以及偶尔的明星联动,就足以让屡经时尚潮流洗礼的美国青年依然愿意选择支持它(见图2-7)。

图 2-7　Gap S/S 14 Lookbook
(图片来源:https://www.gap.cn/)

(二)Levis——实用主义

1853年,在全美淘金热的背景下,Levis作为一家专业生产帆布工装裤的品牌面世。Levis因为崇尚"独立""自由""冒险""性感",也被称为当下美国典型冒险精神的服饰代表。沧海桑田,时代变迁,淘金热潮早已消退,但这种结实、耐磨又方便的服装款式依然符合美国消费者"务实"的消费心理,因此,丹宁风潮一直延续至今。众所周知,许多服装品牌为了扩大业务面,往往会选择多个品类的产品销售,但Levis却反其道而行之,专注于牛仔,一心做好牛仔裤。在这种对单一品类的版型打磨下,Levis诞生出许多经久不衰的合体版型,完美贴合美国人的身材,它的创始人Levi Strauss也因此获得了美国"牛仔裤之父"的美称[5](见图2-8)。

图2-8 Levis品牌LOGO

现如今牛仔裤在原有的基础上增添了"青春""活力""叛逆"的色彩,成为美国街头永不落伍的时装。作为最重视年轻群体的品牌,Levis通过和各高校举办"LEVI'S ROCK PARTY高校原创先锋音乐大赛",借助摇滚和音乐的力量搭建年轻人和"老字号"品牌之间的桥梁,使消费者在"听觉""视觉""触觉"等多感官联动下,全方位、立体式地感受Levis的品牌魅力。根据年轻人关注社交平台的特点,Levis借助社会化媒体实现全网的内容驱动,进一步掌握目标消费人群的生活方式和时尚消费心理。同时调动多种多样的社会化媒体营销手法来拉近品牌与消费者的距离,养成消费者与企业之间的"标志性行为",建立关系纽带。不断革新、勇于冒险,Levis将美国的自由主义和冒险精神进行了新的时尚诠释,成为美国当下时尚风潮中不可或缺的一部分(见图2-9)。

(三)Champion——多元发展

近两年,中国刮起了远自大洋彼岸的"Champion风"。大街上随处可见印有"Champion"标志的T恤、帽子、背包,Champion也一度成为新一波时尚"潮牌"

图 2-9　LEVI'S ROCK PARTY 高校原创先锋音乐大赛海报
(图片来源：http://www.neeu.com/topic/Levi's)

代表。其实经历百年风霜的 Champion 骨子里却是老牌的专业运动服装品牌，其新潮前卫的外表和深厚的历史积淀形成鲜明反差。这个自诩为冠军的服装品牌，创立于 1919 年美国纽约的罗切斯特市，如同所有痴迷于竞技体育运动的人对于胜利的渴望，每个人心中都有关于冠军的梦，因此 Champion 一问世就吸引了的眼球(见图 2-10)。

图 2-10　Champion 100 周年限定标志
(图片来源：http://www.championusa.com.hk/)

作为运动服饰老品牌，Champion 可以说是"德才兼备"。Champion 深知单纯专注于专业运动领域会影响自身的发展，因此设计上选择运动主题基调上添加更多时尚前卫的元素，增加风格的多变性，向运动休闲过渡而不仅仅局限于运动风。在技术层面，Champion 比其他运动品牌更注重产品技术革新，横纹编织技术、植绒印花技术、尼龙网眼运动短裤，甚至连帽衫和正反两穿 T 恤都是

Champion 的技术研发结晶，着力提高运动服饰的专业程度；在营销上，Champion 依托技术优势，开启与各高校的稳定合作，利用植绒印花技术为高校定制学校徽章，还通过和 Undefeated 等品牌联名合作重塑"潮牌"形象、提高品牌的知名度，使更多年轻人关注到 Champion。Champion 正是凭借自身技术和创新，因应市场变化的调整和对自身准确定位获得了巨大成功。Champion 是"美国梦"的典范，是美国多元时尚文化氛围的时代结晶。这种由专业运动向时尚"潮牌"的转变也值得国内运动老牌所借鉴（见图 2-11）。

图 2-11　Champion 休闲运动服饰
（图片来源：http://www.championusa.com.hk/）

第四节　英国——实践主义下的自豪感

世界上唯一的"日不落帝国"英国历史上拥有许多"第一个"，第一个拥有海上霸权的国家，第一个工业化国家，多次"第一个"的体验，英国形成了敢于冒险与实践的精神，为日后英国的精神及文化发展奠定了坚实的基础。

一、历史背景

英国作为老字号资本主义国家，文化历史悠久、国力强劲等因素使得英国形成独有的自豪感文化。

中古时期。恺撒大帝领导的罗马帝国经过 550 年左右的统治后，居住在德国易北河口附近和丹麦南部的盎格鲁-撒克逊以及来自莱茵河下游的朱特人等日耳曼部落，征服不列颠后进入"七国时代"。此后，英国与其他国家多次发生战争，从诺曼底王朝到都铎王朝，完成了资本原始累积，为资本主义发展创造了有利的条件。

文艺复兴。国内工商业蓬勃发展,英国与世界文化联系日益扩大,人们冲破罗马教廷的精神束缚,这些因素都使得英国文艺复兴运动兴起时间虽然较晚,但在文化成就上后来居上,涌现出许多在艺术、人文和科学领域的最杰出代表,艺术、人文和科学相互渗透、彼此交融,在加强不同领域间联系的同时,也在不断丰富和深耕着各自的田园。

工业革命。英国是世界上第一个工业化国家,蒸汽机、喷气式发动机等最先在英国被发明创造。工业革命促使许多学校的兴办,推动教育事业大力发展,国家重视人才培养,这都为后来英国强盛的文化产业奠定了技术与人才基础。

战后恢复。经历第一、二次世界大战时,英国的时尚产业崛起。战后得益于美国的援助和英国政府的相关措施,英国的经济、社会、文化等得以恢复和发展,并焕发出一定的活力。

二、"实践与自豪交融"文化形成

英国文化是一种通过自身发展、拥有强烈的本土特色的文化,具有很强的识别性和独特性。这种独特性表现为英国文化的前卫与经典,既开放又保守,突显出英国历史过滤中保留着强烈的文化基因,强调无论何时何地何人,只有通过一定的付出与实践,才能够获得理想的成果。这种文化风格体现在经过一次次实践后保留的实践主义与经历过资本主义积累后的贵族感。

(一)实践主义至上

英国历史悠久,在其长期发展中拥有许多世界性首创:创造出第一艘蒸汽船、发明了第一台电视机、设计了第一枚邮票、开拓了第一个现代医学护理事业等等。这些具有开创意义的实践,表明英国在人类文明进程中一个文化大国应有的实力与影响,为推动整个世界发展作出了卓越的贡献。正是因为英国实践至上,敢于冒险、探险的精神,才会有"五月之花"横穿大西洋、英国探险队登陆南极与登顶世界最高峰等事迹出现,这些无疑是难能可贵的内在精神信仰和品格力量。

(二)历史沉淀中的自豪感、贵族感

英国文艺复兴与工业革命留下不可磨灭的印记,为世界作出了不朽的贡献,这是英国骨子里那种近乎傲慢的自豪感的原因之一。英国经由恺撒大帝将罗马文化带入英国,拥有古文明,同时和丹麦、法国文化文明相交融,形成了独特的英国文化,所有这些奠定了英国这个国家与生俱来的优越感、贵族感与自豪感。英国与法国的贵族感又不尽相同,法国的贵族感相对自由化、开放化,而英国的贵族感维护的是自身的优越品质,原汁原味。现今的英国社会,依然散发着自己独特的自豪感,尤其英国式的绅士风味,举止之间的贵族感不是几十年间可以形成的,这是在英国历史中不断酝酿、沉淀的结晶。

三、时尚风格特点

18世纪末期的工业革命极大推动了英国经济发展,伦敦的纺织业和时尚业迅速兴起,雄厚的经济实力为国际时尚中心的形成和发展提供了物质基础。英国是世界男装中心,也是西装与军装的演变之都,源自伦敦的猎装曾长期风靡全世界,20世纪60年代又率先出现超短裙。无论哪个时代,伦敦时尚界一直以创意和前卫著称,走在时尚的最前沿。

(一)优雅高贵

英国作为一个拥有悠久历史的资本主义国家,在整个社会发展中贵族的存在彰显着英国的优雅气息。独特的历史铸就了现代英国人的生活氛围与时尚文化,英国王室是最富有代表性的贵族,尤其是女性,在出席任何场合的时候打扮得体,举止高贵优雅。受王室影响,英国社会整体自上而下地透析着莫名的自豪感,并体现在时尚文化、生活方式的选择上。英国有自己独有的下午茶时间,一切不紧不慢,重要的是氛围,与友人谈笑风生,似乎一切事情都没有问题。在时尚的选择上更能突出了优雅高贵的特质。如2018年英国哈里王子大婚,参加婚礼的宾客几乎都选择了一顶礼帽作为头部装饰的点缀。这是英国的服饰礼仪,英国的帽子文化有悠久的历史,每逢皇室的重大活动或正式场合,皇室女性成员,必须根据自己的衣服搭配上不同款式和戴法的帽子,以示庄重、优雅与高贵(见图2-12)。

图2-12 英国王室穿着图

(图片来源:https://baijiahao.baidu.com/s?id=1601234408364691402&wfr=spider&for=pc)

(二)标志性强

英国是英格兰、苏格兰、威尔士以及北爱尔兰组合成的联合王国。被广泛用于苏格兰、爱尔兰、英格兰东北部以及威尔士地区服装上的苏格兰格子已成为英国时装乃至时尚中必不可少的元素(见图2-13)。苏格兰格子种类繁多,不同的格子设计甚至可以区别穿着的人来自哪个区,有着很强的标志性和辨识度。在英国现代社会中,许多企业和社会团体都有自己的格子图案。在英国氏族中,稍有身份与地位的家族都有属于自己的苏格兰图案。

图2-13 苏格兰格子

(图片来源:https://baike.baidu.com/pic/%E8%8B%8F%E6%A0%BC%E5%85%B)

(三)自然含蓄

英国的时尚风格以英伦风最为闻名。英伦风的时尚传统、保守、含蓄,与巴黎、米兰和纽约相比,不过分性感,又会适度修饰人体的线条。英国传统纺织业历史悠久,是经典男装的制作中心。合适的剪裁,得体的穿着,以及细节上的处理,构成英伦男装以及正装的典型特点。同样的衬衫,不同的穿着,简单的配饰,不同的搭配,稍加改变就能有完全不同的观感,但并不浮夸,外加整洁的仪容和仪表,尤其能体现出绅士风度。在历史文明的沉淀下,英国整体社会都生活得十分自然、自在,含蓄而不突兀。

四、品牌风貌举要

(一)Burberry——英伦情结

说起英国风范,经典与时尚兼备的Burberry是其代表名片之一。创立于1856年的Burberry是极具英国传统风格的奢侈品牌,拥有160年的历史,成为华贵、品质、创新以及永恒经典的代名词,旗下的风衣作为品牌标志享誉全世界。在 Burberry 主理人的创意理念领导下,Burberry 与时俱进,在充满现代感和崇尚真我表达的同时,承袭了最初的价值理念与创立品牌的初衷。Burberry 坚守纯正的英国传统设计风格,品牌旗下的风衣大方优雅,以经典的格子图案、独特的布料著称,在世界享有极高的知名度。除了经典的风衣单品,Burberry 还结合自身的经典元素,将时尚的触角延伸至其他领域,推出了香水、皮草、头巾等相关产品,目标消费群体涵盖女性、男性以及孩童。

Burberry 是数字化营销的先驱与翘楚,紧盯消费群体动态,利用网络技术,努力打造科技与时尚相结合的品牌体验。近年来,Burberry 积极拓宽数字营销渠道,通过大数据精准分析,追踪目标受众,注重有效沟通互动,实现最大化的投放效果。首先精准定位潜在目标受众,并精准覆盖,加强实时互动,最大程度提升品牌影响力。其次整合多方数据,细分目标受众。Burberry 在自己的品牌官方网站上做用户信息采集,分析用户行为,进行多维度的用户分类,依据受众细分结果进行定向投放最大程度满足不同需要。再次整合媒体资源,选择合适的投放渠道。包括精选女性、娱乐和资讯类优质视频,门户和垂直媒体资源,针对不同受众需求进行媒体定向投放。

(二)Alexander McQueen——不止前卫

服装品牌 Alexander McQueen 是由有着"英伦坏男孩"称号的亚历山大·麦昆于 1992 年创立的同名品牌。McQueen 凭借在 Anderson&Sheppard(英国有名传统服装裁剪公司)及舞台服饰制造商 Bermans&Nathans 工作时积累的知识和经验,将英伦传统剪裁手工艺技法融入个人设计中,推出了细腻剪裁的后现代时装系列并赢得外界一致好评。亚历山大·麦昆是时尚圈名副其实的鬼才,其设计充满天马行空的创意,极具戏剧性。Alexander McQueen 以狂野的方式表达情感力量、天然能量、浪漫但又决绝的现代感,具有很高的辨识度。麦昆总能将两极的元素融入一件作品中,比如柔软与强劲、传统与现代、严谨与松弛等等。细致的英式定制剪裁、精湛的法国高级时装工艺和完美的手工制作都能在其作品中体现出来。其中,Alexander McQueen 的时尚单品最以骷髅丝巾、超低腰牛仔裤和驴蹄鞋闻名(见图 2-14)。

Alexander McQueen 充满创意的时装表演更是完美地表现了 McQueen 的设计理念。Alexander McQueen 总是先在时装发布会上输出自己的设计概念,然后服装展上实实在在地演绎着感官刺激,从而刺激并加深观赏者的印象。作为中型奢侈品牌,Alexander McQueen 在中国开出的直营电子商务网站,产品全

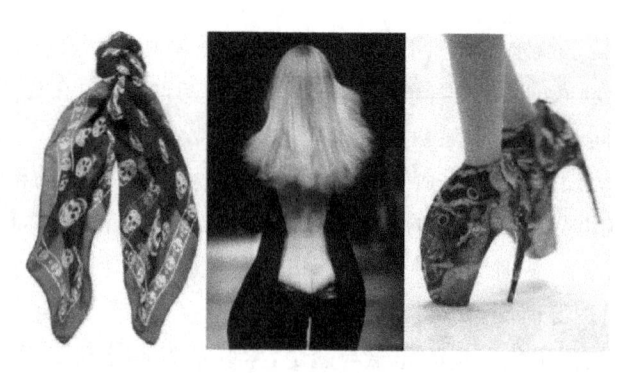

图 2-14　骷髅丝巾、超低腰牛仔裤和驴蹄鞋
（图片来源：作者整理）

部来自欧洲，尽管每笔购物需承担 95 美元的运费，但一直深受买手的欢迎。Alexander McQueen 去世后，他长期的助手 Sarah Burton 接手了工作，延续了 Alexander McQueen 的精神特质，同时让品牌得以继续发展。

第五节　日本——东西方文化交融下的时尚

20 世纪中期，得益于日本政府产业发展相关法律法规的完善，经济飞速发展。20 世纪末，日本时尚产业依托政策倾斜与扶持力度得以崛起。日本传统与现代设计思维的并行造就了日本时尚东西文化交融的特征[16]。

一、历史背景

日本作为亚洲时尚潮流中心，经历过几个重要的时间节点。以 19 世纪为划分点，19 世纪前日本全盘接受中华文化；19 世纪后，日本开始全盘接受欧洲文明。因此，日本现代设计作品中既表现出浓厚的东方文明，又不难看出吸收了西方制作工艺的巧思。

大化改新。646 年，孝德天皇颁布《改新之诏》，积极吸收中国唐朝的政治和经济制度，实行"大化革新"。大化革新将日本由奴隶社会带进封建社会，直至今日，我们依旧可以在日本文化中看到中国文化的影子。

黑船事件。19 世纪上半期，在锁国政策的影响下，日本贸易开放仅局限于东亚一角。而经历产业革命、交通革命洗礼之后的英、法、俄、美等国成为新一波称霸世界的强国，为了原料、市场、殖民地与转运站积极经营远东。当时在美国的武力胁迫下,日本幕府被迫打开了港口。随后不久,英国、俄国、荷兰等国都与日本签订了开通港口的不平等条约。欧美文化强行进入日本,自此日本开始走上了东西方文化融合的道路。

明治维新。在明治时代,成立了明治大日本帝国政府。新政府积极引入欧美各种制度、确立国家制度、设立日本帝国宪法、培育强大的军事力量,日本急速发展成近代资本主义工业国家。在文化上,日本接受欧美传入的科学与艺术,日本的东方文化与西方文化大范围地交融与摩擦,在一定程度上成就了现今日本的时尚文化。

二、"东西交融"文化形成

日本是一个融合性和学习性很强的国家,其文化特性深受历史发展的影响。日本曾被迫吸收西方外来文化,也曾主动学习美国等发达国家,通过不断地学习和融合创新,经济、政治、文化等多方面得以发展,中日文化交流频繁,但日本立足于本国传统,走出了一条不同于中国也不同于西方的文化道路,形成现如今的"大和文明"。日本文化在形成与发展的过程中,许多看起来很矛盾对立的现象,但却和谐地结合在一起,形成了独具一格的日本文化。

(一)文化的吸收性与独立性

从历史上看,日本从6世纪开始大量地学习与吸收中国文化。德川政权崩溃、明治维新开始,日本进入了"文明开化"时代。在这期间,日本全面学习西方文化,这对传统日本文化和宗教都产生了极大的冲击,但是日本并未抛弃本土文化。例如,日本人爱吃生冷的食物、崇尚原味、喜爱素淡的颜色等都秉承了日本本土尚武精神与骄傲之感。

(二)文化的输入与输出

不论7世纪的"大化革新"大规模输入大唐文化,还是19世纪"明治维新"大规模地吸收与输入西方文化,都对日本的发展进步起到了巨大的推动作用。随着经济高速增长,日本向外推销自己文化的意识越来越强烈,提出了战略性的口号——国际化。日本每年为国际交流、文化活动以及相关项目投入大量的资金,这些举措带来的最显著效果便是日本的花道、茶道等享誉全世界。

三、时尚风格特点

日本并没有如同法国、意大利、英国等国家丰富的时尚史,但是日本的时尚设计总能够让人耳目一新。这种耳目一新并不是指设计的有多脱出正规设计的轨道,而是给人一种舒适、宁静的感觉。它的风格质朴、简约,颜色十分素雅,在面料的选择上以棉麻为主,贴近最原始、自然的生活。与五大时尚之都国家相比,日本更像是一个谦虚的学生,如浮华世界的一股清流,这也许是日本能够获得西方时尚界认可并且成为亚洲时尚中心的重要原因所在。

(一)舒适平价

日本在东西方文化交融中最大程度保留自身的文化精神,注重万事万物的功能性,因此,相较于欧美,日本服装设计更加注重舒适感。日本禅宗主张尊重自然,要求人与自然和谐相处,生活上给外界的感觉是井井有条,不急不慢,很少发生冲突。这些反映在服装定价上也就更合理,贴合人们的真实感受,以低廉的价格让每个消费者都能购买到自己喜爱的服饰。

(二)注重细节

日本的自然地理环境迫使日本人民注重节约,不仅节约食物、原料等资源,更要节约空间资源。做任何事情都要精打细算、重视细节的品质,服装设计与制作也如此。日本的本土品牌十分重视人性化与功能化的细节设计,注重服装的可收纳性,服装内侧往往都会再设计一个可装物品的口袋以及可将衣服折叠成一小块的收纳口袋等(见图2-15)。日本时尚品牌虽不及法国、意大利多,但每个品牌都十分注重人的感受。

图2-15 收纳口袋

(图片来源:http://image.baidu.com/search/index? tn=baiduimage&ct=201326592&lm)

(三)简单朴素

日本武士道精神保留着日本最原始的文化,讲究素淡、质朴。这尤其体现在日本服装上,多选择棉、麻的面料和以暗沉色调为主。服装外,日本建筑"阴翳"

是重点。日式建筑以及家居、装潢往往都以暗沉为主调,打破了世界中常规的明亮色彩。家居装潢更是简洁,极富线条感,既有追寻纯粹的自然之美,又有单纯之美。

(四)日本时尚的几个重要阶段

日本的时尚始于 1905 年发行的《妇人画报》,它是日本历史最悠久的时尚杂志,大部分日本女性的时尚启蒙从这本杂志开始。《妇人画报》创刊号封面,配图和文字实在很中西合璧,飘逸的发带和飞翔的蝴蝶呼应,莫名童真可爱。

1980 年,日本进入繁荣蓬勃的泡沫经济时代,人们身着鲜艳的纯色和巨大图案的服饰,在原宿代代木公园伴着收音机播放 Disico 音乐围在一起跳舞。这种风格的服装大多由"Boutique 竹之子"的品牌提供,因而当时的潮流人士得名"TAKENOKO ZOKU"(竹之子族)。

1982 年,本土设计师逐渐崭露头角,他们颠覆西方服装界重视剪裁和体型的传统概念,设计理念强调"禁欲"和"宗教性",剪裁简单大胆,强调隐藏身体线条。本土设计师对西方潮流的冲击,使得东京街头不再是单一风格,开始潮流的变化及多样性。正装搭配球鞋、Outdoor 混搭街头服饰,"Mix & Match"风格开始成为主流,年轻代开始对不同流行文化进行重组解读。

1989 年,三宅一生推出"我要褶皱"系列,服装的面料从一根丝线开始制作,采用特殊的"产品褶皱"工艺加工,赋予服装浑然天成的褶皱效果。这种特殊设计的服装一夜间传遍大街小巷,从此三宅一生声名大噪。

进入 21 世纪,在互联网推动下,日本潮流不再单纯效仿"时尚领袖",开始步入 Mix Fashion。象征美国贵族阶层奢华风的 LA Celeb,英国街头流行的 UK Skater Style,以及更加丰富的 London Military 和 New Heritage。扎根于历史之中的"GAL"文化、嬉皮文化等穿衣风格也随之进化,时尚融合和裂变的速度,比以往任何时候更强劲。2000 年代日本女性时尚以"MORI GIRL"(森女系)自然系着装为代表,森女系以宽松自然的连衣裙为主,民族风要素但偏向甜美,面料通常倾向于柔软舒适。

2010 年至今,涩谷系的夸张风格衰减,宽松舒适成了都市男女的首选,不论流行什么,街头风格各异,很难发现穿着一模一样的。

日本人的穿着大多不会受到季节、时间以及外人想法影响,鲜艳颜色和夸张搭配已经基本不见痕迹,却也不会落入太过基本主义的窠臼。他们非常善于通过细节来表现独特个性,飞行员夹克、UNDERCOVER、boyish style 在"UNBALANCE"的风潮里跟着回温,重新成为街头时尚的宠儿。

四、品牌风貌举要

（一）UNIQLO——舒适生活

UNIQLO 创建于 1984 年，由销售西服的小服装店开始，现已成为国际知名品牌。UNIQLO 的品牌名是 Unique Clothing Warehouse 的缩写，意为"低价良品、品质保证"的经营理念。UNIQLO 不同于仓储型店铺，采用超市型的自助购物方式，以合理可信的价格为顾客提供所需的商品。旗下商品覆盖男装、女装以及孩童、婴幼儿装，从外套、内饰到贴身内衣裤、袜子等，一应俱全。

UNIQLO 在创立之初就定位"让所有人都能穿的休闲服"，设计不同主题系列的衣服，为不同年龄层所喜爱和支持。UNIQLO 以休闲服为主，高质平价，简约的设计强调服装是配角，穿衣的人才是主角，注重满足消费者完美搭配和充分展示个性的需求，给消费者演绎真正自我的空间。

UNIQLO 控制成本，靠低价带动市场，同时作为亚洲为数不多的快时尚品牌，有着独特的经营理念和经营模式。UNIQLO 于 2008 年率先打开网络市场，开始电子商务运营，线上线下活动相结合。UNIQLO 擅长与著名 IP 联名，以此来提升知名度与销售量，同时满足了消费者因为所热爱的 IP 而收藏的行为。如，2019 年上半年 UNIQLO 与 KAWS 的联名，一经上线，立马售空。

（二）Yohji Yamamoto——彰显细节

Yohji Yamamoto 是日本时装浪潮新掌门人山本耀司的同名品牌。

Yohji Yamamoto 的设计一向不理常规、不分性别的，反时尚风格。简洁而富有韵味，线条流畅，以男装见长。常常以男装的理念去设计女性服装，Yohji Yamamoto 喜欢以夸张的比例去覆盖女性的身体，带出雌雄同体的美学概念。整齐而细致的剪裁、洗水布料和黑色都是 Yohji Yamamoto 的常青项目。Yohji Yamamoto 是个谜，将东方沉稳细致的性格集具一身，以无国界、无民族差别的手法把这个谜表现在设计中、展示在公众面前。山本耀司把西方式的建筑风格设计与日本服饰传统结合起来，让服装在穿着基本功能外，成为服装、身体与设计师精神意蕴这三者交流的纽带。

在山本耀司的设计中，许多细节都体现出自己的情绪，并以概念营销的手段来销售其产品。山本耀司非常重视时装发布会，认为发布会既是助推产品的媒介，也是市场信息反馈的途径。山本耀司喜爱黑色，黑色有着非凡的吸引力。就像时尚界的一些重要人物，他们几乎与黑色有着难以言喻的奇妙命运，乔布斯就是典型的实例。正如山本耀司自己所言，黑色是一种最有态度的颜色。我不打扰你,你也不打扰我。

参考文献

[1] 佚名.法国大革命[EB/OL].(2021)https://baike.baidu.com/item/%E6%B3%95%E5%9B%BD%E5%A4%A7%E9%9D%A9%E5%91%BD/205281

[2] 滕宇.法国文化产业的发展经验及其对我国的启示[J].文化创新比较研究,2018(6):158-160.

[3] 高长春.时尚产业经济学新论[M].北京:经济管理出版社,2014:75.

[4] 江诗岚.探析奢侈品品牌中的故事营销——以克丽丝汀·迪奥为例[J].西部皮革,2016(11):68..

[5] 计冉.法国引领时尚潮流的原因探析[J].文教资料,2016(9):22-24.

[6] 李杰.文艺复兴视野下的文学革命——析顾毓琇"中国的文艺复兴"论[J].海南师范大学学报(社会科学版),2019(04):35-44.

[7] 历史与艺术造就意大利设计[J].中国眼镜科技杂志,2015(6).

[8] 陆平.后现代主义的前导——论战后意大利的激进设计[J].苏州大学学报,2002(12):33-35.

[9] 王受之.世界时装史[M].北京:中国青年出版社,2002:135.

[10] 王思晴.中国背景下的国际奢侈品牌营销策略分析——以YSL和PRADA为例[J].中国商论,2017(1):7-8.

[11][12] 品牌故事:奇安弗兰科·费雷(GIANFRANCO FERRE)[J].中国纤检,2015(3):99.

[13] 韩思宇.美国漫威电影的流行因素分析[J].卫星电视与宽带多媒体,2019(16):119-120.

[14] 杜楠.探析现代美国消费文化的起源[D].北京:外交学院,2015.

[15] 王占锋.Levis:老树新花[J].企业观察家,2013(Z1):53-54.

[16] 冯幽楠,孙虹.日本三大时尚产业发展经验借鉴[J].丝绸,2020,57(4):68-75.

第三章　中国时尚消费文化的演变

百年来,我国经历了翻天覆地的历史巨变,推翻了两千多年的封建统治制度,驱除外国列强,建立人民民主专政的社会主义国家。中华人民共和国成立70年来,经历过"新三年,旧三年,缝缝补补又三年"的计划经济时代,也曾在"红流滚滚"的岁月绿军装成为最时髦标志物。1978年改革开放后,打开国门,国际交流频繁,经济发展迅速,计划经济转入社会主义市场经济,随着生产力水平不断提高,物质丰富,生活质量巨变,人们服装从"穿得暖"向"穿得美"迈进,这极大地推动了我国服装产业集群的形成与发展,时至今日,我国成为全球最大的服装消费大国的同时,在全球服装生产和出口贸易方面稳居第一。

改革开放以来,中国积极吸收西方工业化及时尚文化成果,时尚产业从被动模仿阶段向自主创新阶段发展。进入21世纪,"水墨画""龙纹""汉服"等中国时尚元素频繁被搬上西方时尚舞台,中国时尚正对西方时尚界产生越来越大的影响。中国的设计师自发探求传统文化与现代时尚结合发展新路径,用设计的力量创造多元的时尚文化。随着全球化与本土化趋势碰撞,互联网时尚传播方式不断迭代,中国时尚意识及设计语言在这一历史进程中不断构建,时尚产业正向体系化不断完善发展。

第一节　启蒙时代西风东渐(1912—1949年)

1911年10月11日,孙中山领导的辛亥革命推翻了中国最后一个封建王朝,结束了清王朝的统治,中国自此迈入了全新的时代。对于服饰而言,这是一个由"趋变"到"突变"的时代跨越,延续了几千年的封建服饰制度被彻底废除。1912年国民政府公布了《服制条例》,规定男女礼服制度,男子有大礼服和常礼服两种,女子则为上衣下裙,剪辫易服成为社会主流趋势。"五四"运动后,西方民主思想与文化大量涌入并悄然渗透到中国每个角落,在中国掀起一场"西风东渐"的狂潮。服装也不例外,男士西装、衬衫、领带、西式宽檐帽、皮鞋和女子连衣裙、套装、大衣等"舶来品"成为社会的一种时髦。总的来说,民国时期的服饰变化是一个多元整合的过程,东西方服饰的交融、发展也孕育出旗袍、中山装这样的经典服装。

一、打破传统新服制

随着政治体制的改革,民国时期不再承袭封建"官服"制度,与旧制服的传统官服造型相比较,民国服装造型大多是中西合璧的样式。1912年,民国政府将跪拜式的祭祀文庙礼仪改为鞠躬式,同时废弃祭服用便服取而代之。同年,参议院颁布的"服制"法案把政府官员的服装分为三大类,即"大礼服"、"常礼服(甲)"和"常礼服(乙)"。"大礼服为黑色西式礼服,有昼晚之分,昼服长与膝齐,袖与手脉齐,前对襟,后下端开衩,穿黑色长过踝的靴。晚礼服似西式的燕尾服,后摆呈圆形"[1]。

服制法同样要求,身着"大礼服"时需要佩戴平顶的有檐高帽,身着"晚礼服"则需搭配可以露出袜筒的短靴,下装皆为西式长裤。不同于其他两类服装,"常礼服"分为两种。一种是西式,形制与"大礼服"类似,但要求佩戴有檐的低平圆顶帽;二是传统长袍马褂,黑色,多用毛织品、丝、棉麻之物制成。

1929年,民国政府又制定新的《服制条例》,规定:"男用礼服,一律蓝袍黑褂;帽冬式色黑,凹顶软胎;夏式色白,平顶硬胎,皆有边缘。女用甲乙两种:甲种色蓝,长至膝与踝之间,不用裙;乙种蓝衣黑裙,衣长过腰,裙长及踝。唯男女因国际关系,得采用国际通用礼服。"[2]在这一时期的服制条例中,很明显地看出政府更加重视中装款式的影响,而中山装也被纳入到礼服中。

二、优雅别致新旗袍

清朝时期,中国传统的旗袍是满洲旗袍,其样式为:袍身宽松、廓形平直、长度在踝关节之上,胸、肩、腰、臀完全平直,女性身体的曲线毫不外露,倒大袖,并在领缘、门襟、下摆等处用滚边进行装饰[3]。1911年辛亥革命风暴废除了等级森严的服制桎梏,清除了西式服装在中国普及的根本政治性障碍,普罗大众摆脱了传统苛刻的礼教与风化观念。旗袍从形制上摒弃了传统老旧样式,它不再是承载沉重的传统观念的媒介,开始走向大众化、国际化的自由道路。一场以旗袍为核心的、寻求解放的服装改革热潮在女权运动高涨的时装中心——上海上演了。

新旗袍打破了传统服饰装扮上的陈规陋习,以突出女性柔美为主,色彩明快淡雅,形制趋简,先是以马甲的形式出现,长与足背,将其加在短袄上。后将长马甲改成有袖的式样,逐步确立了新式旗袍的基本雏形(见图3-1、3-2)。

图3-1 《琵琶少女》
杭稚英所作月份牌,少女一身通体红色的旗袍,不同于传统旗袍,该样式为高领无袖,腰部收紧,将女性身材完美体现出来。
(图片来源:http://www.shszx.gov.cn)

图3-2 穿旗袍的女子
无袖旗袍旗袍显得女性手臂洁白而修长;另外伴随新型面料的传入与印染技术的提高,旗袍面料不再仅仅局限于真丝、绸缎,透明蕾丝显得更加风情万种。
(图片来源:http://www.shszx.gov.cn)

20世纪20年代初期,人们对旗袍个性化需求日益强烈,还依据个人身材不同对长袍加以修形,以期更符合审美需求。例如,身材肥短的,相应添加袖长、放宽下摆等进行弥补;身材瘦长的,则减小腰身、缩小下摆以突出其秀美精巧。30年代左右,上海出现了内着新式旗袍外着长马甲的时新款式,同时在传统旗袍的基础上修改款式、添加欧美服饰特色元素的改良旗袍也已经十分普及。30年代中期,旗袍长度逐渐长至脚面,若不穿高跟鞋就无法行走,为了便于行走,旗袍两边开设高衩,腰身更紧绷贴体,较好地显示女性体型的曲线美。30年代末期,旗袍的造型开始西化,加入胸绳以及绱袖和垫肩工艺,逐渐进入了立体造型的时代。[4-6](见图3-3、3-4)。

图 3-3　高领镶边旗袍
画中的女士穿着的高领旗袍设计颇为讲究，浅色的几何花纹丝绸面料，在领口、衣襟边缘镶嵌不同色彩的缘边，使其与服装产生对比，高领处还有武夫一字盘扣。
（图片来源：http://www.china5080.com）

图 3-4　穿旗袍的女子
画中的女士穿着的高领旗袍设计颇为讲究，浅色的几何花纹丝绸面料，在领口、衣襟边缘镶嵌不同色彩的缘边，使其与服装产生对比，高领处还有武夫一字盘扣。
（图片来源：http://www.shszx.gov.cn）

　　20世纪三四十年代是中国旗袍发展的鼎盛时期，旗袍造型变化繁多，领子由低到高、从有到无，袖子忽长忽短、或留或去，加上高高的开叉，具有极强的视觉冲击力。同时，在改良旗袍的基础结构上，人们添加西式窄衣的剪裁方法，使得袍身更加贴合人体；旗袍的局部被西化，在领、袖外采用西式的处理，如用荷叶领、西式翻领、荷式袖等，或用左右开襟的双襟。在旗袍穿着上，出现了中西款式混搭的现象，例如旗袍与西洋的烫发、高跟鞋、玻璃丝袜、手套、胸花进行组合，或者旗袍与西式大衣、西式马甲进行组合，这种"中西合璧"的搭配方式别有一番风味。旗袍脱胎于清旗女长袍，但已不同于旧制，成为兼收并蓄中西服饰特色的近代中国女子的标准服装，许多当代电影明星如周璇、胡蝶、阮玲玉等都对旗袍情有独钟，客观上对旗袍的宣传推广起到了推动作用（见图3-5）。

图 3-5　改良旗袍混搭

图中为穿着西化旗袍的女性,烫着卷发,用高跟鞋与蕾丝手套进行组合装饰,加上披风,东西合璧的搭配更有风韵。

(图片来源:http://www.china5080.com)

三、寓意深邃中山装

"中山装"诞生的起源有多种说法,但人们普遍认为是由孙中山先生倡导设计的。为谋求革命的发展,广州起义失败后,孙中山先生到达日本筹划成立兴中会日本分会,为了表达彻底社会革命的思想,他倡导剪辫易服,提议废除代表传统封建理念的长袍马褂服制制度,转由新服制取代。在"同义昌"的宁波裁缝张方诚[7]的帮助下,孙中山先生在日本学生制服和南洋华侨"企领文装"的形制基础上,加入中国元素和自己倡导的"三民主义"思想,设计出一套中式服装,赋予其浓重的革命色彩。因为这款中式服装是由孙中山创意并倡导的,因此被命名为"中山装"。某种程度来说,"中山装"的诞生开启了近代男装西化改革的先河,是中国政治、社会以及文化革新的产物,与中国近代历史进程密不可分(见图3-6、3-7)。

图 3-6　着中山装的孙中山先生
立翻领直身,有七粒明扣、四个贴袋的样式。
(图片来源:http://www.china5080.com)

图 3-7　中山装
立领直身,有六粒明扣、暗袋样式。
(图片来源:http://www.china5080.com)

中山装起初为立领,前门襟 7 粒明扣,4 个压片口袋,背后有过肩,暗褶式背缝合半腰带。中山装被大众接受后,民国政府将其定为礼服并修改服装细节,为其赋予了新的符号定义。作为礼服的中山装,由立领变为立翻领,对襟,且前门襟修改为 5 粒扣,有 4 个贴袋,袖口各含粒 3 扣,各贴袋配袋盖有 1 粒明扣,衣身后片不破缝。上贴袋上方平直,底脚则呈现圆形,袋盖中间弧形尖出;下为老虎袋,左右对称,并且左上袋盖靠右线迹处留有插笔口,后片不破缝。袖口有开衩钉扣跟装饰两种,一般穿着同色同料的西裤搭配并挽起裤脚,西裤一般配有两个侧边裤袋以及一个有袋盖的后袋[8]。

中山装的形制变化,既包涵西方服饰的结构理念又融汇了中国传统文化思想,体现了中华民族的价值取向与文化内涵。中山装配有四个对称的口袋,象征着"国之四维",即"礼""义""廉""耻";配有三粒袖扣,象征着"三民主义",即"民族""民权""民生";前门襟的五粒纽扣则有"五权分立"的意味,意指"立法""行政""司法""考试""监察";衣袋上的四粒纽扣象征着人民所拥有的"四权",即"选举权""创制权""罢免权""复决权"。此外,衣身后背不破缝,意指"国家和平统一之大义",立翻领的封闭样式,象征"严谨治国"的理念。中山装所表现出的凝重庄严之感、所蕴含的革命革新之意,直至今日依然为人称道,中山装作为一种服制形制依旧具有独特的魅力,至今巍然屹立于中国服饰之林。

四、中西合璧文明装

20世纪20年代,中国女子服饰开始流行两截穿衣,即上衣下裙,但总体服装结构变化不大,基本沿袭传统服制样式。冬季上衣穿袄,夏季上衣穿衫和背心,搭配长裙下装。上衣多细节变化,衣身宽窄不同,衣摆有圆有方,且衣襟有多种,如对襟、一字襟、琵琶襟、直襟、斜襟等,在上衣领缘、袖口、衣襟、下摆处常用刺绣纹样或是镶嵌花边以作装饰。部分女子受国外女装的影响,上身穿窄而修长的高领袄衫,下身着黑色长裙,不施纹绣,这种穿着又被称为"文明新装"[8]。当时女学生的校服多为上衣下裙的款式,上身多为蓝色或浅色,下身深色裙,足穿白色纱袜和圆口布鞋(见图3-8~3-12)。

图3-8 身着"倒大袖"女学生
圆摆倒大袖,直角、大袖口,高立领,大襟右衽。
(图片来源:http://www.china5080.com)

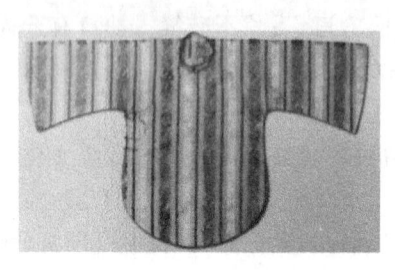

图3-9 圆摆倒大袖袄
这件圆摆倒大袖袄为竖条纹绸缎,其中浅米色的条子是手工缝制上去的,做工精良。

(图片来源:http://p5.itc.cn)

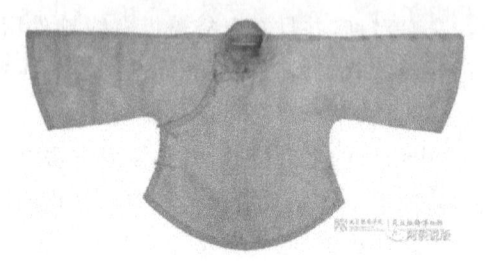

图3-10 圆摆直角倒大袖袄
这件素色圆摆倒大袖袄,下摆缩短到了腰际,衣身与下摆呈直角状,领口、袖口及门襟处都有封边。

(图片来源:https://www.sohu.com)

图 3-11　短袄、套裙套装
袖口比袖窿尺寸大,该款女装以蓝色绸缎作底,丝缘边,领子、袖口、胸前及背部都秀出写实的花纹,所修绣花纹自然生动,非常逼真。
(图片来源:http://www.china5080.com)

图 3-12　身女孩子们穿文明新衣
12 岁的林徽因与表姐妹们的合影,她们身上穿的是北京培华女子中学的校服。
(图片来源:http://www.china5080.com)

民国时期人们经常穿着的中式裤主要是一种上腰的大裆裤,其腰部不开口,裆不分前后,裤腰比较宽大,可将裤腰收紧折叠后外系布腰带。另外裤腿长至腿肚上下,裤上镶一至数道边为装饰,有单、夹、棉之分。这种裤子男女皆可穿着(见图 3-13)。

图 3-13　穿着裤管宽大的镶边女裤
(图片来源:https://pic.sogou.com)

民国时期随着海禁的开放,国外的男士西服及摩登女装也不断地进入中国,此时女士流行的时装有西式连衣裙、西式茶舞服、西式婚礼服裙、西式套装裙、西式大衣等，运动服、泳装、针织、内衣等也逐渐进入人们的生活中，服饰配件有鞋子、丝袜、围巾、帽子、首饰、手饰、花边等多个品类（见图3-14~3-16）。

图3-14 西装革履的年轻人

西服穿着一般是三件套，包括西装、背心与西裤。并且，常与衬衫、领带或者领结以及礼帽、手套和皮鞋搭配使用。西装款式大多为翻驳领，半收腰。西裤裤管窄小，比较合体。

（图片来源：http://www.china5080.com）

图3-15 《良友》杂志的泳装
该照片为身穿泳装的时尚女性
（图片来源：http://www.china5080.com）

图 3-16 《玲珑》杂志中关于时装样式的图片

《玲珑》杂志主要关注民国都市女性的生活、婚恋、常识、衣饰美容、育婴、电影等资讯,服装多是中式改良的旗袍或中西混搭的设计,用今天的审美看,也一点都不过气,反而有一种中国式的独特时尚感。

(图片来源:http://www.china5080.com)

第二节 解放初期质朴简洁(1950—1965 年)

1949 年 10 月 1 日,毛泽东主席在天安门城楼上向全世界庄严宣告:中华人民共和国中央人民政府成立了。中华人民共和国成立后,国家面临着发展工农业生产、恢复国民经济的艰难任务,女性作为劳动力资源得到重视。随着妇女解放运动,越来越多的女性摆脱家庭的束缚走向社会。出于新的社会实践需要,女性的社会地位和社会角色有了全新的界定,女性形象也得以重塑,女性的五官特征、身材比例、精神气质等呈现出向男性看齐的趋势。解放初期,充满对社会主义新生活的热爱与向往,人民群众在服装与审美标准上,无不反映出对社会进步的热情和对新生活的渴望。代表中国新气象的干部服、人民装以及从苏联传入的列宁装、布拉吉等,很快在全国流行开来,人们以穿着象征进步与革命的服装为美。审美观念由民国时期的优雅华贵转变为节俭朴素,简单实用的"大众化"服装盛于市。所谓"大众化"服装,在此专指"劳动人民"的着装,它的出现与普及既是政府与社会提倡的结果,也是当时人民生活的真实写照(见图 3-17)。

图 3-17　1953 年《人民画报》上的劳动人民
正在农田里采摘棉花的女性
（图片来源：https://i02piccdn.sogoucdn.com）

一、革命情怀列宁装

20 世纪五六十年代，中国人民对苏联的大力支持和热情帮助满怀感激，对苏联的社会主义建设成就心存崇拜。中国无论是经济、政治还是军事处处以"苏联老大哥"为楷模，服饰也是如此。以"列宁装"为代表的苏联服饰一传入中国就风靡一时，"列宁装"也叫"列宁服"，因列宁在十月革命前后常穿而得名。原为男装上衣，但后来主要是女干部的日常服装，"列宁装"逐渐普及成为与"中山装"齐名的革命服饰。列宁装是在西服的基础上改进而来的。衣长及臀，衣领为关、驳两用。列宁装大都双排四档八粒纽扣（有的列宁装是双排五档十粒纽扣），第一档领处的组距较长，主要是方便翻驳领口，第二档以下三档组距相等，六粒扣，双襟中下方带一暗斜口袋，腰中系一布带[9]。"列宁装"多以斜纹布、卡其布、华达呢面料制成，色彩多以黄、绿、黑、蓝、灰为主。

"列宁装"基本上带有一点装饰性元素，比如双排纽扣和大翻领，"列宁装"的腰带有助于女性身体线条的凸显。列宁装是当时中国女性最崇尚、青睐的"时装"，穿"列宁装"、留短发是当时年轻女性的时髦打扮，看上去朴素干练、英姿飒爽。中国第一位女拖拉机手梁君、第一位女火车司机田桂英[9]，都曾是"列宁装"的模特，劳模的示范，带动了时代的风尚潮流。20 世纪 50 年代，大部分女性用"列宁装"做罩衣。除了把劳动布上衣做成小敞领、贴口袋，城市妇女则在蓝、灰列宁服外套里穿上各色花布棉袄（见图 3-18）。

图 3-18　身着列宁装的劳动人民
图中为留着干练短发,身着双排扣翻领列宁装的女性。
(图片来源:https://www.sohu.com/a/230488191_367767)

二、朴实耐磨工人装

"工人装"的流行与当时以"阶级斗争为纲"的治国方略分不开。1949年新中国成立以后,工人阶级作为领导力量,政治地位显著提高,其着装风格也成为当时青年争相效仿的时尚模板。很多青年女性身着男式背带工装裤和格子衬衣,以此表现自己独立自强、积极向上的进取精神。

工装裤是一款男女通用"上下一体式"的背带式连体裤,流行至今。其基本款式为宽体直身,裤脚肥大,前有方形或梯形护胸,后有两条长背带,背带连身跨肩,穿着时,这两条背带既可在后背交叉,也可并排向前与护胸相接。当时,工装裤大多是一线工人的工作服,主要由粗棉纱纺织而成的蓝色劳动布、卡其布、细帆布或粗纺布制作而成。中华人民共和国成立后,随着社会主义建设事业的发展与工人阶级社会地位的不断提高,工装裤成为工人阶级的一种标志性服装,不再只是具有防护功能的职业服,而是具有审美价值的流行装,穿工装成为一种时尚。见图3-19。

三、友谊见证布拉吉

除列宁装外,苏联传入的方格衬衫和"布拉吉"连衣裙一样成为了那个年代时尚的代表。当年苏联领导人来华访问时,曾对中国女性过于朴素的着装提出了质疑,认为不符合社会主义国家的精神面貌,建议人们穿上漂亮的花衣裙,以

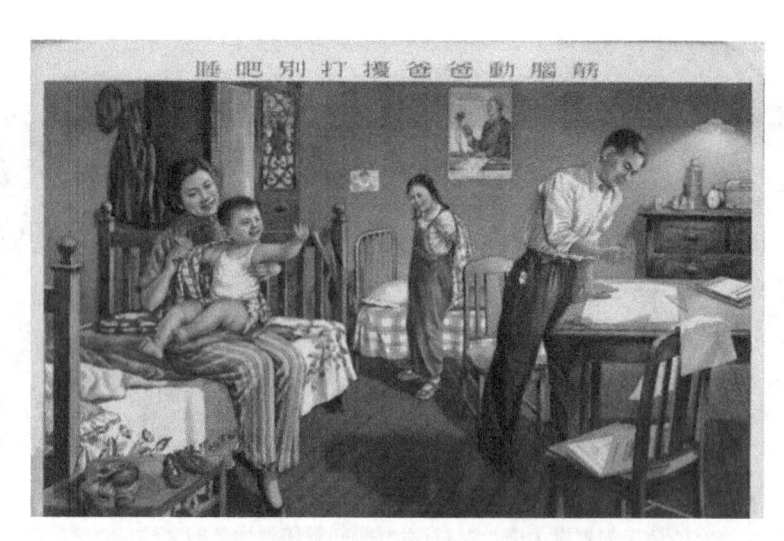

图 3-19　1955 年《睡吧别打扰爸爸动脑筋》
画报中穿着工装裤的女孩形象,工装裤为手工纺出的家织粗布做成,十分淳朴。
(图片来源:http://p.itc.cn/images01)

体现社会主义新形象。新中国成立初期,中国与苏联关系密切,中国女性很容易接触到苏联相关的信息,由苏联传入的报纸、画报、电影以及新开辟的时装专栏都向中国女性展示着新时尚的魅力,此时身穿"布拉吉"的援华苏联女专家自然而然地成为了广大女性模仿的对象。此外,为了更好地体现中苏友好关系和新中国社会主义欣欣向荣的面貌,北京的街道曾张贴"姑娘们穿起来"的宣传画,动员女性穿"布拉吉"[10]。妇女们唱着《喀秋莎》,身着"布拉吉"精神抖擞地进行社会主义建设。出于对社会主义事业和革命理想的追求,那时的女性着装审美趋于一致,甚至将那个崭新的时代比喻成旋转的布拉吉(见图 3-20)。

特定的背景下,中央领导干部的夫人们、演员、歌星、学生,一时间都开始穿着花布制成的"布拉吉"连衣裙,"布拉吉"迅速在各个阶层的女性中普及起来,成为女性谈论的时尚主题。"布拉吉"的基本形制为:上衣与下裙联结,腰部一般有束腰和收腰两种形式以凸显女性腰身;裙子门襟开在衣片前方、侧方或是背后;袖子样式为泡泡短袖;裙摆有细褶;领口除基本样式的圆领、方领和 V 字领外,还添加花边、蝴蝶结和饰带作为装饰。总的来说,"布拉吉"非常符合服装设计形式美法则中关于比例美的定义,从衣领到腰节,再从腰节到下摆,往往呈黄金比的关系,不像别的衣服故意要高腰节或是低腰节或是没有腰节,因此"布拉吉"很耐看。"布拉吉"多由印有彩色花卉、格子和条纹的棉布、丝织物制成,加上"布拉吉"的款式简洁明快,上至四五十岁的中老年妇女,下至几岁的女孩子,都可穿着

图 3-20　身穿"布拉吉"的女孩

女孩梳着油黑的大辫子，刘海齐眉，穿着颜色亮丽的"布拉吉"，脸上写满笑容，身上洋溢着青春的活力。

（图片来源：https://i03piccdn.sogoucdn.com/）

适合自己的样式。因此这种节省布料、穿着舒适、便捷轻盈，变化丰富的漂亮裙装广泛流行开来，还以此为基础变化出不少新颖的裙装款式（见图 3-21）。

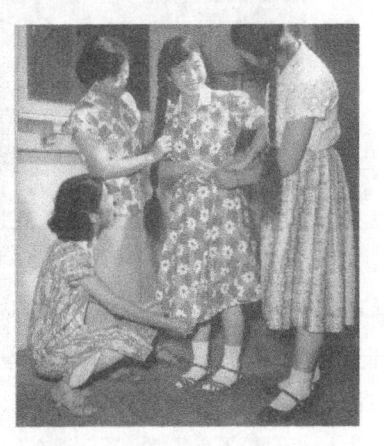

图 3-21　哈尔滨亚麻纺织厂的女工试穿当时最时髦的苏联"布拉吉"
彩色印花连衣裙使得女性更加年轻活力。

（图片来源：http://news.yxad.com/news/250957454_99985762.html）

四、勤俭实用日常服

解放初期,我国大部分城乡百姓的服饰品保留过去的样子,人民装、春秋衫、中山装、军便服、中式上衣依旧是大众所接受的服饰品类。一些年纪较大的妇女在冬天经常穿着衣长及臀,侧面开襟系布纽的大襟衫和棉袄。

当时女性穿着最常见的是春秋衫。春秋衫又被称为女式两用衫,因其衣领部位的驳头可开可关而得名[11]。典型的春秋衫形制与衬衫类似,为西式翻领,衣领呈一字或八字形,前门襟四粒扣,且有两个贴袋(偶尔也有挖袋形式),后无背缝,西式装袖,在肩部、腋部装有省道,略显胸部,无腰省,整体服装廓形为直线型。春秋衫有深色厚布外套与浅色薄布衬衣之分,前者主要用于春、秋、冬季,后者用于夏季。不仅材质结实,耐磨耐脏,而且还可"一衣多用",它既可作衬衫,又可作罩衫,样式大方美观,不仅是成年女性的常服,也是不少儿童经常穿着的一款服装。见图3-22。

图3-22　民族和睦团结生产的新家庭(1954年)
画中母亲穿着中式立领罩衫,父亲身穿格纹对襟立领一字扣罩衫
(图片来源:http://p3.itc.cn/images01/)

舒适宽松的"卫生衣"也被热爱运动的人们所钟爱。"卫生衣"是一种比较厚实的棉针织套装,多为绒里针织面。绒衣有圆领、翻领和鸡心领等套头样式,也有前开门襟纽扣样式。主要特点是直身、长袖口,领口、袖口用针织罗纹镶边收紧。绒裤为长裤,腰部有松紧带。绒衣绒裤既保暖又轻便,可作为外套,也可以当作内衣。是我国民间广为流传的一种秋冬季服装(见图3-23)。

图 3-23　身着春秋衫、头巾的母亲

画中母亲穿着中式立领罩衫

（图片来源：http://p3.itc.cn/images01/）

第三节　"文革"岁月红流滚滚（1966—1976 年）

20 世纪 60 年代，中国激荡着史无前例的社会浪潮，政府将目标集中于思想文化意识形态的变革，期望通过"天下大乱"而达到"天下大治"。"文化大革命"十年是中国思想激变的十年，也是社会动荡的十年，一切准则都依附于政治，从属政治并服务于政治，政治地位和权力等级成为社会最需要且最强有力的标准和尺度。在阶级斗争和革命话语的约束下，人们的穿着打扮表现出十分强烈的、特定的政治色彩，这种色彩在服装上进一步被凸显强化。服装配套的一切装饰品被摒弃，色彩最大程度被减少，服装类别和款式也形成了高度统一，"素男素女素儿童"是当时最好的写照。

一、全国上下军装风

"文革"时期，政治立场成为中国社会的第一大问题，服装不再只是展现美丽的媒介，更是突显政治立场的符号，成为评判一个人政治立场是否"根正苗红"的依据。"文革"初期"破四旧，立四新"，一切被视作帝修反、才子佳人、资产阶级、封建余孽的"坏东西""奇装异服""港式服装"都统统要被"革命"[12]。一时间,为了证明自己思想的"革命化","不爱红装爱武装"的"奇志"[13],不分职业、男女老少,都以"绿色军便服"为时髦,似乎"要表一心红,必穿半身绿"。服装除绿色外,可选择性不多,主要的颜色是:黑、白、蓝、灰,四色的星星共同烘托一个军装绿色的月亮。

"文革"初期,普通女青年所穿军装样式为西装式尖角翻领,衣身较宽松,收腰省,圆装袖,前衣两侧各有一只有袋盖的平开袋。裤子的前面是门襟,钉扣,臀部宽松,裤脚肥大。色彩以藏蓝色和军绿色为主,俗称"大管裤",女青年一般会梳短发或者扎两个小辫子,显得英姿飒爽。随着大批城市知青下乡到农村几乎所有的知青,都由国家配发军装。一时间,穿军装,戴军帽,足蹬解放鞋,背上印着"为人民服务"的军用书包成为年轻人的时髦打扮。孩童的服装形制如法炮制,按成人服装同比缩小,样式与颜色几乎没有变化,在"军事化"和"成人化"的政治氛围笼罩下,白衬衣、蓝裤子或是花裙子的"中国少年先锋队"被身披小军服的"红小兵"取而代之。稍大些的"红卫兵",不但一身军便装,还腰扎武装带以此来表现自己的革命精神(见图3-24、3-25)。

图 3-24 "文革"时期红卫兵形象

图中女青年身穿军装,戴军帽和红卫兵袖章,腰扎皮带,这是"文革"初期的典型装扮。

(图片来源:https://i02piccdn.sogoucdn.com)

图 3-25　蓝色是"文革"时期的老三色之一

"文革"时期，人民服装颜色都较为质朴，除了军装外，蓝色、黑色、灰色等就是常见的颜色。

（图片来源：https://i04piccdn.sogoucdn.com）

二、素雅质朴女性服

"文革"中期，女性在夏天大多穿长袖衬衫和长裤。衬衫的颜色和图案单调，只有一色的、小格子或小圆点的，但相较于前期装饰，款式与色彩都丰富了许多。女性常穿一种春秋衫，别名"两用衫"。两用衫造型简洁，设计大方，有直身式和收腰式样。衣身宽大，衣长一般及臀下4～8厘米。有关驳领、小翻领、大翻领以及连驳领，领角有多种式样，或圆或方。袖子有装袖、插肩袖、连肩袖等。叠门有单叠门也有双叠门。两用衫的前衣片下部通常有两只对称口袋，也有一些是在两边侧缝除装饰两只插袋。两用衫大多颜色多彩、花型多样，面料为比较厚实的卡其布、迪卡或者斜纹布（见图3-26、3-27）。

"文革"后期，女性服装依旧同男款一样，裙子仍属奇装异服之类，直到20世纪70年代中期，女性开始在夏季穿着裙装。裙装最先在城市流行，最经典的款式是一种长度在小腿下方的蓝色人造棉半身裙。此外，由"文革旗手"江青亲自设计的裙子——"江青裙"，在"文革"后期也短暂流行过。"江青裙"上身是小和尚领或翻领，领内有个白衬领，前襟沿边系扣，领子和前襟的边缘镶布边，半袖，腰间抽褶，并配上一条本色腰带，腰下是半长裙而多褶，下摆在小腿中部[2]。普通女性穿着的"江青裙"一般是印有小碎花的确良面料，或是面料相对柔软的仿

图 3-26　1966 年第 10 期：太原纺织厂女工
（图片来源 https://mmbiz.qpic.cn/mmbiz_jpg/）

图 3-27　1976 年生产队 10 名女青年合影
"文革"后期，人们逐渐穿起印花衣服，图中女青年身穿小翻领、翻门襟、碎花或是格纹衬衫，白色小翻领在花布上起到画龙点睛的作用，但款式依旧质朴。
（图片来源：http://5b0988e595225.cdn.sohucs.com）

绸、绵绸等，更显女性身材。某种程度来说，"江青裙"代表了女性思想启蒙，预示着思想的解放，但由于社会整体大环境所致，"江青裙"只被少数女性接受，尔后便消失了。但允许中国女性在公众场合穿裙子，这也是一个进步（见图 3-28）。

图 3-28 "文革"时期流行的连衣裙
（图片来源：http://5b0988e595225.cdn.sohucs.com）

三、挺括耐穿的确良

"的确良"又被称为"的确凉"，是一种化纤织物，原料叫作聚酯纤维，由美国杜邦公司开发，它的优点是洗涤后不缩水、不褪色也不会发霉，在"文革"后期被广泛用于服装制作。起初，"的确良"主要用来制作衬衣衬裤，颜色以白、蓝和烟灰色为主。后来随着带有印花的"的确良"面料不断问世，如小碎花、条纹格等，与此相适应的服装品类开始增多。"的确良"普及后，一些类似的化纤面料开始陆续出现，比如"中长纤维""三合一""迪卡"等[12]（见图 3-29）。

图 3-29 身着的确良的青年
（图片来源：http://5b0988e595225.cdn.sohucs.com）

20世纪70年代中期,"假领子"在北京开始流行起来,结实耐用的"的确良"被制成假领子出售。"1975年,崇文区正阳服装商店为满足工农兵群众的需要就在经营的商品中增添了的确良小护领"[8]。"假领子"不只是一个领子,还有前衣襟、后片以及前片的扣子、扣眼,穿在外套里面跟完整的衬衣没什么两样。由于"假领子"面料使用少,颜色丰富,价格也相对便宜,深受女性同胞喜爱。一方面,多彩的假领给单一的着装增添了花色,满足了女性的爱美需求,另一方面又使得女性在体面与节省开支之间找到了平衡。当时的女性几乎人人如此,大家心照不宣,只顾尽情享受假领带来的快乐与满足。

四、别有情趣装饰物

迫于政治形势,"文革"时期女性服装颜色单一,款式简约,以穿军装为时尚。但女性追求美的步伐却从未停止,对新潮服饰的喜爱之心也并未被压抑。冬天御寒的围巾、毛线帽、口罩、脖套等小物件被用来修饰搭配服装,也常把花棉袄做得比外罩长一点,露出立领、袖口、下摆的花色,这些"小心思"为沉闷的时代增添了一丝色彩(见图3-30)。

图3-30 1966年第4期:《人民画报》
(图片来源:http://5b0988e595225.cdn.sohucs.com)

"文革"后期,人们比较喜欢使用毛线编织服装饰物。毛绒制品款式多样,品类丰富,有背心、毛裤、手套、围巾和帽子等。还有一种叫"绒线领圈"的编织领被老百姓广泛使用,它是使用绒线上下针织出有松紧的圆筒状或长条状领圈,可以用暗扣开合,颜色多为单色或夹色。编织领圈的初衷是护颈保暖,但作为一种服饰品,与服装搭配往往能起相得益彰别有韵味的作用。原本遮脸御寒的口罩,此时也被女性用来搭配服装以展现美,她们把口罩塞进上数第二和第三个扣子之间的上衣里面,带子留在外面,非常时尚。"1968年,北京街头,男女青年最时髦的服装是:一身蓝,黑色的懒汉鞋,白口罩塞在蓝衣服的前襟里,只露出挂在领子下边的两条细细的白带子。"[13]

第四节 改革开放千姿百态(1978—2000年)

20世纪70年代末,刚刚经历"文革"的人们,在穿着上基本沿袭"文革"后期的服装形式,只是在中山装、两用衫的基础上增加了夹克衫和格子服。

1978年12月,中国共产党召开了第十一届三中全会,决定以经济建设为中心,走改革开放之路。从此,中国进入一个经济建设发展新时代,人们内心对美的渴望显露,服饰才发生了根本性的变化。随着改革开放的不断深入和对外交流的持续扩大,我国的服装业蓬勃兴旺,上海、广东、浙江、江苏和深圳等地一夜之间如春笋般出现了许多服装企业。截至2018年,《全球时尚产业指数 时装周活力指数报告》显示中国时尚产业已经向多元化服务平台发展并取得了可观成果,开启了时尚消费新时代,中国的时尚消费市场总额将跃居全球首位[14]。纵观服装产业发展历程,改革开放至今,中国时尚消费先后发生了三次大转折。

一、引领时尚新裤型

改革开放后,中国向社会主义现代化迈进,建立起社会主义市场经济体制,从未出现过的"时尚消费"也"降临"到了中国。1978年的中国青年正走在恢复高考后的知识时代,从公平的人才选拔中体会到知识的价值。他们的内心虽已像大千世界五彩斑斓,但衣着依然是以蓝、黑、灰、绿这些沉寂的颜色为主[16]。1978年,日本电影《望乡》在中国上映,身着"喇叭裤"的女主角成为了"美"的象征,少数年轻人开始接纳这个时尚并争相追逐、效仿(见图3-31)。

基于当时的审美观,"喇叭裤"具有很大冲击性。人们习惯了直筒裤的朴素、方便和女裤的"右侧开口",也看惯了蓝、黑、灰、绿的暗沉。而"喇叭裤"无谓男女,拉链前开,低腰短裆,紧裹臀部。在廓形上,"喇叭裤"的裤腿以膝盖为分界线,膝盖以下逐渐张开,形成喇叭状,裤子整体形象上窄下宽,宽大的裤口方便女性将不便行走且价格不菲的高跟鞋替换成舒适易买到的厚底鞋,既达到增高又在整体上修饰了身形的需要。夸张的"喇叭裤"裤脚能宽大到像扫街的大扫把,

图 3-31　电影《望乡》穿着"喇叭裤"的女主(左)
（图片来源：http://dy.163.com/v2/article/detail/DVU4K2KB052OLLU.html）

为传统观念的老年人所不喜，却成了具有反叛思想的年轻人向往的款式（见图3-32）。

图 3-32　80年代搭配时髦的"喇叭裤"

为展示新潮，头配蛤蟆镜、手提收录机招摇过市的喇叭裤男孩和喇叭裤女孩的身材更显修长，尤其遮掩了腿粗这一缺点，是众多年轻人掩盖身材缺点的福音。
（图片来源：http://s9.rr.itc.cn/r/wapChange/）

1984年健美操进入中国，1985年国家体委将健美操指定为群众体育项目，首届健身操比赛在深圳召开[17]。袒胸露背显示身材的紧身服搭配上热情洋溢的健美舞蹈,给当时的民众带来了极大的视觉冲击。虽一段时间内受到非议,但随着健美操的推广,跳操紧身服成为了健康健美的时尚标志。健美操的普及深刻改变了人们对服饰和人体关系的理解,当时生产泳衣的许多厂家陆续开始生产健美操服。健美裤在中国刚开始流行时,很多人嫌它太暴露,也嫌它对人的腿型要求太高,可抵挡不住爱美之心和流行的魅力,正沐浴着改革大潮、解除思想禁锢的人们,再也不愿被束缚,纷纷试穿效仿起来(见图3-33)。

图 3-33　80 年代流行的健美裤
图中为穿着健美裤运动的女青年
(图片来源:http://sh.eastday.com/qtmt/)

二、款式多变西服装

西装是"文革"后流行时间较长的服装,也是当时改革开放、观念更新的标志性服装之一。20 世纪 80 年代,党和国家领导人将西装作为正装在一些重要场合穿着,这恰如强劲的推动力,老百姓穿西装的热情迅速升温,城市乡村,男女老小,随处可见穿西装的人(见图 3-34、3-35)。

男女西装风格基本相同,但外型轮廓和局部细节上有着明显的差异。男式西装的基本款式是:直摆收腰造型,背后有中缝线,下端开叉。左上侧有一暗袋,下边左右各一只带袋盖的暗袋。领有平驳领和戗驳领之分,门襟有单排扣和双排扣之别,单排扣通常是一个扣眼或两个扣眼,双排扣则有两对扣眼。颜色初以藏青色、黑色和灰色为主,后时兴灰白、浅黄和咖啡等色。女式西装的基本款式是:曲线收腰设计,后有中缝线,下端不开叉。上侧无袋,下边左右各一只口袋。

领有平驳领、戗驳领和花式驳领,门襟大多是单排扣。颜色有白色、黑色和灰色等无彩色,也有红色、黄色和蓝色等有彩色。西装面料无论男女均以纯毛、毛棉混纺或化纤织物为多。

图 3-34　80 年代着西服套装的青年
(图片来源：http：//5b0988e595225. cdn. sohucs. com/images)

3-35　1986 年北京天安门广场上一对爱人
(图片来源：http：//5b0988e595225. cdn. sohucs. com)

　　西装既可作为正装,又可作为便服。20 世纪 90 年代后,人们开始在非正式的场合穿着休闲西装。休闲西装与正装西服相比,款型宽松,领、袖和门襟等处富于变化。另外,休闲西装在穿着搭配方面不必拘泥于全身上下里外一致,可不系领带,还能与牛仔裤等相组合。

三、实用洒脱宽外套

　　20 世纪 80 年代,便捷实用的夹克衫和皮装成为一种时髦。"夹克"是一种下摆和袖口收紧的短上衣,男女均可穿着。茄克衫既可作职业装,又可作日常休闲服,是广受欢迎的服装之一。茄克衫的造型特点是腰身比较宽松,衣长短至腰间。其领型可以是翻领、立领,也可以是关领和驳领等。袖型有装袖、连袖和插肩袖等。门襟采用拉链或纽扣,拉链有无叠门明拉链和贴门襟暗拉链；纽扣有普通纽扣和拷纽。口袋大多用斜插袋或贴袋。茄克衫的款式变化主要是采用不同的线条分割,例如,衣身的前后片用育克分割；门襟和口袋等处用直线或弧线分割。另外,茄克衫还常在领片、袖片、门襟和下摆等部位用拼色、贴花、刺绣和辅料来增强审美效果(见图 3-36)。

图 3-36　身着夹克衫的青年
（图片来源：http://img2.zjolcdn.com/pic/）

相对来说，皮装透析的特有帅气使之更为男性所推崇。其款式都是宽松式衣身，翻领结构，镶皮毛。袖子为插肩袖或者装袖，袖口与下摆，用松紧带收紧。皮装又有裘皮和毛皮等种类。裘皮服通常用貂、狐和羔羊毛等动物皮制作；毛皮衣通常用羊、狗等动物皮制作（见图 3-37、3-38）。

图 3-37　穿着皮衣的年轻人
衣长短至腰节，其领型为翻驳领，门襟采用纽扣，下摆有松紧收腰。
（图片来源：http://img2.zjolcdn.com/pic/）

图 3-38　80 年代年轻人合照
（图片来源：http://img2.zjolcdn.com/pic/）

四、风靡一时彩色裙

与健美裤风格相对的是 20 世纪 80 年代流行的另一种单品"红裙子"。红裙子的流行缘起国内上映的《街上流行红裙子》的电影，电影讲述改革开放后的中国女性从单一刻板的服装样式中解放出来，开始追求色彩和式样的变化。银幕上的"红裙子"是女性追求符合自身特点的服装色彩和样式的标志性道具，不仅代表红裙子本身，也是当时流行的各色裙子的代名词。"红裙子"是改革开放后生活五彩斑斓的折射，也是多色彩的女性服装时代正式到来的象征（见图3-39、3-40）。

图 3-39 电影《街上流行红裙子》剧照
剧中女主角身着红色连衣裙成为诸多年轻女性争模仿的服装
（图片来源：http://www.yoka.com/dna/）

图 3-40 80 年代流行的亮色裙子
身着亮色连衣裙及半身裙的女性
（图片来源：https://www.sohu.com/a/341632276_290084）

第五节 加入世贸时尚新潮（2001 年—）

如果说改革开放是中国时尚的发端和催生，那么加入 WTO 则是中国时尚产业快速发展和转型升级的推进剂。改革开放 40 年，体验了时尚流行的美妙愉悦后，中国时尚产业发展空前迅速，对于外来时尚也不再是单方面全盘接收，设计师们在融入国际时尚元素的同时敏感注意到中国传统元素的时尚潜力。《全球时尚产业指数·时装周活力指数（2020）》显示，中国时尚产业已经逐步形成"以时尚带动产业、以产业促进时尚"的生态系统闭环，开拓了具有东方文化特点的"时尚＋产业"融合发展路径[18]。

一、轻熟时尚韩流风

大量韩剧的热播,"韩国流行时尚"在21世纪的中国青年中掀起热潮,即"哈韩风潮"。韩剧中服饰搭配十分新颖,色彩纯净,款式干净简洁,十分具有参考价值。韩国设计师非常擅长单色处理和对比色处理,有着敏锐的色彩感。韩国流行服饰的色彩设计源于传统,在继承传统的配色规律基础上有所创新。韩国流行服饰将色彩分为两大类。

第一类是饱和度高、色彩对比强的服饰。古代高丽与中国交好,受中国五行色——青、红、黑、白、黄的影响,韩服偏爱纯度较高的色彩,这类服饰通常会搭配挎包、挂件、围巾、腰带等配饰用以过渡、缓冲色彩,让服装少一分突兀、艳俗,多一分个性、前卫。图3-41所展示的色彩对比较大胆的韩流服饰,女孩儿上身着粉紫的吊带连衣半裙,下身着黑色的打底裤,头戴黑色帽子,手拿白色提包,耳带铁灰反光的耳饰,脖子和手上戴的则是同一风格的波西米亚棕驼配色的饰品。原本应是很扎眼的服饰搭配却并不另类,反流露出些许女孩儿的性感。

图3-41 色彩对比大胆的韩流服饰
(图片来源:https://t4.focus-img.cn/sh740wsh)

第二类则是色彩淡雅、清丽唯美的服饰。韩国民族崇尚白色,淡雅自然而然成为服饰色彩的基调。韩国淡雅服饰通常用简洁的款式搭配简洁的配饰,职业装体现干练,日常装展示清新。这类服饰整体显示了"白衣民族"的优雅气质。

韩国流行服饰精致细腻、前卫但不张扬,集时尚、休闲于一体,个性鲜明,富有动感，集中在色彩格调、休闲款式和个性搭配三个方面[19]体现了自身主要特点。随着韩国电影热播掀起的韩流时尚，时至今日仍未消退，并给中国时尚设计师提供了有益的借鉴（见图 3-42、3-43）。

图 3-42　色彩淡雅的韩流职场服饰
适合职场的淡雅服饰韩流搭配，女孩儿上身着白色荷叶边领衬衫，下身着黄绿色包臀裙，手拿白包简洁大方，脚上则穿着淡色的珍珠鱼嘴鞋，整体优雅又干练，是韩剧中职场女性常出现的装扮。
（图片来源：https://t12.focus-img.cn）

图 3-43　色彩淡雅的韩流职场服饰
色彩淡雅的韩流服饰适合普通女性日常穿着。女孩儿整体上是米色系的装扮，米色针织帽和米色蝙蝠袖上衣很好地奠定了总体风格，光面的休闲裤和白色高跟鞋增加了整体利落感，棕色的腰带和细巧的十字架饰品起到点缀效果，使整体装扮更显精致。
（图片来源：https://t4.focus-img.cn/）

二、华服风尚新热潮

改革开放后，在新中国消失了 20 多年的旗袍，通过张曼玉饰演的电影《花样年华》重回观众的视野，优雅、韵味十足的旗袍又一次绽放（见图 3-44）。

旗袍作为中国和世界华人女性的传统服装，被誉为中国国粹和女性国服，在 1929 年之时由中华民国政府确定为国家礼服之一[8]。中国旗袍在历史时期的演变中，体现了不同历史时期人们的审美追求和对美好生活的向往[20]。今天，现代旗袍依然保留中国传统服饰的基础形制，而紧身贴体的立体省道则展现了现代女性柔美的体态曲线，蕴含着东西方服饰的双重特点（见图 3-45）。

21 世纪的中国时尚风格，很难用一种款式或色彩来概括。中国时尚市场的壮大，国际时装品牌陆续进驻，互联网的迅猛发展，使得全球时尚元素快速融合，中国传统民族元素被越来越多的消费者接受与推崇,"国潮"品牌在新世纪的时尚舞台上大放异彩。

图 3-44 《花样年华》身着旗袍的张曼玉
(图片来源:http://www.sohu.com/)

图 3-45 现代旗袍设计作品
将现代流行元素与传统旗袍结合再造的设计作品,更加凸显女性身体曲线,显得十分妩媚动人。
(图片来源:http://www.sohu.com)

  2001 年上海 APEC 峰会,20 个国家的领导人穿着大红色或宝蓝色中式对襟唐装集体亮相,此情此景通过电视瞬间传遍全球,加速了唐装流行的步伐。社会掀起了传统和时尚高度结合的"复古热潮",越来越多年轻人喜爱上麻制、丝制、绸缎的中式唐装。近年来,唐装款式进行了改良,在保持原先立领、连袖、盘扣的基础上,经过修饰革新出现了新的样式,如加高立领,盘扣采用不同材料拼接,并与其他纽扣搭配等,还融入许多工艺装饰,如印花、钉珠、嵌条等。面料除真丝外还采用棉、化纤、皮革,使得唐装款式极具个性化,更符合现代人的审美需求(见图3-46)。

图 3-46　Gucci 2017 年秀场

以中国元素为设计灵感,结合现代油画刺绣等方式,使得服装更具有个性。

(图片来源:https://i02piccdn.sogoucdn.com)

三、绿色健康环保流

21世纪初,随着环境保护意识的增强,时尚品牌乃至时尚产业背后的资源浪费和环境污染,受到各界人士的诟病,迫使时尚品牌在服装面料研发上加大投入,纷纷推出环保系列,自诩"可持续"为品牌的 DNA。

服装的环保性体现在诸多方面:面料生产过程杜绝排放有毒气体和废液;生产面料使用的溶剂、色素、化学剂等可回收再利用、对人体无害;服装面料可降解,废弃服装对自然无污染等。人们对服装的认识从原来的实用性、美观性、耐用性转向了一个完全新颖的环保课题[21]。

曾有设计师设计出一套可溶解于水的环保服装,此类服装见"水"就化,但这个"水"并不是普通的水,而是一种被水稀释了的皂液,穿着此类衣物无须担心在雨中赶路而化掉。环保服装色彩鲜艳、款式丰富,更重要的是制作服装的纸质纤维价格低廉、制作简单,它可以说是21世纪的理想服装。图3-47为可溶解水的环保服装,飘逸的面料结合设计师神奇的创造力,让人眼前一亮,亦是向世界展示环保服装也能时尚华丽。

图 3-47　可溶解水的环保服装
（图片来源：https://bkimg.cdn.bcebos.com/）

至此，知名时尚品牌相继跟进，开始品牌旧衣回收，降低时尚资源浪费。著名快消品牌 H&M 也展开"旧衣回收环保活动"，消费者仅凭至 5 件的 H&M 旧衣服就能在店内换得一张八五折的门店优惠券，可用于购买品牌内任何一件正价衣服。而 H&M 回收的旧衣再生产使用，凡是品牌出售的带有绿色标签的衣服都是通过 H&M"旧衣回收环保活动"回收生产的新衣服。显然，当下国内时尚市场已经向购买物可回收方向逐渐转变，也许不尽如人意，也许有不完善之处，但可以肯定的是，从纯售卖到可回收的营销将成为新的消费趋势，必然推动时尚产业新发展。

四、可咸可甜中性服

1958 年，设计师皮尔·卡丹推出世界上第一个无性别服装系列，开创了中性（unisex）服装的先河，吸引了新潮的年轻人。"中性化服饰"并不是指男穿女装或者是女穿男装的"异装"，而是强调弱化传统的性别角色，重点是模糊生理上的男女性别的界限，是一种杂糅的概念[22]。"中性化服装"的色彩、面料、造型都强调中和，女装的中性化常选取男性服饰元素来中和多有温柔委婉的女装形象，男装的中性化也更多地选取女性服饰元素从而弱化男性生理性别特征。事实上，20 世纪 80 年代中性化服饰就已正式登上我国时尚舞台，青年女性穿着长可扫地的喇叭裤、西服衫、前档开口的男士裤,这皆是"超越性别服饰"(unisex dress)。21世纪是信息全球化的时代,人们追求更简约和具有功能性的服装,性别关系在社会现代化的进程中慢慢弱化,使中性服饰成为不受流行限制一直存在的需求[22](见图3-48、3-49)。

图3-48 中性化服装
西服套装遮盖女性的身体曲线,黑色更具气场,不强调女性特征但却具有女性的坚毅之美。
(图片来源:http://cdn2.hbimg.cn/store/tuku/)

图3-49 中性化服装
不会出错的黑色组合,下半身搭配装饰短裙,使得男性的气度更具层次感。
(图片来源:http://img.imgtn.bdimg.com/)

五、文化自信汉服热

国内华服兴起,汉服爱好者迎来了推广好时机。汉服文化的流行兴起于21世纪初期,起初只是少数汉服爱好者在论坛的交流话题,他们喜欢传统节日或为民族英雄举办祭祀活动时,穿着汉服来吸引人们对汉服文化的关注。随着国内古装影视剧热播,汉服文化爱好者在抖音、微博等社交媒体建立了独立的自媒体账号,诸多小众爱好者迅速聚集形成了极大的消费市场,汉服产业链也得以发展完善。

如今,我国的知名汉服品牌繁多,大型汉服活动甚众,西塘汉服文化周是其中较受关注的活动之一。西塘汉服文化周创办于2013年11月1日,是国内最早一批举办的正式汉服文化活动。活动由方文山先生发起,以中华传统服饰文化、礼仪文化的弘扬与传承为根本目的,于每年的10月底至11月初在浙江省嘉兴市嘉善县西塘古镇举办。浩浩荡荡的人群穿着各不相同的汉服在这座千年古镇游走,似乎在连接着中国千年以前的时光(见图3-50)。

图 3-50 西塘汉服文化节
图中为参加汉服游街的年轻人
(图片来源:http://5b0988e595225.cdn.sohucs.com/images/2)

汉服文化作为反映儒家礼典服制的文化总和,贯穿西周到明朝这一历史时期,千年的文化足以让汉服发展成熟并自成体系。如今汉服文化的兴起似乎在缝合着历史的伤口,治疗着历史的伤痛,是国人广泛认知并开始寻求了解历史文化的表现,更是我们文化自信的体现。

六、原创品牌新风尚

进入新世纪,中国经济文化高速发展,人们对物质文化提出了更高要求。满大街不同元素、不同时尚相互包容,各领风骚。只要人们有要求,市场有需要,就必然有相应的高质量产品出现,时尚产业更是如此。但是高质量产品又促进了人们追求另一个更高层面的物质需求,即物质文化与品牌文化、产品创新与品牌创新,物质文化与物质质量的同步发展与提升。国内时尚产业的发展足以证明这点,虽然经历了2017年至2018年服装行业的"关店潮",但同时催生国内独立设计师新品牌的不断出现。

国内越来越多的服饰品牌开始把设计灵感和目光聚焦到本土特有的文化上。近年来的纽约时装周成了国潮服饰文化最佳的助燃剂,人们透过时装周上展示的中国服饰感受了东方文化的魅力。国潮热使得国内消费者重新审视本土时尚产业,正视本土文化的感染力和影响力。国潮热唤醒了人们血液深处的文化自豪感,一种文化自信在消费群体中蔓延开。

许多媒体称2018年是"国潮元年",这一年里李宁、CLOT、太平鸟等国内服装品牌都登上了2018年秋冬纽约时装周的T台,融合了中国民族元素创意设计,东方文化独特魅力惊艳四方。老干妈、青岛啤酒、云南白药、黑妹牙膏等知名度较高的民族品牌也紧跟其步伐,以各具特色的产品跨界亮相于纽约时装周。之后,越来越多中国元素的时尚作品走向国际舞台,"国潮"掀起狂热(见图3-51、3-52)。

图3-51 中国李宁
图片来源:https://i0piccdn.sogoucdn.com)

图3-52 2018年纽约时装周身着中国李宁标志的模特,更加彰显中国魅力,著名的西红柿炒蛋配色成为李宁出圈的特色之一。
(图片来源:https://i0piccdn.sogoucdn.com)

中国强大的制造能力助推中国时尚产业迅速发展。近年中国时尚界涌现出诸多原创品牌,从早前"EXCEPTION"(例外)的走红到近年"BANXIAOXUE"(班晓雪)、"SANKUANZ"(上官喆原创品牌)等原创品牌的轰动,不得不说,原创设计师的春天已经到来。越来越多的消费者对时尚有了更高层次的追求,本土原创设计师如雨后春笋般出现,市场细分下的时尚设计师设计风格不尽相同,各有千秋(见图3-53~3-55)。

图 3-53 服装品牌"例外"
服装品牌"例外"的秀场表演,飘逸宽松突出中国韵味。
(图片来源:https://i0piccdn.sogoucdn.com/5ddd70eb5abaab0)

图 3-54 原创品牌"班晓雪"秀场图
(图片来源:https://i0piccdn.sogoucdn.com)

图 3-55 服装品牌"无用"
(图片来源:https://i0piccdn.sogoucdn.)

参考文献

[1]周星.实践、包容与开放的"中式服装"(上)[J].服装学报,2018(1):59-66.
[2]袁仄.中国服装史[M].北京:中国纺织出版社,2005.
[3]邵晨霞."西风东渐"对民国时期服饰的影响[J].丝绸,2010(4):47-49.
[4]陈荣富,陈蔚如.旗袍的造型演变与结构设计变化研究[J].浙江理工大学学

报,2007(2):155-159.

[5] 李昭庆.老上海时装研究(1910—1940s)[D].上海:上海戏剧学院,2015.

[6] 刘素芬.《上海画报》(1925—1932)封面女郎研究[D].苏州:苏州大学,2014.

[7] 刘静静.中山装的变迁、特征及创新性研究[D].长沙:湖南师范大学,2011.

[8] 廖军,许星.中国百年服装史[M].上海:上海文化出版社,2009:99.

[9] 田君.列宁装、人民装[J].装饰,2008(2):46.

[10] 许星.论20世纪五十年代苏式服装在中国的兴衰[J].南京艺术学院学报(美术与设计版),2008(6):182-183.

[11] 卢志慧,张瑶瑶,赵明.建国三十年我国大众化服装风格的演变[J].设计,2017(13):70-71.

[12] 崔普权."文革"服装漫话[J].北京档案,2013(10):51.

[13] 彭喜波.日常生活的意识形态化——基于"文革"时期服装特点的研究[J].天津行政学院学报,2011,13(1):39-43.

[14] 刘才源,方整源.全球十大活力时装周揭晓上海时装周榜上有名[J].东方企业文化,2018(3):35-36.

[15] 叶匡政.1978年流行语:喇叭裤[J].观察与思考,2009(7):56.

[16] 赵伶俐.改革开放30年服饰演变进程——透视中国人物质与精神进步[J].理论与改革,2009(3):116-119.

[17] 《2020全球时尚产业指数·时装周活力指数报告》http://index.xinhua08.com/a/20210225/1976707.shtml

[18] 应小敏.论"韩流"中的韩国流行服饰[J].云南艺术学院学报,2008(3):61-63.

[19] 张京琼,曹喆.看得见的中国服装史[M].北京:中华书局,2012:08.

[20] 柳艳,顾祥生.关注绿色环保服装[J].中国检验检疫,2005(1):62.

[21] 栾珊,孙雪飞.中性化服饰的兴起[J].设计,2017(10):102-103.

[22] 卞向阳.中国服装设计研究70年[J].装饰,2019(10):29-35.

第四章　时尚消费与大众媒体

时尚消费蕴含着文化向度。20世纪中期以后,大众传媒作为当代人生态环境的重要组成部分,不仅是人们的信息资源、舆论资源和娱乐资源,而且建构着人们几乎所有的知识与认知,犹如看不见的巨手,掌控着、指点着人们精神和物质双重意义上的日常生活。

大众传播是时尚的导师,深刻影响着人们的文化价值观和消费观。韩国电视剧的热播,引发韩流时尚消费的热潮,美国电影《穿普拉达的女王》(*The Devil Wears Prada*)成为中国白领的时尚范本。西方文化输出正在逐渐脱离纯粹的文化意味和文化形式,开始以泛时尚化包装呈现。新时代的中国,大众媒体的文化传播正在变被动为主动。时尚媒体的造势更直接牵引着时尚消费的敏感度与走势。

第一节　文化传播与时尚传播的发展探析

时尚和传播密不可分,时尚产生于传播,传播推动时尚发展。2020年新冠肺炎疫情给中国时尚产业带来严重打击,但机遇也随之而来,5G、人工智能、新零售等前沿技术促使时尚产业转型升级;云上时装周、云走秀给时尚人士们带来新的消费体验,时尚传播也在借助新技术发展。

一、文化传播现状

文化是一个群体在一定时期内形成的思想、理念、行为、风俗、习惯,及由整个群体意识所辐射的一切活动,是作用于自然界和人类活动成果的总和,是一个地区、民族的代表元素;文化传播则体现了该民族的影响力和发展活力。改革开放以来，中国在恢复引进、传播西方当代科技知识和工商管理经验方面取得了突出的成就，但同时也面临着建立、健全、完善继承本土文化、融合外来文化以促进自身发展、对外传播中国文化等战略机制方面的新课题。习近平总书记系列重要讲话中多次提到传承和弘扬中华民族优秀传统文化的重要性和必要性，教育部、文化部等也制定了相关政策法规，把传承和弘扬中华民族优秀传统文化作为一项重要工作。文化传播是中西意识形态领域交锋的重点，极大程度影响着社会政治、经济、科技等方面的发展，深刻影响着国人尤其是年轻人的世界观、人生观和价值观，进而影响着国家和民族的前途与命运。

对外传播不仅促进国家、民族间相互理解和信任，展现国家的文化软实力，也是深化国际经贸合作的前提。对外文化传播必须依托具体的媒介和载体，才易于被其他文化群体理解和接受。以日本为例，日本文化产业发展势头强劲，已成为该国的重要支柱产业。文化产业外包输出的过程，又无形中引导他国认同日本国民的文化价值观和社会观，提升日本文化软实力，增强日本文化的世界号召力。日本的文部科学省文化厅也相继推出各种保证优秀传统文化传承和发展的政策法规，支持鼓励各个地方的文化活动开展[1]。日本以文化资源作为发展基础、以文化产业作为发展支柱、以文化外交作为发展手段。首先，文化资源确定了日本文化转化为软实力的内容；其次，文化产业为日本文化传播打开市场，扩大受众群体；最后，文化外交推动日本文化的国际交流，增强国际上对日本文化的认同感[2]。日本文化对外传播具有高度可借鉴性，值得我国学习。从战略的角度看，日本文化对外传播强调本土文化优先，同时重视多元文化传播，并以经济导向模式保证文化传播的稳定性和持续性。日本文化传播经验对我国的启示在于：应加强文化挖掘、拓宽传播途径，并打造文化产业，使文化传播获取更稳定的框架支持，不断完善文化生态[3]。

为应对激烈的文化竞争，法国以"一部三网"为合作平台，将文化合作作为新形势下对外文化传播的突围之策。该合作在提升政府职能，优化本国传播系统内部合作机制的基础上，通过"双边"及"多边"合作的方式，与他国开展文化互动。作为一种有效的传播模式，合作行动表现出"和谐性""友好性""互动性""专业性""适应性""创新性""利益性"及"隐蔽性"等特点，有力地推动了法国对外文化传播的发展[4]。美国一贯注重文化战略的运用，善于通过文化力量来推行美国的政治制度和价值观念。作为美国文化的重要组成部分，好莱坞电影的成功可以看作是美国文化战略效用的缩影。

由此可见，世界各个国家文化不断以各种方式对外扩张。中华优秀传统文化历经几千年，其保留下来的文化财产、精神财富对我国发展有着非同一般的意义。只有理性分析国内外文化传播的现状,在我国传统文化的基础上有针对性地借鉴他国文化传播经验,对我国文化传播模式进行转型升级,才能强有力地提升我国文化软实力,推动我国传统文化传承事业的发展,为中华民族的伟大复兴奠定坚实基础。

二、中国时尚传媒发展现状

时尚对社会进步有着深远的影响,其中蕴含着时代发展的精神文化力量。时尚媒体在时尚产业发展中发挥着至关重要的作用,媒体向人们传递着当下的流行,制造着时尚的风向标,并引导着消费。时尚类媒体形式多元,内容广泛,数量繁多,透过部分具有代表性的报纸杂志、电视广播和网络视频媒体发展情况的整合分析,将有助于认清我国时尚传媒的现状。

(一)时尚期刊杂志

时尚类刊物是伴随着时尚产业发展起来的,同时也是时尚产业的重要组成部分。时尚产业在中国的发展影响着时尚类刊物的形成与传播,中国的时尚刊物是在引入国外时尚刊物中慢慢发展起来的[5]。1988年,上海译文出版社与法国桦榭菲力柏契出版集团合作,联合出版了《世界时装之苑 ELLE》,这是中国首次引入国外时尚杂志,以20岁至34岁都市白领为读者对象,内容涉及服饰、美容、搭配、明星等,是一本高端女性时尚杂志。21世纪初,《嘉人》、VOGUE、《昕薇》等杂志进入中国,中国时尚类杂志出现井喷式发展。

早在2014年,东华大学时尚传播研究中心对我国时尚媒体进行了一次调研,在王梅芳教授所编写的《时尚传播与社会发展》一书中,详细地介绍了我国时尚媒体的现状和格局。近年来,时尚传媒有了新的发展与变化,有必要对此作进一步探讨与认识。

统计分析,龙源期刊网、读览天下网、中国媒体资源网以及杂志铺等网站中,时尚类刊物(包括时尚类杂志和时尚类报纸)收录共448家。其中分为专业类的时尚刊物和非专业类的时尚刊物。专业类的时尚刊物指以时尚为核心,所有栏目及内容都是围绕传播时尚资讯为主的刊物。非专业类的时尚刊物指不以时尚为主要内容,但是在期刊中的某一栏目中涉及时尚的内容、传播时尚资讯等的综合性刊物。所有这些刊物都从衣食住行等不同的角度传播时尚理念,因此将它们作为时尚类刊物综合整理,重点分析了收集到的448家刊物的创办时间以及创办主题(见图4-1)。

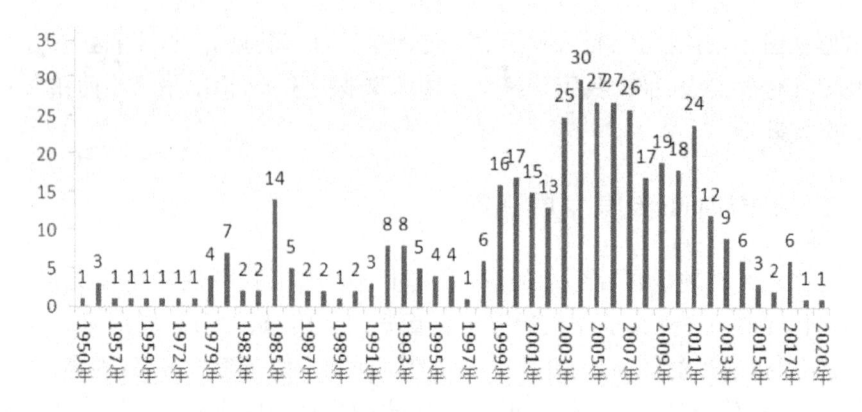

图 4-1　中国时尚刊物创刊年份及数量（$N=404$）分布图
（图片来源：作者整理）

1950 年我国第一本电影杂志《大众电影》创刊，其单期 947 万册印量的世界纪录保持至今。《大众电影》属于非专业类的综合性时尚刊物，专设一个栏目，以电影和明星为切入点，展现时尚的生活态度及方式。1980 年以前，我国时尚杂志发展较慢，平均每年只有 1~3 家杂志创办。中国第一本真正意义上的时尚杂志是 1980 年在北京成立的《时装》。《时装》是一本以高档女装和上流社会时尚生活为主要内容的女性时尚杂志，版面时尚贵气，有着浓郁的艺术气息，内容包括服饰、美容化妆、生活方式等，杂志以秀丽的文字排版及精美的图片收获大批消费者喜爱。2000 年以后，中国经济的快速发展带动了中国时尚产业的兴起。2003 年至 2007 年是时尚刊物发展的高峰期，平均每年创刊 27 家，人们物质生活的改善，推动了时尚产业和时尚传媒的繁荣发展。

根据杂志的定位进行划分，时尚刊物的主题可分为以下 12 种类型，分别为：影视/娱乐/潮流资讯、服装服饰/美容、都市品位/品牌消费/社会生活、艺术人文/摄影、时尚人物、女性/情感/心理、家庭婚姻、男性/商务/金融、健康/运动休闲/美食、配饰/行业资讯、汽车、家装设计/城市建筑/环艺、其他。从时尚刊物的主题分布来看，都市品位/品牌消费/社会生活、服装服饰/美容、女性/情感/心理/家庭婚姻这三类刊物的数量较多（见图 4-2）。目前时尚刊物的内容涉及广泛，时尚不再局限于传统的服饰领域，已经渗透到了生活的各个领域。

《2018 年慧科时尚媒体研究报告》指出，依据杂志内页广告刊例（注：刊例是媒体广告部门提供的可以发布在其上的广告形式，价格表和报价手册。广告刊例可以从侧面反映媒体价值），当前国内时尚杂志深受大众喜爱的有《VOGUE

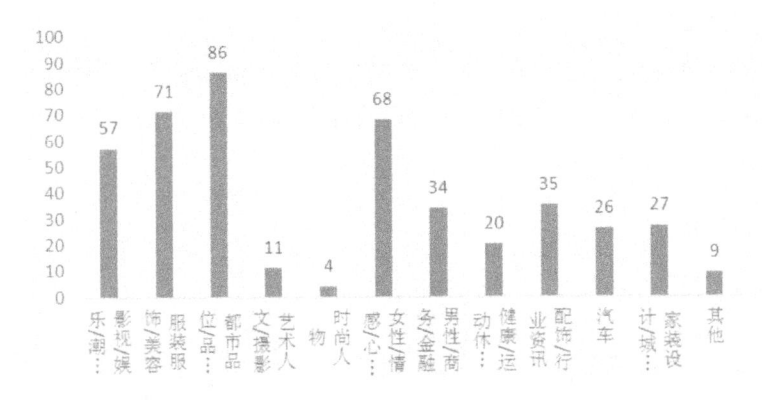

图 4-2 我国时尚刊物的主题及数量（N=448）分布图

（图片来源：作者整理）

服饰与美容》《世界时尚之苑 ELLE》《时尚芭莎》《优家画报》《男人装》《时尚先生》《瑞丽服饰美容》《时尚健康（男士）》《智族 GQ》《时装（女士）》《芭莎男士》《嘉人》《时尚健康（女士）》等。这些时尚杂志通过报道时尚前沿资讯、服饰美容、健康生活等方面的内容，为都市白领、千禧一代、成功人士等较年轻的人群营造出精致、优雅、五彩斑斓的生活形态，深受消费群体喜爱（见图 4-3、4-4）。

图 4-3 VOGUE 服饰与美容

（图片来源：http://www.guapi.cn）

图 4-4 时尚芭莎

（图片来源：http://k.sina.com.cn）

(二) 电视广播

我国电视事业发展已经 60 多年，各类电视节目精彩纷呈。全国 33 家省级卫视中，目前有 17 家卫视播出时尚栏目，共计 27 档节目（见图 4-5）。

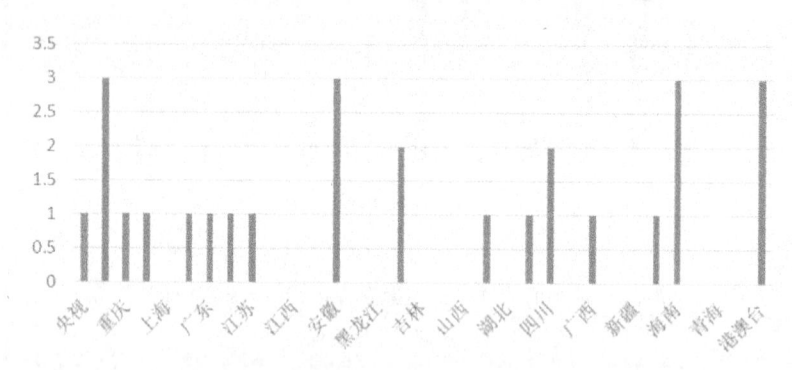

图 4-5 我国 33 省级卫视所播出的时尚频道（$N=27$）统计图
（图片来源：作者整理）

根据栏目定位，27 档节目可以分为 9 个类别，分别为服饰美容、生活、时尚资讯/品牌/消费、娱乐/人物、美食、运动健康/旅游、家居设计、汽车和其他（见图 4-6）。从主题的构成上看，服饰美容类节目的数量最多，其次是时尚资讯/品牌/消费类和美食类节目。

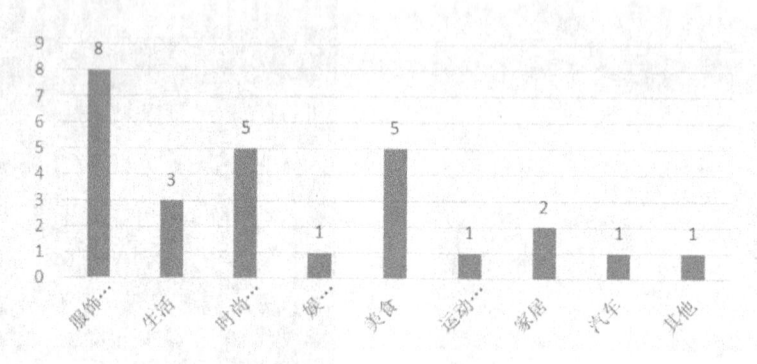

图 4-6 27 档节目的主题分类图
（图片来源：作者整理）

如安徽卫视，既有服饰美容类节目《美丽俏佳人》，也有美食类节目《悦美食》，同时还开设了汽车类节目《车风尚》，节目主题多样化，涉及时尚领域的不同方面。北京卫视《超强设计》和陕西卫视《时尚家居》则以家居设计为主题，打造时尚家居类节目。中央人民广播电视台科教频道在 2019 年推出的《时尚科技秀》旨在"展示科技新创意,新产品,新发明",让百姓在享受科技之美的同时,了解科技内核,体验科技发展对人类生活的切实改变,向观众展现科技的魅力。除此之外,还有旅游类节目《谜尚北京》;时尚生活类节目《闻香识女人》《时尚生活》;潮流资讯类节目《时尚中国》《时尚汇》《第一时尚》等。

整体上看,目前电视的时尚栏目内容呈现多样化和普遍化的特点,多家省级卫视开设的时尚栏目,为观众传递潮流资讯和时尚生活等。时尚栏目的主题多元化,甚至涉及科技领域,电视传媒已成为时尚传播的重要组成部分。

（三）网络视频媒体

与电视、广播、杂志等传统媒体相比,网络媒体不仅是人们了解资讯、交流信息的载体,更具有传统媒体不具备的优势,其传播范围广、保留时间长、交互性强。随着互联网的发展,网络媒体已经渗透到人们生活的方方面面,其中网络视频媒体作为新媒体的传播方式,已经成为当代的主流媒体之一。目前网络视频媒体大致可以分为以下两类：

第一类是以优酷、腾讯、爱奇艺、芒果 TV 等为代表的传统视频门户网站。这些网站整合了大量的视频,涉及电视、电影、综艺、动漫等,以集合归类网络视频为主。

第二类是以抖音、快手、西瓜、斗鱼等为代表的短视频网站。其视频制作简单、门槛低,通常一个短视频几秒至几分钟不等,内容融汇主题较多,因此可以达到全民参与的程度[6]。

短视频媒体中发布的视频主题非常繁杂,有不少也参与到时尚类的传播中。去除无法准确区分的之外,在 42 家视频媒体中,共有 2 家媒体开设了时尚频道,多以短视频为主,时长几分钟至几十分钟不等,由专业的视频制作团队或个人制作,并上传视频到网站进行推广。涉及领域包括服饰、美容美发、明星、秀场、型男、女性、星座、时装周、杂志、广告大片、瘦身等。时尚类视频媒体多以女性受众为主体,传递时尚信息、娱乐资讯并实现盈利,目前时尚已经是一种生活常态。但时尚类视频媒体在注重节目质量,向人们传递积极健康、有文化内涵的时尚价值观等诸多方面有待提升。

三、中国时尚传媒发展趋势

网络的出现,改变了媒体的传播方式,时尚刊物也已突破了线上和线下的界限。传统媒体正面临巨大的冲击,2000 年以后,国内面临了两次规模较大的"停刊潮",第一次是在 2002 年至 2005 年,足球资讯类报刊纷纷停办。第二次是

2014年至2015年,一些生活类报刊和时尚类刊物大量停刊,其负面影响时至现在还没消退。截至2020年,纳入追踪统计的448本刊物中,已有69本停刊。尚存的379本刊物借助互联网,线上线下同步发行,其中超过六成的杂志开设了微信公众号,超过七成的杂志开设官方微博,49本杂志拥有自己的APP,超过三成杂志开设了官方网站,由此可见,时尚传播已经突破了线上和线下的界限,正在整合发力。

当下网络时尚传播主要有三种渠道[7],一是传统时尚纸媒开通的网络平台,以时装L'OFFICIEL(http://www.lofficiel.cn/)、时尚芭莎(www.bazaar.com.cn)、VOGUE时尚网(VOGUE.com.cn)为代表;二是各大综合门户网站的时尚频道,以搜狐时尚(fashion.sohu.com)、凤凰时尚频道(http://fashion.ifeng.com/)、新浪时尚(https://fashion.sina.com.cn/)为代表;三是专门的垂直类时尚网站,如太平洋时尚网 PCLADY(www.pclady.com.cn)、女人街(http://www.mimito.com.cn/)、穿针引线(http://www.eeff.net/)等网站。今天的时尚传播不再局限于独立网站,而是布局全媒体,实现整合传播。创建于1993年的时尚传媒集团,是一家大型文化传媒集团,也是我国传媒行业最早布局全媒体业务的时尚传媒企业之一,至今已拥有《时尚COSMO》《时尚先生》《时尚芭莎》3本综合类旗舰刊和多本关于生活方式的刊物。2003年发起"BAZAAR明星慈善夜",坚持每年举办慈善晚会,在社会上产生深远的影响。2008年斥巨资打造国内首部时尚大片《时尚先生》并在全国上映,2010年起,先后与北京电视台、中央人民广播电台、中国话剧院等联合运营各种电视节目和话剧等。同时,积极布局网络,推出旗下的官方网站以及各类APP和电子杂志,开通了微博和微信平台。全媒体的布局,极大提高了时尚传媒集团的知名度,提升了企业的影响力和社会效益。由此可见,利用新媒体进行全媒体整合,不仅拓宽了时尚传播的路径,而且有利于打造新形象,扩大社会影响面,直至推进本土时尚国际化传播。

第二节 文化传播对时尚消费的影响机制

文化是时代的内涵,是给予人们信念和力量的源泉。文化的发展需要精神的指引,媒介作为一种载体,可以把无形的精神文化具象物化为文字、语音、视频等形式向受众传播,所以媒介的发展对人类文化的走向起着至关重要的作用[8]。在媒体融合的时代背景下,网络、电视、杂志、报纸等综合发力,多渠道传播,必然为大众提供新的文化认知和体验,拓宽中国文化的传播范围,提升中国文化价值的引导力。

一、传统文化媒体

传统媒体是相对于新兴的网络媒体而言的。大众传媒是传统媒体形式中重要的传播途径之一,定期向社会发布信息并提供娱乐平台。对传统文化媒体来说,传播的内容十分重要,通过对信息进行筛选、整合,进而传播有效的、高价值的客观信息,形成一个统一的有机体,它对传媒行业的发展起到至关重要的作用。

传统大众媒体分为平面传媒、广播和电视。平面传媒以报纸杂志为代表,主要以文字传播为主,广播以声音传播为主,电视具备了声画结合的特点。传统媒体时代,只有权威组织机构才具有媒体资质,通过传统媒体媒介传播给受众。传统媒体经历了较长时间的发展,在理论和实践方面都形成自己的独特优势[9]。在媒体融合发展的时代,传统媒体最大的优势是权威性和专业性。传统媒体具有强大的内容生产力,且大部分都经过政府筛选、审核才发布的,因此相较于其他新兴媒体,话语更权威,内容更加完善,报道更有深度。此外,传统媒体大多以报刊和电视台为传播途径,经过长期的经营和发展,累积了一定的知名度和影响力,具备了相应的品牌优势。以《人民日报》为例,作为中国对外文化交流的重要窗口,至今已经跨过 73 个年头,曾被联合国教科文组织评为世界十大报纸之一,并且入围《2018 世界品牌 500 强》,成为我国最具影响力的报刊之一。

现代社会,每个人及组织或多或少、直接或间接地与大众传播有联系。大众传播媒体通过信息共享,建立了受众的共同意识,在政治、经济、文化等多方面发挥其告知、劝服、教育、娱乐等功能,传播信息的同时实现了社会价值的传递,进一步推动了大众文化和价值观的形成。

(一)平面媒体中的文化建设

1.报纸

报纸是以刊载新闻和时事评论为主的定期向公众发行的印刷出版物。是大众传播的重要载体,具有反映和引导社会舆论的功能。

我国报业发展复杂且漫长,据文字记载,我国历史上最早发行的报纸是唐代开元年间(713—741)发行的邸报《开元杂报》(见图 4-7),用雕版印刷,专门用于朝廷传知朝政,本身并无报名,只因其发行于开元年间,后人便以此命名。

"邸报"盛于宋代,主要是颁布皇帝的诏令、起居言行以及大臣的奏章文报等。明清时期,活字印刷术开始使用,但其印刷质量不佳,校对不够精确,直到西

图 4-7 《开元杂报》
(图片来源：https://baike.baidu.com)

方印刷术传入中国，我国才改用铅字版印刷。近代，中国出现了第一份华文报纸《察世俗每月统记传》(见图 4-8)，是 1815 年英国传教士马礼逊创办的以中国人为读者群的中文报刊。

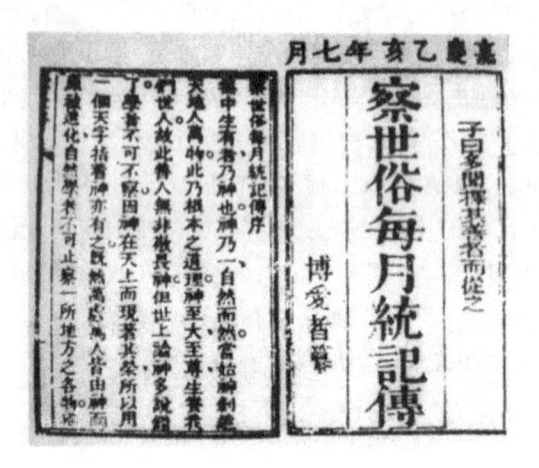

图 4-8 《察世俗每月统记传》
(图片来源：https://baike.baidu.com)

1833 年中国出现了第一份中文报刊《东西洋考每月统记传》，是由传教士创办的。从传播史或接受史的角度看，被称为"中国境内第一份近代化中文报刊"的《东西洋考每月统记传》(见图 4-9)刊行时影响甚微，直到鸦片战争战败，该刊才凭借其登载的实用性知识和传递的现代性价值而被重视，继而确立起在中国新闻史上的不朽地位。鸦片战争后近代化的报刊陆续出现，但大多内地的报刊是外国商人或者传教士用来实现其商业或传道的目的,我国本土报刊主要集中在香港和澳门。马克思认为,人民的信任是报刊赖以生存的条件,没有这种条件,报刊就会萎靡不振[10]。

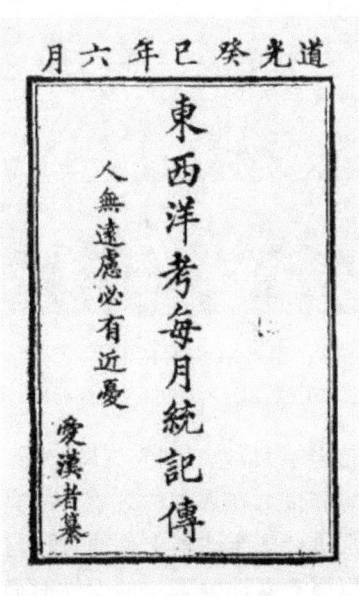

图 4-9 《东西洋考每月统记传》

(图片来源:http://www.gzzxws.gov.cn/wszm/wspl/201208/t20120808_29208.htm)

中国共产党成立以后,先后创办了《劳动周刊》《热血日报》《新华日报》《解放日报》等。新中国成立后,看报成为当时人们获取实时资讯的主要手段,因此报纸销量大增,报纸行业的发展势头也更加迅猛。

2. 杂志

杂志是有固定刊名,以期、卷、号或年、月为序,定期或不定期连续出版的印刷读物。它根据一定的编辑模式,将众多作者的作品汇集成册出版,定期出版,又被称为期刊。"杂志"最初来源于罢工、罢课或战争中的宣传小册子,因为具有时效性且包含详尽的评论而发展成为现在的形态。最早出版的一本杂志是由法国人萨罗于1665年1月在阿姆斯特丹出版的《学者杂志》。我国最早的中医杂志——《吴医汇讲》,创刊于清乾隆五十七年(1792),停刊于清嘉庆六年(1801),前后历时10年,共刊出11卷,每卷均合订为一本,是类似年刊性质的中医杂志。它的稿件由当时江南一带的名医供给,故名《吴医汇讲》(见图4-10)。

最初,杂志和报纸的形式差不多,极易混淆。后来,报纸逐渐趋向于刊载有时间性的新闻,杂志则专刊小说、游记和娱乐性文章,在内容的区别上越来越明

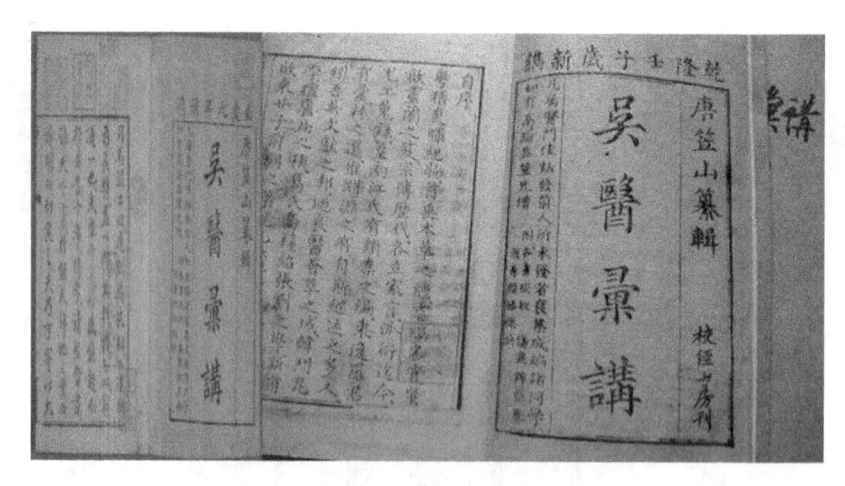

图 4-10 《吴医汇讲》
（图片来源：http://blog.sciencenet.cn）

显。形式上，报纸的版面越来越大，为三到五英尺，对折，而杂志经装订，加封面，成了书的形式。此后，杂志和报纸在人们的观念中才具体地分开。杂志广告作为杂志主要构成部分，在促进杂志全球本土化的"质"与"量"方面具有不可忽视的价值。社会转型时期，以服务女性为宗旨的女性时尚杂志肩负着启迪女性自主意识，提高女性生活品位，增强女性审美能力的特殊文化传播使命[11]。女性时尚杂志在 2000 年以后得到快速发展，其主题大多反映时尚潮流资讯、服饰美容、都市情感生活、娱乐造星、运动健康等。人民网研究院发布的《2016 年中国媒体融合传播指数报告》中指出，2016 年杂志百强榜中，时尚类杂志有 23 家，成为排名第三的杂志类别。由此可见，时尚杂志在人们生活中占据一定席位。

3.平面媒体中的文化建设

文化是民族的血脉和精神家园，是社会发展的推动力。文化与媒体是关联互动、相辅相成、密不可分的。平面媒体尤其是报纸，作为历史最为悠久，管理最为规范，影响最为广泛，宣传效能最大最佳，发展也最为成熟的主流媒体，在其自身发展的历程中，始终作为历史的传承者，知识的传递者，先进文化的传播者，时代发展的记录者和社会进步的推动者，与时代、社会和民众紧密联系在一起，在社会的文化建设中发挥着举足轻重的作用。中国共产党成立至今，尤其是改革开放以来，始终高度重视平面媒体在文化建设中的独特地位与作用，不仅先后创办了多种类型的报纸和刊物，并以此为主阵地，全时空全领域地开展思想文化宣传。平面媒体并不是简单地停留在一般新闻事件、百姓生活与社会现象的信息传递，而是依托自身的优势，主动发声引导舆情走向，参与社会的进步与变革，传播先进文化与理论,推动引领新理念、新风尚,着力营造先进文化氛围,培育合乎时代需要的人文主义精神。平面媒体在促进社会进步和经济发展的同时,自然也促进了社会全产业链包括时尚产业的快速发展。尤其是伴随改革开放数十年的发展,平面媒体更是在促进文化与经济建设相融合,形成具有中国特色的强大竞争力,提升对外交往与宣传中的话语权方面,发挥了不可磨灭的作用。

(二)电视传播媒介中的文化建设

1.影视

影视传播是最广泛、最普遍的大众媒介。第一台电视机1925年面世,由英国的电子工程师约翰·贝尔德发明,1928年,美国的RCA电视台率先播出第一部影片 *Felix The Cat*。从此,电视机开始改变了人类的生活、信息传播和思维方式。

影视作品是跨文化传播中彰显文化软实力的重要传播方式。中国电影诞生于20世纪30年代,由于社会经济状况萎靡,影视传播的效果并不理想。新中国成立后,党和政府高度重视影视文化,我国的影视传播得到长足的发展[12]。全球化视阈下,机遇与挑战并存,中国影视作品需要以中华民族文化为核心要素,结合时代潮流,开拓跨文化传播的视野[13]。作为一种大众传媒形式,电视在传播知识观念,获得身份认同等方面发挥了极大作用。电视应该树立一种内在的知识传播观,从日常生活与大众化的角度明确知识的重要性,并以此作为电视传播的一种基本理念,优化当代电视传播生态[14]。

影视作为大众媒体的重要角色之一,因其传播迅速,形式多样、形态丰富、声情并茂、受众广泛等诸多特点,在传播先进文化,加强文化建设,推动文化建设大发展大繁荣等方面有着不可替代的作用。一方面文化的发展不同程度地影响着影视的内容和形态,但另一方面影视凭借自身的优势传播文化、引领文化甚至创造文化。特别是在实现中华民族伟大复兴的历史进程中,如何提升文化自信,影视更有不可取代的战略定位和历史使命。影视在传播中国先进文化中积极贯彻建设文化强国思想,为促进文化发展和经济建设,传播主流价值观,树立正面形象营造舆论氛围。电视媒体充分发挥主导作用,通过全方位多角度对准中国特色社会主义文化建设新成果的同时,大力弘扬中国传统优秀文化,讲好中国故事,向世界展示从站起来富起来到强起来的中国新形象。就时尚产业而言,电视也是时尚品牌的重要宣传平台,在中国,电视台全部为国家所有,因此影视作品审查严格[15],时尚产品在电视上的投放无形中给人一种质量可靠、品牌实力雄厚的感受,使得电视在时尚传播中具有独特的优势。

2.综艺

文化类娱乐节目的出现使综艺节目通过可视化的形象,充分向受众展现传统文化,传播传统文化,提升了中国传统文化与各领域之间的黏性[16]。文化资源既具有历史价值、艺术价值,也有着现实的经济价值。传媒既是文化的传播者,也是文化资源的保存者。历经千年的中国文化资源宝库取之不尽用之不竭,社会的发展也促使传媒创新形式形态、丰富内容内涵,不断推出新的令人喜闻乐见的节目。例如首档聚焦故宫博物院的文化创新类真人秀节目《上新了·故宫》,作为故宫博物院历史上第一次联合制作方出品的节目,旨在探寻深厚的故宫历史文化,以勃发创新的时代力量,让文物活起来。故宫是我国最出彩的文明古迹之一,《上新了·故宫》是对文化类综艺节目的一次创新。节目一改往日综艺解说方式,采用高科技让明星参与到皇宫生活中,寓教于乐,推广中国传统文化。《上新了·故宫》对于传承与传播中华优秀传统文化起到促进作用,同时推进了文化类电视综艺及相关文化产业的快速发展[17]。

电视节目是一种文化产品,一个国家的电视节目植根于其特定的文化,并成为其主要传播载体之一。我国传统文化底蕴深厚,源远流长,是电视节目创作创新的重要资源。真人秀节目是当下我国最受欢迎的节目类型之一,在真人秀节目中加入传统文化元素,有利于在节目创新发展的同时传播我国优秀传统文化。如由湖南卫视全新推出的"合伙人经营体验类"慢综艺《中餐厅》,其节目形式与韩国《尹食堂》类似[18]。主要将真人秀节目与文化传播有机结合,以嘉宾海外创业、经营体验的模式,让中国特色美食走出国门,引发国人乃至世界华人华侨情感共鸣,兼具娱乐性和文化性。综艺节目这一媒介相较于影视剧、影视广告具有更广的传播性,更强的接收性。文化类综艺节目在中国的播出提高国人的文化自信,也让中国深厚的文化历史走出国门,走向世界。

3.电台

广播行业作为国家文化传播的前沿产业,发展迅速,各地广播电台有着较大的文化、经济和人文差异。广播电台是采编、制作并利用无线电波向一定区域的受众传送声音节目的大众传播机构。通过无线电波传送节目的称无线广播,通过导线传送节目的称有线广播。它的出现早于电视,广播诞生于20世纪20年代,1920年11月2日正式开播。中国的第一座广播电台建于1923年,是外国人办的。中国人民广播事业开创于1940年12月的延安新华广播电台,它是中央人民广播电台的前身。

电台广播传播范围广,传播速度快,穿透能力强,一定程度上比报纸和电视具有更强的影响力。它所能达到的范围,传播信息的速度,远远超过报纸和电视。广播在文化建设中发挥着独特的作用。它是重要的思想舆论阵地,是不可或缺的宣传窗口,肩负着传承优秀传统文化,传播先进文化思想理念,宣传正确世界观、人生观和价值观,巩固发展社会主义意识形态的重要使命。在现代传媒快速发展变化的当下,广播依然是深受广大民众尤其是农村和偏远地区欢迎的文化传播媒介。广播帮助人们开阔视野,转变思想观念,鼓励人们投身创业谋求发展,还促进了精神文明建设。在创建良好文化氛围的同时,产生极大的社会效益。广播是靠声音来传播的,其魅力在于不仅传播了信息,还对这些信息融进了传播方的认识,对人们理解、接收信息提供帮助,加以引导,更具专业化及权威性。目前,中国早已经建立了无线、有线、卫星等多技术多层次混合覆盖的、现代化的、世界上覆盖人口最多的广播电视覆盖网,而广播也成为社会交流沟通普遍运用的大众媒介[19]。

二、文化新媒体

党的十九大报告指出:"文化是一个国家、一个民族的灵魂。没有高度的文化自信,没有文化的繁荣兴盛,就没有中华民族伟大复兴。"弘扬主旋律,传播正能量,是新闻媒体传播的基本原则。网络时代如何把握文化发展规律、网络传播规律、媒体融合规律,是发挥媒体社会资源配置导向作用的关键。

清华大学新闻与传播学院发布的《中国传媒产业发展报告(2020)》显示,2019年,中国传媒产业总产值达到22625.4亿元,较2018年增长7.95%。从细分领域看,广播电视广告收入、报刊行业收入同比下降,而互联网广告、网络游戏等保持增长势头。由此可见,互联网的发展使得传统媒体受到不小冲击,而以网络电视、电子刊物、社交网站等为代表的新媒体正在改变人们的生活习惯和行为方式。

新媒体是新的技术支撑体系下出现的媒体形态,网络时代的到来推进了新媒体的发展。"新媒体(New Media)"一词源于CBS(美国哥伦比亚广播电视网)技术研究所所长P. Goldmark 1967年的一份商业开发计划。之后,美国传播政策总统特别委员会主席E. Rostow在向尼克松总统提交的报告书(1969)中,也多处使用了"New Media"一词。由此,新媒体一词开始在美国流行并迅速扩展至全世界。新媒体是以数字技术为基础,以互动传播为特点,以网络为载体来进行所有人对所有人的信息传播。

以互联网为代表的新媒体具有多种传播优势[15],既融合了多种媒体,又融合了虚拟和现实,兼容多种传播形式,使得在视觉传达上的表现更加多样化。同时互联网不受地域和时间的限制，人们随时随地都可以用手机或电脑连接网络，网络传播加快了时尚品牌知名度提高的进程。如今，新媒体的传播方式更加多元化，例如抖音、快手等短视频软件，人人都可以发布信息，新媒体不再是传统媒体的自上而下的传播，而是形成了相互传递。

（一）网络新媒体传播中的文化建设

互联网的飞速发展催生了独特的网络文化，它是新兴技术形态与文化内容的综合体。网络文化既是现实文化的延伸，又具有独特的文化行为特征和价值观念。

1.网络电视

网络为电视提供了新的传播平台，更多的外来文化透过网络进行传播[20]。网络电视基于宽带高速 IP 网，以网络视频资源为主体，将电视机、个人电脑或手持设备合一为显示终端来实现数字电视播放。网络电视的出现给人们带来了一种全新的电视观看体验，改变了以往被动的电视观看模式，满足了电视以网络为基础按需观看、随看随停的要求，做到了个性化，实现了数据推荐、智能共享等。网络电视具有智能性、多样化和无局限性的特点，用户可以根据自身需求选择和搜索想要看的内容，不受时间、地点、环境所限制并且享受互联网所提供的极为丰富的节目内容。

同时，基于网络，根据网络小说改编网络剧已经成为非常流行的文化现象。网络小说的多元化，决定了网络剧的多元性，能够满足不同观看人群的需求。网络剧与电视台传统电视剧相比，具有制作周期短、排播灵活、制作投资相对少、低成本高回报率、制作题材面宽、IP 资源丰富等优势。与影视电视剧相比，网络自制剧入行门槛低且制作成本不高，制作人可以不受限制地发挥想象空间为受众提供更为丰富的作品，具有很大的商业潜力。此外，网络剧主要通过手机、平板电脑、计算机等网络设备进行传播，不受时间和空间的限制，播放渠道更为便捷灵活。随着互联网的广泛普及，网络剧为大众提供更为高效、便捷、丰富的文化艺术作品，且由于网剧更具多样性，大大满足了人们对于不同时期、不同形式文化的需求[2]。

2.电子报刊

网络的普及加速了报纸、杂志等纸质传播媒介线上转型的进程，极大程度地推动了电子报刊的发展。广义上讲，任何以电子形式出现的期刊皆可称为电子报刊。电子报刊，也称为数字杂志，是指运用各类文字、绘画、图形、图像处理软件，参照电子出版物的有关标准，创作的电子报或电子刊物，将信息以数字形式存贮在光、磁等存贮介质上,并可通过电脑设备本地或远程读取连续出版内容。电子媒介使文化通过另一种新型的方式传递给大家,声音和图像形式的运用让文化传播更具生动性,从而解决了书面文字符号对大众的限制,如同口语文化,电子媒介对文化的传播对象没有太高的要求,因而具有真正的平等性和大众性[22]。

报纸的电子化是报纸与网络的融合,电子报纸的前身可以说是20世纪80年代初的"图文电视"[21],它通过电话线连接用户和数据库,用户通过电视上的机顶盒接收信息,播放视频,"图文电视"将电子报纸带入了家庭。但是,"图文电视"有一定的缺陷,比如传送质量差、速度慢、费用高等,最终没能被市场认可。随着互联网的发展,20世纪90年代传统媒体纷纷建立自己的网站,这就是传统媒体的"网络版"。1995年,《中国贸易报》率先将新闻资讯搬到了网络上,成为传统媒体网络化的先行者[24]。1997年我国传统纸质媒体纷纷加入了"网络潮",开始兴办网站,1997年《人民日报》网络版正式开通,开通的第一年实现了8000万人次的访问量。新一代的电子报纸于2001年诞生,一家名为 Der Standard 的德国报纸在这年4月12日发行了自己的电子报纸版本。同年月,美国的《纽约时报》也推出了自己的电子化版本。电子报纸承续了传统报纸的特征,保留了传统报纸印刷界面及收费订阅方式。网络发行代替了传统的发行渠道,提高了发行速度,并且有利于环保[25]。电子报纸未来的发展方向就是要借助网络传播这一平台,充分发挥纸质媒体的优势,满足顾客更多的需求。

3. 电子杂志

与电子报纸不同的是,电子杂志基本上是从休闲娱乐领域中发展成长起来的。国内电子杂志问世早于电子报纸,相对来说,电子杂志影响力比较大。早期电子杂志是一个统称,最早出现在1993年的美国,泛指各类利用电子邮件的强大通讯功能,定期向订阅者提供信息内容的网上新媒体,一般免费订阅。其中最常见的是所谓的"邮件列表",与营销邮件相比,具有明确的周期性,更强的针对性和服务性。所谓电子杂志并非指这类通过网站专题链接形式的Web期刊。而是指Flash、视频、音频和文字组成的新兴电子杂志,最大的特点就是多媒体和互动性。电子杂志是一种以邮件的形式,定期将信息发送到特定的订阅者的电子邮箱的网络刊物。

电子杂志在传播方式上和网络中的其他服务不同,与传统报纸杂志有很多相似性,但也有其独特的传播特点。电子杂志传播范围广、传播效率高、内容多样、版面新颖,并且相较于纸质媒体更为环保,互动性更强。如我国电子杂志《中国报道周刊》,它创刊于1999年12月,是一个由义务工作者提供的免费电子刊物，内容包含政治、经济、新闻、国际、学术、历史、军事、法律、哲学等综合性学术理论，在国内外具有一定影响力。《中国报道周刊》秉持"客观、公正、理性、开放"的办刊宗旨，贴近人民。敢抓难点、热点、敏感点，发挥沟通和桥梁的作用，推进了中国民主和法治的建设。

2005年起，国内许多公司利用最新的网络技术进行杂志的编排和制作，推出网络版杂志，一经推出就赢得了数百万网络受众的支持[24]。电子杂志提供了一种全新的阅读方式，降低了人们接触媒体的门槛。无论是传统纸媒还是电子杂志各有其特点，只有将两者融合发展，才能取长补短，实现共同进步。

总的来说，网络新媒体的呈现形式尽管有差异，但始终没有脱逃出整体的文化范畴。网络新媒体迅猛多元发展，其本质依然是政府主导，主流媒体为主干，社会资本积极参与，共同构建了新生的网络文化形态。网络文化产品丰富多彩，满足了不同层次民众最广泛的需求，而博大精深的中华传统文化则提供了重要的资源宝库，甚至许多文化产品说到底就是传统优秀文化瑰宝和现代文化精品的数字化网络化展示，如网上博物馆、网上图书馆、网上展览馆、网上音乐厅和网上歌舞厅等等。并且网络新媒体也已经成了各级政府宣传政策法规，了解民情民意，改进作风服务民众和民众参政议政、舆论监督的新渠道。

（二）个人自媒体传播中的文化建设

1. 网络电台

自媒体网络电台使得部分传统文化有了长期的传播渠道，并且成为连接大众与传统文化的桥梁，是传统文化与新媒体技术的跨界结合。在全媒体时代，电视、电脑、手机等电子媒介，无时无刻不抢占着人们的视线，此外，社交软件、游戏软件以及影视娱乐文化等更是占据了人们大部分的碎片时间。而自媒体网络电台将内容以声音形式传播，解放了受众的双眼，凭借其丰富的点播内容、多样化的传播方式以及强大的受众体验性，被广泛应用。以喜马拉雅、荔枝、蜻蜓FM等电台APP为例，各电台根据受众收听时间碎片化、随机性等特点，进行许多人性化设计。例如将电台内容划分为不同的主题板块，并允许使用者建立个人电台账户进行自我展示及日常分享，打破了传统文化传播的局限性，实现了传播的流动性和随意性。

但新媒体背景下，需要加强广播电台文化活动的研究，拉动广播电台产业迅速发展，更好地促进我国文化产业的发展[26]。

2. 视频博主

自媒体时代是年轻的时代。自媒体作为年轻化的传播载体，在多方面展示年轻一代个性风采的同时,积极传播中国传统文化,扩大中华传统文化的影响力。社交自媒体中,网红博主"吸粉"各有特色。以展示中式古朴的传统生活闻名的博主李子柒,采用拍摄短视频的形式真实地记录了人们向往的中国式传统生活,每一份饮食,每一件制造物都精心制作。通过与故宫合作出品的"宫廷苏造酱"在国外主流视频网站上拥有258万的订阅量。

中国文化,不仅仅是传承千年的传统文化,也包含由其演变发展形成的当代文化。当代的中国文化输出,配合年轻人的年轻的平台传播渠道,必将会收到更好的反馈。

三、文化传播与消费

随着社会发展,消费升级转变,生存性消费需求转变成了改善型需求,物质型消费需求转变成了服务型需求,价格不再成为是否消费的首要条件,人们的消费行为、消费场景悄然变化,新的消费业态悄然成形。而在这个过程中,文化传播无疑起了十分关键的作用。

大众媒体在新时期的中国消费文化发展中起着引领和导向的作用。如今的消费并不仅仅是物质的消费,更是一种符号化的消费。大众媒体借助虚拟的符号,通过有形的商品和无形的观念向人们传达消费主义生活,使商品带有某种文化意义,从而激发人们的消费欲望。报纸、电视、广播、杂志等通过向人们输送风景名胜、潮流资讯、美食攻略等信息,向受众展示一种新的生活方式,进而刺激受众的消费行为。如今消费逐渐被视作一种生活方式[27]。以安徽卫视《悦美食》栏目为例,此节目从时尚的角度呈现各种美食,述说人与食物间的故事,传播中国健康文化知识,倡导消费者健康消费,对民众的生活方式起到了引领作用。

新媒体作为文化传播的重要载体,也在向人们传递新的消费文化观念。新媒体对社会经济的影响体现在不同方面。首先,新媒体让市场与目标消费群体建构直接关联,使两者联系更紧密,沟通更加便捷,消费者被动地处于各类产品信息包围中。许多品牌利用新媒体进行品牌宣传和推广,扩大自己的影响力,从而获取经济效益。其次,依托新媒体平台衍生了一些新兴产业,促使人们的消费观念与消费习惯发生翻天覆地的变化。如淘宝APP2003年成立,短短几年间,成为亚洲最大的网络零售平台,它不仅实现了信息的整合,也将所有的媒体形式进行完美融合[28],为受众提供了新的消费方式,也为电子商务的发展带来更多的机遇。

新媒体利用自身的优势给大众带来便利的同时,促进了消费文化的传播与盛行,通过网络、手机等传播方式推动了社会经济的发展,也成了人们生活中不可缺少的一部分。

第三节 时尚传播媒体对时尚的影响机制

时尚传播是通过文字、图片、媒介等不同手段为实现商业目的进行的视觉传播。有广义和狭义之分。广义上的时尚传播包括所有和时尚有关的信息,如时尚产品、时尚广告、影视等等,而狭义上的时尚传播指时尚产品的形象塑造和传播,既包括时尚的传播内容也包括传播渠道,因此狭义的时尚传播主要是时尚品牌的传播[15]。

时尚传播离不开媒介,媒介是承载时尚信息的物质载体。传统传播更注重传播者和传播内容,新媒体传播则注重于传播渠道,时尚传播的传播重心为受众及传播效果。传播者更关注传播的受众对传播的内容认知和影响的效果,关注品牌认知程度、品牌好感度、购买欲望程度及品牌忠诚度。

时尚传播媒体分为传统传播媒体与新媒体传播媒体。

一、时尚传统媒体

(一)平面传播媒介中的时尚

1. 报纸杂志

报纸的传播不需要很大的渠道,只需要以纸张为载体,且易于保存,可反复阅读,囊括各大品牌信息,制作成本相对较低,发行量大,可信度高。民国时期上海报刊中的时尚服饰信息是民国史和服装史研究的重要素材,就民国上海服装史研究而言,当时上海报刊中的服饰信息既显重要又具有一定的特殊性[30]。因此,可以根据当时报刊中的时尚服饰信息来展现民国上海服装面貌。这也证明报刊这种媒介在时尚传播中占有很重要的地位。

晚清以来,上海就是全国报刊出版发行中心,面向女性的报刊也相当引人注目。学者对《妇人画报》作了整体考察,其主要内容体现女性消费与女性被消费,是一份都市文化情境下的典型刊物。1904年创刊的《女子世界》以历时久(1907年最终停刊)、刊期多(总共18期)在晚清妇女杂志中占有重要地位。这份在上海编辑的女报,受到了南方新学界的关注,随着参与者日多,稿件日丰,刊物的内容日见丰富。无论是研究晚清报刊史,还是考察晚清妇女的生活与思想,《女子世界》都是绕不过的文本。它是晚清女报的标本,对其他报刊起到一定的引导作用。

2. 时尚杂志

时尚杂志在平面传统媒介推广宣传时尚中占有重要的地位。商务印书馆创办的《妇女杂志》是民国时期营销时间最长的商办女性期刊,1980年就有外国学者对其作了综合性考察。民国女性报刊的办刊宗旨受到商业的影响,《妇女杂志》就有追求商业利益的目的。《玲珑》是中国第一本以时尚为主的女性刊物,是20世纪30年代上海时尚的标杆,当时的女学生几乎人手一册。《玲珑》刊载衣服搭配、美容美妆、家庭情感、健身运动、社交礼仪等。《良友》和《玲珑》一样诞生于上海,是中国第一本以图片为主的大型刊物,时尚杂志封面几乎都来源都市时髦女郎或是女明星。1976年《号外》在香港创立,风格独特,封面具有美学思想,是香港上个世纪时尚及影视圈的标杆,显示了时尚社会的演变。改革开放以来,中国传媒体制改革逐步深入,我国期刊业进入到新的历史发展时期,传媒业开始实施品牌战略。其中,时尚类期刊表现尤为突出,市场份额占期刊总市场份额的一半左右。品牌战略成为许多时尚类期刊出版集团的发展战略重心[25]。1993年,时尚期刊出版集团的杰出代表时尚传媒集团《时尚》创刊。随后,《时尚伊人》《时尚先生》《时尚芭莎》《男人装》等相继问世,业务范围涵盖期刊编辑、图书策划、网络传媒、广告、印刷、发行等多项领域。1995年5月,瑞丽集团发行了第一本杂志《瑞丽服饰美容》,开启了瑞丽集团新征程。经过十多年的发展,《瑞丽服饰美容》《瑞丽伊人风尚》《瑞丽时尚先锋》《瑞丽时尚家居》《男人风尚》逐渐在市场上崭露头角。

时尚杂志对于时尚品牌来说是最主要的并且影响力最大的平面媒体。时尚杂志受众多为20至45岁、有一定文化程度和经济水平的中产阶层女性群体。随着时尚潮流的发展,越来越多的男性开始关注自身的形象,市场上慢慢出现以男性为主要受众的男性时尚杂志,如《时尚先生》《智族GQ》《男人装》等,目前男性时尚杂志在市场上虽占有一定份额,但其受欢迎程度远远低于女性时尚杂志。总的来说,杂志的时尚品牌层次越高端,越有话语权,相对的权威性越高,对时尚行业的评判性和引导性越强。"时尚大片"常常是时尚杂志的重要板块,通常会由明星、模特或时尚人物来演绎,杂志的封面和内容图文并茂,相对于以文字为主要传播方式的文学杂志,对读者有强烈的视觉冲击,更容易吸引受众。时尚杂志中刊登的大量广告不再是独立的存在,和版面的内容都是相连相辅相成的。以《时尚芭莎》为例,杂志的前几页,基本是一些奢侈品的广告,比如新款香水、包包、手表等,每款产品都会有详细的卖点介绍和标价,广告和杂志的版面融合在一起,这样不仅能吸引时尚人士,也会吸引更多广告商入资[31]。

（二）电视传播媒介中的时尚

1. 影视

随着技术发展,视觉图像逐渐变成人们获取信息的主要方式之一。电视是视觉信息的传播载体,也是国际时尚大品牌的重要宣传渠道。基于影视平台由政府管理监督,播发内容严格把关,门槛较高。所以电视更具权威性和信服力。经过长期的发展,电视栏目形式越来越多样化,出现了以时尚为主的专属栏目,并在栏目植入相应的广告起到品牌推广作用,通过广告的形式在受欢迎的电视节目中进行品牌理念的传递,增强了品牌知名度。电影产业的发展带动时尚在视觉时代的传播效率。20世纪80年代的改革开放,使得服装产业开始萌芽,人们在电影中也能捕捉到时尚元素。1980年电影《庐山恋》风靡全国,其受欢迎程度不亚于现在的韩剧和日剧。影片中女主角的服饰受到许多女性的追捧,据统计女主角张瑜在电影中共换了43套服装,平均2分钟不到,许多服装在今天看来也是非常时尚的(见图4-11)。

图4-11　电影《庐山恋》中女主角的穿搭
(图片来源:https://www.sohu.com/a/318783008_300488)

2. 综艺

时尚综艺节目对于时尚传播也有着重要的作用,相对于影视及电视广告的传播,有着更大的发挥空间。时尚资讯类以及时尚真人秀等时尚类电视节目不断丰富,为时尚传播提供了更多的传递平台与方式。我国时尚类电视节目起步较晚,1994年,我国第一个时尚节目《时尚装苑》诞生,主要是搜集国内外时尚资源,对时尚进行专业的述评,展现现代人生活方式和衣着原则,品味名人明星的穿衣故事,为观众展现独特的中国时尚。此外,还有风靡中国大陆的台湾综艺节目《女人我最大》、凤凰卫视《完全时尚手册》、CCTV2《购时尚》等时尚栏目。时尚类节目弥补时尚广告的单一性,发布内容受传播媒介影响,权威性大,可信度高,提高商业品牌的商业价值,增加时尚的引导力,影响着受众对时尚的理解、接受和喜爱程度,便于受众更大程度追随时尚潮流。近年来,我国时尚类电视节目出现新的转向,以中央电视台在2018年播出的《时尚大师》为例(见图4-12),这是一档时尚文化竞技类节目,目前已举办两季,邀请了数十位全球新锐设计师,在规定的时间和条件下,完成服装的创意设计和演绎。《时尚大师》第一季,以"东方元素,中国意象"为设计理念,包括水墨丹青、敦煌、故宫在内的10个最具代表性中国元素成为他们的设计挑战主题,引起社会的广泛关注,也向世界传播了中国的服饰文化和时尚理念。至此,我国时尚类电视节目开始加入东方传统元素,并且逐渐由物质层面转向精神层面的传播[32]。

图4-12 《时尚大师》设计师作品

(图片来源 https://www.sohu.com/a/235376169_100045791)

二、时尚新媒体

互联网背景下,时尚传播已经不再局限于报纸、杂志、电视为代表的传统媒体,网络能够快速、便利、有效地传播时尚,扩大了时尚传播范围和影响力。新媒体的出现打破了传统时尚流行的时空区隔与限制,转变了人们消费观念和行为方式。新媒体集平面媒体与电视媒体为一身,将信息图像相结合,更大程度上扩展了时尚传播的路径及平台,打破了时尚传播在传统传播媒介中的被动性,受众可以在自由接受和传播时尚信息过程中,对时尚进行自我认识和理解,自由发表时尚言论。

（一）新媒体广告传播中的时尚

1.网络广告

广告行业随着媒介环境的改变而改变。网络广告是依赖网络技术而产生的一种广告形式，是指利用互联网这种载体，通过图文或多媒体方式发布的营利性商业广告，是在网络上发布的有偿信息。网络广告是促进时尚传播的主要方式之一。

时尚电视传媒是时尚产业三大传媒之一。相较于VOUGE、BAZAAR、ELLE等老牌时尚出版传媒以及新崛起的时尚网络传媒，时尚电视传媒整体表现较为"低调"，法国时尚电视台（FTV）为个中翘楚。在整个时尚传媒市场中，由于媒体本身所具备的传播属性的差异而有所不同，产业链上的各种产业要素的联动能力也呈现出极大差异，在此基础上所形成的时尚产业规模与发展前景也呈现出截然不同的态势[26]。新媒体相对于传统媒体更容易通过数据分析，掌握受众的基本情况，细分受众群体与类别，从而有针对性地精准投放产品或广告信息，既节省成本，又提高传播效率。网络广告可以不受时空限制，随时修改调整广告信息及形式，并且网络广告收费低于传统广告媒体，降低时尚品牌的传播成本。网络为品牌和受众间的交流提供了更加方便的沟通平台，品牌通过广告平台发布，受众通过平台进行反馈，具有很强的互动性。随着网络技术的发展，单一的、传统的网络广告已不能满足广告主对广告效果的期望，其形式和内容逐渐多样化，从最开始的简单图像的形式，形成了具有动画、音乐等特效的华丽转变。此外，网络广告投放平台更多元了，有博客广告、微博广告、社区论坛广告、网络视频广告等。网络视频广告是伴随着网络视频而产生，内容综合图像、动画、音频、文本多种表现形式，是一种多媒体、交互式的网络广告形式。对受众来说，网络视频广告视觉张力与互动效果在时尚传播过程中最具吸引力。网络视频广告不但具备覆盖范围广、互动性强、投放精准等优点，还具备了传统电视广告的生动、直观、声画并茂等特性，极大提升了网络视频广告的亲和力和影响力，加强了广告的推广效果，具有明显的传播优势。

2.电子杂志

中国的时尚传播离不开时尚杂志。新媒体对时尚杂志带来了新的挑战，电视传播媒介和网络传播媒介逐渐打破了传统的纸质传媒独大局面，迫使众多杂志媒体纷纷转型，与新媒体相融合，与新媒体相互依存。《时尚芭莎》是时尚传媒中极具代表性的刊物，服务于中国女性精英阶层，主要涉及时装、美容、明星、娱乐、艺术、健康等内容，纸质杂志为半月刊，是中国目前时尚媒体的龙头品牌。

《时尚芭莎》坚持"全媒体路线",兼顾线上、平面与线下,先后创办 YOKA 时尚网和芭莎 in APP,制作《芭姐挑战你》视频节目,实现自媒体平台全面运营(微信、微博、直播、小红书等),并先后组织了"芭莎明星慈善夜""芭莎美妆大奖"等线下活动进行品牌宣传,形成中国时尚第一大媒体矩阵,时尚媒体通过在内容生产和传播手段上进行优化,提升品牌价值和影响力,促进我国时尚产业向国际化靠拢[33]。瑞丽集团则从杂志起步,与时俱进,在互联网时代从纸质杂志到电子杂志,拥有自己的网络 APP,并且涉及图书、广告、发行、模特经纪等众多领域,成为时尚期刊出版集团中的佼佼者。中国时尚传媒集团利用 16 种刊物的优势,建立了"时尚网"(www.trends.com.cn),及时、全面地延伸报道时尚动态圈、时尚周边、时尚品牌库等。

(二)时尚平台传播中的时尚

1. APP 平台

APP 是英文"Application"的缩写,中文直译为"应用"或"运用"。我们通常所说的 APP,实际上指的是"Application Program",也就是"应用程序",特指在网络平台或智能移动终端上运行的第三方应用程序。各种类型 APP 的开发都是为了集聚用户并服务用户,都要经历市场投放和引流。随着 iPhone 等智能手机的流行,APP 逐渐为公众熟知并广泛使用。与电脑上网相比,手机等移动终端设备更具便携性,可以随时随地进行线上交流和办公。企业开发出越来越多适合于在手机等移动终端上使用的 APP,极大丰富移动终端功能的同时,成功地吸引了消费者的注意力,在开展营销活动时增进与消费者的互动。APP 营销相较于其他时尚营销精准度更高、信息更全面,趣味性和互动性更强。APP 的盛行带动了时尚产业的发展,不少企业开始推广品牌 APP,通过 APP 快速引流,输送时尚资讯的同时更加贴近消费者生活。

(1)蘑菇街

蘑菇街 APP 是一款专注于女性服饰的购物平台(见图 4-13),收纳超过上百万件(套)女性时装,还有穿搭达人参与现场直播,用户可以随时浏览时尚至 IN 的扮美单品。蘑菇街 APP 在全网精选超过 100 万件时尚女装,每周组织女装品牌限时特卖活动,平台聚集各类穿搭达人,以直播的方式向消费者直观地展示了服饰的上身效果和面料质地,平均每天有约 2 亿用户通过蘑菇街 APP 进行潮流单品和穿搭术的分享。一时间,蘑菇街成为时尚爱美女性买衣服,学穿搭的必备 APP。

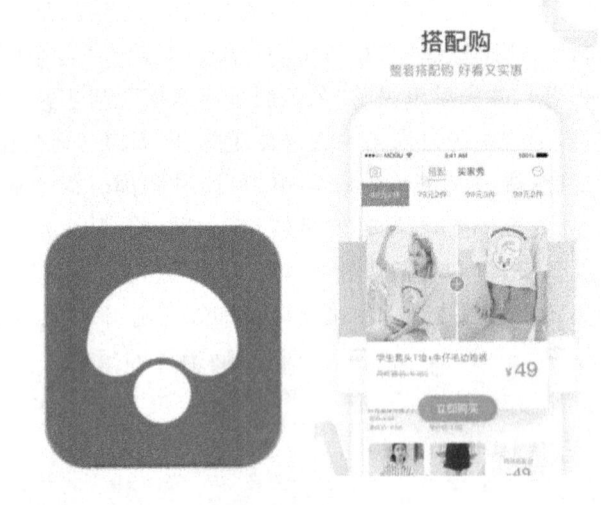

图 4-13　蘑菇街 APP

（图片来源：https://www.anfensi.com/k/shishangapp/）

(2) 小红书

小红书是生活方式平台和消费决策入口，主要用来分享购物经验（见图 4-14），是当下最受欢迎的时尚平台之一。在小红书上，可以轻易地找到各种购物攻略，这些攻略主要来自 Instagram、Vogue 时尚达人、海外留学生分享等。小红书里的产品大多配合海关验证确保产品品质，小红书与国家监测中心签订质量安全共治合作协议，通过大数据为用户精心挑选最流行最实用的货品，力求帮助用户花最少的时间和精力获取最适合的产品。

(3) 时尚芭莎

时尚芭莎 APP 是一款最前沿的时尚资源应用（见图 4-15），该应用每日更新当下最流行的时尚快报，让用户以最快的速度掌握更多的时尚资讯，给用户带来最佳的阅读体验。时尚芭莎内含时装、美容、明星、生活、创意、视听等内容，不仅提供时尚资讯、流行趋势报道里的人物和女性话题，还时时与读者分享当代女性生活的乐趣和美学，是一款为追求完美的女性用户打造美好价值观、美好新闻和美好时尚的精品阅读平台。

2. 时装周

随着时尚热潮，作为产业链和价值链的高端，时尚产业在世界不同国家蓬勃兴起，现在已经成为国际大都市发展的新趋势。时装周作为世界上流行度极高的国际化发布平台，得到了越来越多的关注。西方近代工业发展进程中形成了国际四大时装周，即法国巴黎时装周、美国纽约时装周、英国伦敦时装周及意大

图 4-14 小红书 APP 界面

（图片来源：https://www.anfensi.com/k/shishangapp/）

图 4-15 时尚芭莎 APP

（图片来源：https://www.anfensi.com/k/shishangapp/）

利米兰时装周，它们各自具有鲜明地域特色和文化个性。时装周在很大程度上引领着时装界的走向与发展，它是城市时尚体系的主要环节，不仅引领潮流，还反映了整个城市的时尚风貌、生活方式和价值，是时尚之都发展必不可少的一部分。时装周作为时尚之都最具特色的时尚活动，是时尚之都的标杆，两者关系紧密，相互影响，共同发展。时尚之都为时装周的发展提供了发达的产业基础、先进的媒体平台、宽松的时尚氛围以及充足的人力资本,而时装周的发展反过来也促进着时尚之都的建设。

中国国际时装周于1997年创办,每年3月和10月分春夏和秋冬在北京举办。截至目前共有十余个国家近300名设计师举办发布会,中国国际时装周已经成为具有国际影响力的时尚舞台,未来的中国还会有更多的城市将举办时装周,以最先建立的北京时装周、上海时装周、广东时装周和青岛时装周为中心,逐渐向周边二三线城市辐射,推进中国时装周的发展进程和国际影响力,催化设计人才产出,从整体上提升中国设计水平,提高中国国民的审美素养,增强中国时尚产业国际竞争力,促进中国时尚话语权的建设[34]。

时装周为时尚的传播、为城市的时尚产业发展起到了拉动作用。时装周具有着独特传播优势,信息准确、内容全面、反馈及时,对时尚产业有着一定的整合功能与放大效应。尤其对于企业而言,时尚展会拥有时尚产业最前沿的信息,可以认识不同地域的参展商、专业买手等,同时通过信息交流传播了解市场最新行情,把握市场最新动态。对于举办城市来讲,时装周作为对外宣传的重要窗口,可以快速提升城市的知名度,拓宽吸引外商以及对外开放的力度,增强时尚之都的时尚力度[35]。时装周一定程度上促进时尚产业的发展。

3. 时装发布会

"时装发布会"是指在一定的三维空间环境内,采用真人表演的艺术化行为来展示时装,直观地传达流行信息、服饰文化,特别是商业营销的活动。时装发布会借由视觉、听觉、甚至味觉、触觉的互动,展示了服装的双重性质,既是时尚文化传播的艺术表现形态,在人们的心理上引起触动,又是服饰文化和人体艺术完美结合的商业模式,已经成为广大设计师喜爱和运用的展销方式。随着经济的发展、消费能力的增强和人们对时尚的追求,时尚文化带来的经济和社会效益影响深远,已经成为了社会文化的要素。时装发布会是时尚产业的舞台,是时尚文化传播的最初发源地,已经成为了一种固定的时尚文化传播方式,在时尚文化的历史中有着不可替代的地位。时装发布会常常会与新闻发布会的形式相结合,邀请大众媒体、时尚权威人士、社会名流等到场观看,用时装表演的形式将新设计的服饰作品展示给大众,是一种具有时尚信息传播功能的发布活动,是时尚信息发布的第一平台,起到了传播时尚文化信息的重要作用。但时装发布会的效应显然绝不限于此,它必然刺激着人们新的消费心理和消费思潮,引导人们健康的审美心理和价值观的形成,影响着时尚产业的发展走势和转型升级,促进了城市的整体形象塑造等等。换言之,时装发布会必然会在社会的方方面面产生巨大的影响。

4.时尚街

时尚来源于街头,现在社会流行的时尚街拍引领时尚的走向,街拍的地点自然成为了时尚的流行地点。各个城市的购物时尚街区集聚潮人,成为时尚潮流的代表。世界上许多城市都有青年时尚街区,又叫"年轻人之街"。青年时尚街区既是时尚的空间,也是平民化的空间;既是购物的空间,也是娱乐的空间;还是青年亚文化的空间、创意的空间[36]。东京的原宿、涩谷,首尔的明洞,台北的西门町,北京的西单,都是著名的青年时尚街区。

原宿,是东京都涩谷区的一个地区,是日本著名的"年轻人之街",东京时尚的核心秘密基地。走在这里的每一个潮人和街区里的一切,完美地组成了充满活力的"时尚生态圈"。原宿和代官山、涩谷一起被称为是东京街头文化的代表,聚集了很多时尚前卫的店铺和一群追捧的年轻人。20世纪60年代,从原宿周边到表参道周边,东京的原宿成为年轻人文化的"信息中心",流行之初是一群受了美国文化影响乘着高级外国车的年轻人。70年代初,日本创办了时装杂志,ANAN作为时装杂志的代表刊出了专辑"东京街头发现外国的原宿物语",使原宿的形象传遍了全国。之后10余年间,有关原宿报告经常出现在时装杂志ANAN、NON-ON中,逐渐有了领导潮流的地位。70年代,原宿的流行通过时装杂志介绍普及到了全国。80年代,原宿流行开始进入成熟的时代。从原宿诞生的"原宿品牌"迎来了高潮,产生出了"竹笋族"。新的流行风格——原宿风出现了。原宿风是日本街头文化的代表,作为日本原宿街头青年的一种打扮风格和服饰的流行派。原宿风强调的是色彩的混搭和配合,以色彩性很足的服装和五颜六色的头发为主要特点。原宿风格的头发倾向于渐变色彩,合乎视觉效果的将色彩融合到一起这种瞬间吸人眼球的街头风尚深深地影响着时尚潮流发展。原宿又是游人的一个景点,是年轻人发挥创造力的一条途径,塑造了日本新生代的另类文化。

5.时尚建筑

一件能够打动人的建筑作品必然能够吸引世人的眼光,它需要建筑师具有一定的领悟力和创造力。时尚建筑是建筑与时尚都市时代的产物,两者紧密相连,相互影响[37]。时尚建筑师,不仅要具备一定的时尚洞察力,还需要具备空间想象力。Palazzo dell'Arengario为墨索里尼时代建筑的典型,由两栋完全对称的建筑物构成,目前用于绘画、雕塑等艺术品的展出,是最受设计师喜爱的地点之一,AU JOUR LE JOUR、GRINKO等在内的十几个品牌不约而同地选择在这里举办时装发布会。此外,一些明星建筑师为各家品牌设计的功能性建筑也深受欢迎,如OMA设计的普拉达基金会、安藤忠雄设计的阿玛尼剧院等(见图

4-16），几度成为米兰时装周专属场地[38]。阿玛尼剧院是一个与米兰时装周乃至意大利时尚界都密不可分的时尚建筑。近年来，阿玛尼剧院为时尚界输送了不少年轻且极具才华的设计师，不仅为意大利本土设计师提供机会，来自中国的品牌 XU ZHI、MIAO RAN 和日本的品牌 FACETASM 等都曾由此进入意大利高级时装界。阿玛尼剧院建筑本身也颇具艺术气息，它是由日本著名建筑师安藤忠雄所设计建造的，充分运用水泥、水与光线三个基本元素，形成了该剧院现代简约且纯粹的时尚建筑风格。除了被用于时装发表会外，该剧院还会不定时举办装置艺术展览等活动。

图 4-16　阿玛尼剧院

（图片来源：http://www.360doc.com/content/18/0520/12/41034980_755426877.shtml）

（三）社交媒体传播中的时尚

社交网络是新媒体时代发展最快的传播媒介，人们之间互动的便捷性和广泛使用推进了社交网络媒体的快速发展。社交网络最早来源于英文 SNS（Social Network Service）又称"社交网站"或"社交网"。社交网络的发展催生了社交软件的开发，国外的社交软件有 Facebook、Twitter、YouTube 等，国内的社交软件有 QQ、微信、微博、人人网等。社交媒体将非接触型人际交往推向了更广的范围，培养人们新的生活方式和消费方式。网络传播的平民化、自由化和交互性，使眼球经济和粉丝营销更快地成为现实。

1. 网红分享

"网红"效应是新媒体技术下时尚传播的产物[39]。以年轻貌美的时尚达人为形象代表，以红人的品位和眼光为主导，在社交媒体上聚集人气，进行时尚选款和视觉推广，具有推广成本低、收效大的特点。"网红"效应依托庞大的粉丝群体进行定向营销，将粉丝转化为购买力，依据粉丝的反馈确定顾客粉丝的需求，顾客忠诚度较高。网红电商多为即定即产,大大降低了库存压力。有些网红淘宝店铺的知名度丝毫不亚于国内外知名服饰品牌。例如网红店主张大奕在微博上有1174万粉丝。2014年5月,她开了自己的淘宝店"吾欢喜的衣橱",上线不足一年就做到四皇冠,而且,每当店铺上新,当天的成交额一定是全淘宝女装品类的第一名。

时尚网络自媒体博主,通过在社交媒体平台发布自己对时尚搭配的观点来吸引粉丝,提高点击率和知名度,由此深受时尚品牌和时尚媒体的关注。具有较高知名度的自媒体博主,可成为品牌代言人出现在各大广告中,或者被邀请到世界顶尖时装设计大师时装秀现场。随着人们消费方式的改变,时尚的传播不再是社会上层精英人士的专属,也不再是从上而下的单向传播,而是转为多渠道、快速度和"自下而上"的传播模式。"网红"效应在现实与虚拟社区中衍生出多维度的传播方式,也折射出时尚传播的特征及演进规律。

2. 熟人社交微信

作为移动互联网下的时代产物,微信和微博都具备着社会属性和媒体属性。微信、微博是社交媒体矩阵中的重要架构,也成为时尚领域青睐的传播平台[40]。不同于传统媒体,社交媒体上传播的时尚信息更多倾向于用户关系层面对品牌认识与调动,微信、微博作为重要的社交媒体,已成为当下时尚传播的重要平台,承载着时尚信息传播与关系建立的双重角色。微信朋友圈和公众号在日常交流中使用频率较高,是信息传播的重要窗口,它们的普及为时尚品牌传播提供新的发展平台。时尚品牌可以通过官方公众号发布最新信息,用户可以通过后台留言、点赞等形式与品牌互动,或者直接点击图文中的链接进行购买,完成时尚生产、消费与反馈的传播过程。微信作为强关系属性的社交媒体,具有快速传播信息的能力。基于微信发布的时尚信息在传播过程中带有关系属性,用户通过分享、评论等形式将时尚信息发布到朋友圈或者微信群,并借此表达自己观点和态度,由此扩大时尚对个人交际圈的影响范围。微信也是时尚潮流聚集地,越来越多的时尚品牌喜欢通过微信进行时尚资讯输出,从而起到引流作用。

社交媒体赋予时尚传播新的内涵和定义,网络传播开辟了个性化时尚传播的道路。

3. 兴趣社交微博

微博与微信有着互补的对应关系,它是基于弱关系的社交平台,这种弱关系指的是用户可以通过单向关注自己感兴趣的个人或品牌,而对方可以不回应关注的关系。在我国现如今的新媒体中,微博已然成为发展迅猛的佼佼者。微博作为一种低门槛的媒体形式,只要是微博用户就可以通过微博平台发布信息,精英与大众并存。任何微博用户借助微博平台发布的信息,第一时间就可以被其他微博用户看到。与传统媒体相比,降低了发布信息的成本。微博虽然内容有些碎片化,且较为简短,不超过140字,但是发布内容及时,再加上手机、平板电脑的普及,人们可以随时随地浏览、发布信息。微博不仅可以发布文字,还可以发布图片。它融合了各种媒介形式,多样化的内容满足了人们的视听需求。《2017微博用户发展报告》显示,新浪媒体的月活跃用户数量达3.76亿,位居世界第一[41]。在微博竞争的矩阵中,新浪微博拥有众多的用户数量和品牌账号,可以说掌握了绝对的话语权,另外新浪微博的时尚划分较其他微博平台更为细致。微博具有很强的互动性,时尚品牌通过在微博上注册官方账号,并且与所有微博人士进行互动及联系,利用微博上信息具有裂变式的传播特点,促成意见自由市场的形成,对大众行为造成影响。另外,名人在现实生活中本身就具有较高的知名度和关注度,微博上时尚达人聚集,明星粉丝群体众多,明星、大V等强大的流量号召力吸引众多品牌加入微博。依托庞大的粉丝基础,他们也获得更多的时尚话语权,成为当前时尚领域重要的意见领袖,改变着大众的自我表达和信息接收方式。由此微博为时尚产业和时尚爱好者提供了新的信息获取方式与交流平台,成为时尚传播的新渠道。

时尚杂志官方微博还与其他媒体微博相互合作达到共赢双收。时尚杂志《昕薇》与搜狐等多家媒体在微博平台举行活动,不仅吸引了各自的目标受众,还扩大了活动的影响力,实现媒体之间的互利共赢。时尚杂志不仅以名人为封面人物,官方微博还经常与名人微博进行互动沟通,引起粉丝们的关注,进而扩大时尚杂志的营销渠道和影响力。《时尚芭莎》就经常借助微博宣传明星慈善活动,有意识加入时尚内容突显品牌与明星的关系,利用明星的评论转发,一方面扩大了活动影响力,另一方面也为明星个人以及相关媒体树立了良好的社会形象。

第四节 日本时尚媒体本土化借鉴

日本一直把发展本国文化产业和推广日本文化作为重要任务,在发展国家文化软实力中取得了有目共睹的成绩。特别是在二战后,日本把目光从经济建设逐步转移到了文化建设上,文化外交如火如荼地展开。以动漫产业为代表的文化产业迅速发展壮大,在国际上产生了独有的文化影响力和吸引力,极力塑造日本美好的国家形象。

日本文化习惯于吸收其他文化的元素,时尚文化也不例外,19世纪中叶开始对外贸易和外交关系后，日本人的生活逐渐西方化了。明治时期，"洋装制服"开始被各行业采用，并形成"上班洋装、下班和服"的生活样式，这为之后日本成衣制造业的繁荣发展打下了坚实的基础。大正时代，和服设计师们开始对传统和服进行改良，在设计中引入洋装的流行色彩与洋风图案。在二战战败后，日本受法国时尚影响开始流行西方化时尚趋势。西方化或美国化可以说是日本现代化的代名词，日本已经将外国文化吸收到了自己的文化中。亚洲众多国家中，日本国民身份的特征在于日本实现了亚洲最成功、最迅速的西方化，也就是美国化即现代化。

一、日本文化的发展

从历史发展的轨迹来看，日本的文化资源并不算丰富，但日本政府在现代化过程中，并没有割断历史的纽带，而是注重从传统文化中挖掘有代表性的文化要素加以传承、创新和利用。一方面，日本保留了本国特色的文化底蕴，并对外传播本国传统文化，如剑道、茶道、花道等传统艺术，颇受外国人的青睐，成为日本文化形象的代名词。另一方面，日本借鉴和吸收外来文化的精髓，并与传统文化、现代社会生活三者相融合，其表现形式在于着重发挥传统文化的影响力和吸引力。如拍摄以日本传统文化为核心内容的电影《最后的武士》和《艺妓回忆录》等，以商业传播的途径，展现日本传统文化的魅力[2]。

除了传统文化，日本的流行文化也是文化软实力重要资源之一，流行文化具有商品性和消费性，与人们的日常生活息息相关，它几乎可以无阻碍无国界地传播。日本流行文化带有"日本文化"特色的标签，内含日本文化的价值和理念，很大程度上影响着受众群体的思维方式和价值取向。日本的流行文化产品形式和种类丰富多样，常见的有动漫、动画、游戏、电影和电视等。日本侧重开展"动漫外交"和动漫产品的输出，这些流行文化产品形成了日本的特色品牌，在日本国内和国际上有很高知名度。日本文化中动漫产业发展繁荣，是日本文化国际传播的代表，具有较强的国际文化影响力和文化吸引力。这种吸引力主要来自它的"新鲜"与"潮流"，受到了世界各国人民的喜爱，特别是年轻人的喜爱。同时也有助于实现日本对外战略的实施。

文化产品有助于塑造和展现国家形象。人们可以从文化产品中直观地解读出一个国家的文化传统、价值观念和精神风貌。输出流行文化既可以输出流行文化产品，又可以在潜移默化中输出价值观。日本很好地利用流行文化这一特点，在文化输出上走在亚洲前列，比较早地开始向亚洲地区输出影视作品，这对日本大国形象塑造产生了极为有利的影响。日本文化的输出战略不但带动了文化产业及其周边产业的发展,增强本民族的凝聚力,塑造了良好的国家形象,在国际上树立了正面形象,还通过输出文化产品潜移默化影响其他国家和民族的大众,提升了日本文化软实力。

二、日本时尚的发展

19世纪明治维新以后,受西方影响以及自身社会经济的发展,日本逐渐成为世界时尚的消费大国,其中纺织服装、动漫、化妆品三大产业十分发达。从明治时期起(1868—1911),日本出现了大量的洋装制服,带动了日本洋服产业的兴起和繁荣,为日后日本成衣制造业的发达打下了坚实的基础[42]。日本社会受西方影响颇深,20世纪70年代前的日本时尚多是外来文化,但70年代后开始大量涌现的本土品牌在与国际大牌的较量中胜出,成为家喻户晓的品牌。80年代后,日本进入泡沫经济,整体显得繁荣蓬勃,所有人都热衷于着装打扮。潮流青年更是把目光聚集到崭露头角的本土设计师身上,山本耀司和川久保玲由此冲上了台前。1982年的巴黎时装周展出,"来自东方的冲击"在当时的设计界引起轩然大波。次年,东京街头就出现了崇拜山本耀司标志性黑色酷剪裁以及川久保玲"乞丐装"的乌鸦族。

20世纪90年代后期,日本高中女生开始流行将皮肤晒黑或涂黑,染上鲜艳的发色搭配浮夸妆容。那时候的日本基本上是亚洲潮流风向标,直接影响着周边国家包括中国的时尚走向。到了21世纪,得益于互联网的普及,世界上各种流行元素开始融合,时尚元素变得更加多元。这时的日本潮流被概括为 Mix Fashion(混合时尚)。混合来自多个国家的风格,对以往的时尚表达也有了新的定义。比如象征美国贵族阶层奢华风的 LA Celeb,英国街头流行的 UK Skater Style,以及更加丰富的 London Military 和 New Heritage。日本的女性时尚风格自然而然变得风格多变,出现了以"森女系"为代表的自然系着装,"大人系"的都市成熟女性风尚也成为了一种潮流。

三、日本时尚媒体的本土化

在19世纪中期对外贸易和外交关系开放后,日本人的生活西方化了,日本的时尚当然也不例外。在亚洲背景下,日本民族认同的时尚特点是能够实现最成功和最快速的西方化、美国化,也就是亚洲的现代化[43]。

全球化背景下的文化,是不同民族文化的相互交融,民族或区域文化与全球文化总是存在对话的，即便是时尚也如此。而日本把时尚当作民族身份明显体现为西方化的标志，是将日本身份转变为现代化和西化的个体标志。在二战战败后，日本女性包括部分媒体盲目地将法国时尚作为新面貌推广，鼓励裁缝和编织者使用 New Look 来明确地将日本时尚现代化。与此同时，也有日本民众希望在当今的日本生活中，更多考虑日本的情况，将日本时尚与生活联系起来。总的来说，二战后日本时尚的现代化可以被描述为西方时尚的本土化，成为用于构建西化日本时尚的一种装置，随着日本的经济、政治、文化等逐渐发展，西方时尚也逐渐被接受和融合。

（一）奢侈品消费兴起

在20世纪60年代后期，以法国高级时装展示的迷你裙开始风靡全球。在日本，由于无法购买正宗的西方服装，日本女性倾向于以法国和日本时尚杂志上发表的《新风貌》为模板，通过模仿和制作自己的迷你裙来紧跟时尚潮流，于是设计制作了自己的服装。70年代以后，现成的服装取代了高级时装成为世界时尚的主导者。尽管如此，许多日本男女老少出国时还是会购买高档手袋作为纪念品，最受欢迎的就是 Louis Vuitton。也正是在60年代至70年代，奢侈品的消费风靡中产阶级，这种消费模式促进了日本的海外旅行。特别是在1964年4月日本人可以自由离开日本之后，海外旅行得到了快速发展。日本国民出国旅游在70年代达到顶峰。

（二）时尚类杂志产生

日本是全球传统印刷媒体的发达国家之一，其杂志业具有庞大的读者市场和稳定的市场需求，形成了遍及全国城乡、多层次的销售网络。1976年，日本著名生活方式杂志 POPEYE 诞生，它的创刊号介绍了 UCLA Style 为代表的美式西海岸风格，这种风格迅速风靡了整个日本。同时期以牛仔、头巾、长卷发为标志的美国盛行的 Folklore 风格，以及代表美式运动风格的 Outdoor Style 和 Surf Style 也在日本盛行。当时有很多日本设计师在国际上崭露头角，但日本本土的潮流文化在这一时期还没有兴起。1970年经法国时尚杂志 ELLE 许可，被称作日本时尚杂志典范的 ANAN 首次出版，它通过记录生活方式的形式向读者推销衣服和配件。1970年3月作为同社一份男性杂志的女性版创刊，当年创下60万份销售纪录，并与日本老字号时尚杂志 Non-No 共同成为女性人气杂志。在杂志介绍的流行服饰中，很多女性被称为"ANAN 族"。到了1999年，日本时尚杂志中面向不同受众所介绍的内容更丰富了，既有针对40至50岁的女性受众群体，也有针对20至30岁的女性受众群体，还包括针对青少年受众群体。

日本杂志业整体而言，传统印刷媒体在经营上精耕细作，根据读者需求设计价格策略与渠道策略，形成了独具特色的营销机制，使之在激烈的媒介竞争中保持活力和长期繁荣。日本杂志业正是凭着比较稳定、成熟的市场和经营机制，尽管受日本经济整体下滑的影响，受到了一定冲击，甚至出现了一些杂志停刊，但整体实力依然强大，总体变化不是很大。

20世纪90年代中期，日本东京开始进入了潮流文化刊物的创刊时代，包括1995年创刊的 *Cool Trans*、*SMART* 以及1996年创刊的 *Ollie*、*Warp*，日本年轻一代对不同的街头文化风格有了更多的选择，90年代的东京街头也呈现出更多不同的可能性。

在新媒体传播渠道中，日本最有影响力的电子杂志，以月刊为主，少量是周刊和双月刊，且一半以上是免费的。日本杂志业呈现出与网络媒体交融发展的一种态势。尤其是在目前杂志业整体不景气的情况下，这可能成为市场突破的一个切入点。根据日本全国出版协会和出版科学研究所的统计，排名前20位的电子杂志，主要以健康美容、女性时尚和娱乐内容为主。号称日本出版业评论第一人的永江朗认为[44]：未来日本的杂志业，必须改变原有的商业模式，面向年轻一代开拓新的读者市场，将销售渠道集中于定期购读，向免费杂志转移。以电子杂志为代表的混合媒体营销，既弥补了杂志的单一媒体在传播方式上的局限性，又可以作为促销手段诱导和强化读者的购买动机。这一杂志营销方式已经收到了很好的市场效果，可以预见在未来会有更大的发展空间。

四、日本时尚本土化对我国的启示

日本将文化产业作为国家的支柱产业，离不开国际化的历史背景。二战之后，百废待兴，倒逼日本将全部精力放在经济建设上。到了20世纪80年代，日本的经济总量已经超过了英国、法国和德国等发达国家，成为了世界第二大经济强国。加之根深蒂固的传统文化与发展观念，有着较强民族自豪感的日本政治家们已不满足于经济强国，欲打造"政治强国"与"文化强国"。自此日本开始深入挖掘本民族的传统文化，吸纳国外优秀文化，积极提升日本在世界上的文化影响力。

相比美国，在消费升级的原因、发展过程等方面，中国与日本有更多相似性。

中日两国在文化、地理、生活习惯等方面十分相似，两国的城市结构也很像，车多道窄，餐厅等商业机构密集，能够给予消费相关的商业模式提供更多的机会。因此，走在世界前列的日本时尚产业无论在生产端还是消费端，以及较为完整的产业模式都有值得我国学习与借鉴的地方。

（一）文化自信

文化自信源于一个国家、一个民族、一个政党对自身文化价值的充分肯定。日本之所以能在世界上大力推行其传统文化和流行文化，与日本人民对本民族文化和价值观发自内心的自信有着密切的关系。对于正在迈向中华民族伟大复兴宏伟目标的中国而言，文化自信是重要的力量支柱和精神基因，坚定文化自信直接关系到国运兴盛、文化安全和民族精神的独立性。培养文化自觉和坚定文化自信也是实现中华文化创新性发展的前提：一方面要求我们对中华文化的地位、作用、发展历程和未来趋势有精准认识，能够主动承担历史责任，自觉传承弘扬中华优秀文化；另一方面在对时代发展潮流和中国特色社会主义伟大实践中，秉持尊重文明多样性和开放包容原则，激活中华优秀文化的生命力，推动中华优秀文化的创造性转化和创新性发展，让中华优秀文化在新的历史条件下获得时代内涵和现代表达方式，从而焕发出独特魅力和文化风采。

（二）继承创新

日本的经验表明，传统文化是软实力的重要资源，利用好传统文化资源有利于提升软实力。中华民族伟大复兴中，文化复兴是其中重要的组成部分。中华民族有五千年的文化历史，是世界上唯一薪火相传生生不息的文明，中华传统文化源远流长、灿烂辉煌，有着丰富的传统文化瑰宝，比如京剧、武术、中医、书法、绘画等等。这些优秀的传统文化是我国最深厚的文化软实力，它涵盖着中华民族的历史积淀和精神追求，具有独特的文化魅力，是世界文化大花园中最为绚丽多彩的一簇。我们有义务也有责任承担中华民族文化复兴的使命。面对新时代文化复兴，我们不能忽视创新中华传统文化，要努力对外展示中华文化独特魅力。

（三）品牌建设

品牌是特定文化、传统、理念、氛围和精神追求长期积淀而成的，是一个企业、民族乃至国家存续与发展的灵魂和精神支柱。时尚产品本身是没有生命力的，企业若只有产品，而没有品牌注定是没有前途的。当今世界的竞争，已经成为品牌和品牌战略构建起来的市场竞争力的大比拼。改革开放数十年持续发展，中国已经从富起来向强起来迈进，必须在坚定中国传统文化自信的前提下，加大投入，兼收并蓄，坚持不懈地加强品牌建设，要借助媒体力量大踏步走向国际市场，形成品牌效应。要善于运用数字技术和新媒体等新兴手段，更快更便捷地助推民族品牌走向世界，提高时尚市场话语权，提升中国国际地位。

(四)传播体系

日本在时尚传播中与新的传播技术相结合,充分运用新媒体传播新技术大力传播日本的时尚文化,可以说,传播体系在日本时尚产业发展中功不可没。如今时尚传播媒介多样化,我们要高度重视、科学分析时尚产业发展中传播体系建设的相关问题,扬长避短,取长补短,合理、综合并充分地运用多种传媒方式,善于融汇传统传播媒介与新媒体传播媒介,从而更好地发挥媒介在品牌建设乃至整个时尚产业发展中的作用。

第五节　中国时尚话语系统

经过数十年的发展,中国经济贡献率中消费的占比2018年提高到了76.2%[45],消费逐渐从大众化消费迈向中高端消费[46]。随着消费升级的不断加快,时尚消费将成为拉动中国经济的一个新引擎,然而受西方文化等因素影响,时尚消费外流现象日益严重,从2014年始,每年都有超万亿人民币的消费额外流,购物消费占到50%以上[47],其中不乏是服装鞋帽、箱包、化妆品等时尚消费品。即便是国内市场也到处充斥着外来时尚品牌,严重挤占民族品牌的发展空间。长期以来我国一些时尚人士、时尚媒体在利益的驱动下充当代理人、代言人,站在西式基础构建的时尚话语体系之上,一味推崇西方的时尚价值观,有意无意地打压民族产业。这种现象不仅严重影响了中国时尚产业的发展,也与不断提升综合国力的中国现状及倡导坚定文化自信的新时代严重背离。

新时代的中国时尚产业发展,亟须构建与之相适应的时尚话语系统。要在国际时尚产业界发出响亮的中国声音,彻底扭转西方时尚界长期独霸时尚话语权的局面。要重视借鉴世界五大时尚之都的发展经验,源于中国文化的内生性、多元文化的交互交融创新转化,注重以时代精神为背景提炼民族特色的语言与符号,基于现代生活的发展积极融汇各种要素,紧紧把握品牌创新文化生态、设计创新文化生态和大众媒体文化生态等三大方面,全力打造具有中国时代精神的时尚文化理念和时尚传播传媒体系。

一、时尚语汇的由来和意义

(一)一般语汇

语言的演变原因多种多样,结果错综复杂。[48]。话语与社会密不可分,话语由社会的结构构建而成,社会结构制约话语,在意义上,话语说明社会、组织社会[49]。约定俗成的语言有些虽然不合逻辑或不合理,但由于使用者的广泛,最终被接收成为正当流行词汇而记入词典。诸如春节联欢晚会,透过小品、歌唱等节目传递出的新生词汇,各类节目中采用的日常生活中流行的诙谐与谐音词汇,自媒体广泛出现并被受众认可的新造词汇,尤其是互联网带来了各式各样的网络语言等等。网络词语可以是新兴词汇或新兴词语的组成,也是语汇的延伸。新兴词汇或新兴词语研究离不开网络词语的产生[50]。

(二)时尚与语汇

没有语言,时尚本身就不会存在,语言可以定义时尚,这并不是说服装的功能就像语言[51]或者说时尚它本身就是一种语言[52],只是使用语言将服装转化为时尚,特别是通过语言阐述其"品味"的内涵。语言有时代性、时尚性。语言的时代性让语言时髦,人们自觉或不自觉地模仿时髦的事物,在模仿的过程中让语言得以广泛地复制,大面积地传播;语言时尚性符合人们崇尚、求异的心理。时尚源于变化[53],国际时尚话语大多来自于时尚之都的自上而下传播以及它们对"时尚"和"不时髦"的定义,这使得时尚话语与其他评价或"美学"话语相区别。

世界五大时尚之都的时装发布会、时装周是典型的时尚领头军。时尚媒体通过各种媒介传播时尚,为时尚消费提供变化因素,让世界快速了解到时尚前沿、捕捉时尚信息、拉近与时尚的距离。国内时尚话语一直深受国际话语影响,但每一种新事物对其领域的引进、推广或创新,必定会走上国家或民族本土化道路[54]。对于外来时尚,我们既要保留也要创新。与世界沟通,首先要与世界建立话语关系,通过不同的话语体系建设来对不同人群做出不同的影响,确立自身的话语地位,同时也产生与话语相关的形成机制。因此,中国时尚产业发展进程中,在全球范围内谋得时尚话语权具有非常突出的现实意义。

(三)时尚语汇的传播

在全球文化的传播和交际中,时尚话语成为时代进步的一大标志[56]。外来时尚文化对中国的影响不容小觑。

中国时尚刊物中汉英语汇转码中有修辞法、填补空白法、心理触动法、省略法四个特征[55]。外来时尚语汇的传播,首先就要求外来时尚语的翻译必须与时俱进。时尚话语的翻译者要熟知两种语言,能够把握时代动脉,必须具有扎实的语言文字功底、丰富的想象力及创造力。外来时尚语汇进入中国主要翻译法为直译、意译、音译三种方法。例如 MARY JANE SHOES(玛丽珍鞋)、COOL(酷)、JAZZ(爵士乐)、FAN(爱好者)等外国语言直译中文命名,MOBILE

PHONE（手机）、DIAMOND（钻石）、BOSS（老板）等意译法翻译词汇，以及YAHOO（雅虎）、COCACOLA（可口可乐）、SHAMPOO（香波）音译过来的词汇。时尚是国际化的，时尚是被交流的、被传播的。随着新媒体时代的到来，时尚的传播已经不同于以往简单的报纸及杂志传递时尚，时尚传播的速度更为迅速敏捷。新技术、新现象和新理论的不断出现，衍生出更多的新名词。新名词的出现具有时代精神，让人有一种走在时代前沿的感觉，这就要求翻译者必须紧跟时代潮流，把握事物本质特征，做出精准的信息传递。

外来时尚语汇的传播者必须充分了解与认识不同国家、民族的文明，掌握彼此文明的差异性。全球化信息时代，随着文化交流及信息传播手段越来越现代化，各个国家的语言相互影响。但不同的国家有明显的语汇文化差异，人们对于时尚话语的认识了解、审美质量和思维想象方式等诸多方面也存在差异。同时，中西方文化的差异使得时尚话语中的价值观念、思维方式和语言联想等方面也存在着差异。因而，传播者要充分认识到，时尚设计的语境应包括与环境、市场和社会的周围关系；不仅仅只包括周围关系的物理环境，还应包括此时周围的文化环境，从最初概念的形成到最终流通到消费者的使用、反馈过程始终都受到一定的社会文化语境背景的影响[57]。

二、提高中国国际时尚话语权的发展基础

从学理层面来看，很容易把话语体系建设理解为话语本身，但话语体系其实依托于社会实践[58]。坚定文化自信，不等于已经文化自信与自觉。文化是文明的基础，文明进步离不开文化的支撑。提高中国国际时尚话语权的前提，在于不断提高中国民族时尚产业的硬实力和软实力。在不断壮大时尚产业规模、形成产业规模效应的同时，必须注重时尚产品的原创性、创造性、民族性和美学思想，全力打造具有国际影响力和引导力的时尚品牌。提高中国国际时尚话语权不可能逞一时之功，需要长期不懈的实践层面的建设，要在提质增效上下功夫，潜心研究不断全面创新出成效。而全面创新的实践在于创新意识的觉醒，创新意识受制于创新文化，这就要求中国时尚产业必须打造创新文化生态体系。创新文化生态是真正的软实力，具有强大的导向力、吸引力和效仿力，是中国时尚产业发展、提升国际时尚话语权的强大推动力。借鉴世界五大时尚之都的发展经验，我们要着力从三大方面去推进创新文化生态建设的基础建设。

（一）品牌创新文化生态建设

品牌是消费者或市场对特定企业、企业的产品和产品系列、企业文化和售后

服务等等一种综合的评价、认知和确认。品牌是特定商品的综合品质与价值,产品本身没有价值,只有市场和消费者确认并接受产品的品牌文化,产品才具有远超出自身固有成本的最大价值。企业不断推出产品,随着做大做强,不断从低附加值向高附加值升级,不断创造时尚、培育文化,自然也就打造了企业的品牌。显然,品牌的创建是一个系统工程。

时尚消费的现代性与品牌联系紧密,品牌是载体,时尚消费的符号性、文化价值取向、个性化消费体验等通过品牌来实现,同样时尚话语随品牌而行。作为消费结构升级的后发国家,我国时尚产业与发达国家存在差距,尤其在品牌文化积淀等方面,难以满足国际化、多样化、精品化的国内高端时尚消费的要求。

中国要提高国际时尚话语权,必须强化民族品牌的创建意识。要全面加强具有高质量发展之基、中国文化之源的时尚品牌创新文化生态建设,研究建立根植于中国文化的民族品牌创新体系。聚焦全球时尚产业的大调整和大变局之势,抓住中国时尚产业发展新的战略机遇和挑战,努力形成新的文化版图,为提高中国国际时尚话语权奠定基础。

(二)设计创新文化生态建设

时尚消费的新奇性和时效性决定着设计创新的重要性,设计创新堪称时尚产业的生命线,是时尚品牌不老的灵魂。设计创新根植于设计创新文化生态,需要设计者具有强烈的创新意识和开阔的视野,积极发挥主观能动性,最大程度地调动设计技能和技法,广泛采用最新的技术原理、技术手段,全力开发出紧跟时代潮流并能引领潮流的,具有独特魅力和美感的"新、奇、异、特"产品,从而形成自己的独特优势和市场竞争力。显然,只有不断设计创新,才能不断提高产品的质量,形成企业独特的品牌优势;只有不断设计创新,才能不断调整产品结构,实施多样化、系列化的品牌战略;只有不断设计创新,才能在激烈的市场竞争中永远立于不败之地,进而提高品牌的话语权。

与世界五大时尚之都相比,中国时尚产业在优秀传统文化传承以及设计技术创新方面存在较大的差距。时尚设计创新文化生态环境受制于多种因素,有根植于中国文化又具有多元文化的国际视野,还有文化创新转化的技能和匠心的人才结构;有行业自律避免低价同质恶性竞争而抑制创新导致产业在中低端徘徊的现状,还有避免仿冒抄袭等严苛的时尚设计创新知识产权保护法律法规及行业规则的惩处。

处在中华民族伟大复兴的新时代,中国文化尤其是优秀传统文化正逐渐站上世界舞台的中央。中国时尚产业要提高国际时尚话语权,必须加强设计创新文化生态建设。设计创新文化生态建设,要坚持两手抓两手硬,一方面狠抓制度建设,在不断加强知识产权保护的同时,不断完善专业设计人员队伍建设和鼓励专业设计人员创新设计积极性的规章与制度,严厉打击各种违法违规行为。另一方面要狠抓宣传教育,不断提高人们的综合素质,不断强化设计创新的意识和技能,充分调动从业人员设计创新的自觉性与积极性,努力开创具有中华优秀文化传统,又有时代特色、充满活力的时尚设计创新局面,这是中国时尚产业谋取更多国际话语权的关键。

(三)大众媒体文化生态建设

时尚消费也是一种文化消费现象,时尚消费蕴含文化向度。在时尚消费中,文化的价值认同起着重要作用。大众传播是时尚的引领者,大众媒体的文化传播深刻地影响着人们的文化价值观和文化消费观,西方文化输出正在逐渐脱离纯粹文化意味和文化形式并以泛时尚化包装呈现。时尚媒体的造势更直接地牵引着时尚消费变化的敏感度。

中国要提高国际时尚话语权,同样要注重大众媒体文化生态建设,要努力讲好中国故事。学习领会习近平总书记2019年3月16日在《求是》杂志发表的《加快推动媒体融合发展 构建全媒体传播格局》一文的重要文章精神,构建富有感染力、传播力和影响力的中国特色的时尚语汇谱,营造公民及世界崇尚中国文化价值的氛围,创新对外话语表达方式,打造融通中外的新概念新范畴新表述,增强文化传播亲和力。

三、建立中国话语系统下时尚语汇谱的基本构想

(一)基于中国文化内生性而产生

语言的形成离不开文化的内生性。一个国家的语言形成、一个地区的方言产生、互联网时代下的网络语生成,可以说都是由自身文化环境内生性决定的。不同国家和民族有不同的文化传统和语言特色,中国传统文化博大精深、源远流长,构建中国话语系统下的时尚语汇谱首先基于中国文化的内生性,它必然承载中国传统文化,包括术语概念等纯粹的表达性的内容,富有中国特色的民族观念、价值取向及意识形态。传统文化是数千年客观存在的历史所形成的文化形态,积淀着中华民族最深层的精神追求,是老祖宗留下来的宝贵的精神财富,它具有鲜明的民族特色,同时为全民族所广泛接受和喜闻乐见的,并在全民族中传承、弘扬、发展、丰富,具有广泛的群众基础,可以说,中国传统文化是中国话语系统的根基。所以建立中国话语系统下时尚语汇谱必须深深扎根于中国传统文

化,必须建立在对传统文化的保护弘扬、传承发展的基础上,也就是必须保护好中国文化的根脉,否则就成了无源之水、无根之木。换言之,一个主系统受其自身内部因素的影响,就可以称其具备内生性。从"内生性"的产生到发展的过程就是内生性表征的演进过程组合的结果[59]。基于中国传统文化内生性构建中国话语权的时尚语汇谱,当然不是说天然地就会自然形成,而是基于内生性,在民族性和大众性的固有属性同时,立足文化创新,赋予其时代性和科学性。

(二)基于多元文化的交互交融转换而产生

交流互鉴是文明发展的本质要求。构建中国话语系统下时尚语汇谱必须秉持开放、包容的心态。中华文明产生于中国大地,也是在与外来文明不断交流互鉴的过程中逐渐丰富、成熟、壮大的。构建中国话语系统下时尚语汇谱,要基于多元文化的交互交融转换而产生,就是强调大胆吸收外来文化,主动借鉴学习国外有益文化的精髓,善于融通国外有益的思想文化资源,大胆吸收借鉴一切优秀文明成果,为不断铸就中华文化新辉煌源源不断地提供养料和活力。吸取外来先进文化与发展多元文化对构建中国话语系统下时尚语汇谱来说既是机遇又是挑战。改变"西话主导"现象并不是要拒绝外来文化和文明成果,既不能一味地认为西方的就是最好的,但同时要坚决摒弃心胸狭隘的排外主义和妄自尊大的自我中心主义,以兼收并蓄、海纳百川的胸怀,在吸取西方时尚的同时融合中国自身文化,中西方文化相互融合,以我为主,相互转化,碰撞出时尚的火花。在"各美其美"前提下,实现"美人之美,美美与共"。文化是一个国家民族的精神实质和价值观,是一个国家独有的。面对多元化,要做到文化的交互交融并且转换后走向时尚本土化,借鉴二战后由日本杂志社发起的日本成功的时尚本土化发展经验。语言的交互是各种动态表现和多元化的融合现象,在中西方文化碰撞中,相互协调、融合、调整而后再协调,从而积累沉淀成符合当下环境的话语体系抑或语汇谱[60]。在多元文化交互交融中文化的表征、时尚的表现形式、时尚信息的提供者、文化交融中直面碰触的内容是我们构建时尚语汇谱最为重要的内容。

(三)基于时代精神走向而产生

时代精神作为时代不断发展中的产物,是体现民族特质、顺应时代发展潮流的思想观念、行为方式、价值取向、精神风貌和社会风尚的总和,是激励一个民族振兴的强大精神动力。时代精神首先总是从一定阶级的广大群众的心理状态、感情活动、愿望与要求中自发地表现出来的[61]。以改革创新为核心的时代精神和以爱国主义为核心的民族精神交相辉映,为伟大的"中国精神"注入了崭新的时代元素,深刻地影响着新时代中国特色社会主义发展,融入了新时代中国人民现实生活的方方面面,构成了提振人们坚定文化自信和实现中华民族伟大复兴雄心的底色。事物总是不断发展的,社会因发展而进步,时代因发展而绚烂,时尚产业同样如此。时尚要立足当下,切合时代发展需求,紧跟时代发展的潮流。构建中国话语系统下时尚语汇谱,必须基于中国改革创新的时代精神,把握机遇,与时俱进,大力弘扬改革创新精神,始终秉持借鉴、学习、转化、创新的态度,坚定文化自信,保持耐力与定力,运用符合时代精神走向、合乎时尚潮流发展的语言规范和表达方式来构建时尚语汇谱的基本形态。国潮品牌李宁持"我们的目标是做有国际影响力的中国运动时尚品牌"的口号顺应时代精神,在中国运动品牌中转型升级,一跃而起,将品牌中国元素运用淋漓尽致,刮起一阵国潮风,这应该成为中国时尚产业语言的风向标。时代精神作为引领者,在构建中国话语系统下时尚语汇谱中扮演着重要角色。

(四)基于现代生活的发展变化提炼而产生

语言为社会交流提供工具,社会为语言发展提供要素。语言与社会是互相推动、互相促进、互相作用、互相制约和互相发展的,话语的构建离不开社会生活。时尚不仅产生于传统文化,也来自于社会发展的推动。话语体系要想形成并在社会中存在,必须接受社会的考验,被社会广泛传播,在社会发展中得以运用才能够产生自身的影响,从而具有这种话语体系存在的意义[62]。构建中国话语系统下时尚语汇谱,自然要顺应当下社会发展变化,紧跟时代的步伐,一方面当社会生活中出现了新的事物和新的现象,随之出现相应的指称语言时,要结合当下并且给予简单明了的解释,另一方面对原有事物,随着社会发展和科学进步,人们的认识发生变化,原有指称的语言意义发生了相应变化,要运用精准、通俗的语言做出解读,避免生硬、偏僻的话语,所有这些新生的语言要适时纳入语汇谱中。中国话语系统下时尚语汇谱,既要拥有中国文化又贴切社会生活,让人们接受时尚,传播时尚。在时尚领域中,时装可以反映时尚并且传播时尚文化。社会不断进步,服饰性别差异慢慢消减,女性服饰风格趋向于更大的自由,更具个性化[63]。当下流行服饰中不分性别的中性风、具有中国时代特色的国潮风等都是自由与个性化的表现。在发展变迁的社会中,时尚蕴含着深厚的文化符号。最初以时尚面貌出现的社会现象,最后以文化的内容纳入文化的范畴,成为"时尚文化"。在现代生活中时尚也是不断变化的,现代生活的发展变化是我们时尚语汇谱的基本来源。比如在时尚产业中,积极推动时装品牌的创新创业,网络购物逐渐深入人心,国内最大销售平台淘宝网不断兴起一大批新生品牌,"红人馆"

"新势力""极有家""口碑生活"等新兴词汇的出现正是现代生活发展变化中提炼产生的。

（五）基于大众媒体传播而巩固

时尚文化最重要的是传播。社会的不断更新发展，时尚依靠媒体的广泛传播，时尚文化逐渐形成并扩展[64]。时尚语汇的生成需要有记录载体，更需要传播推广而巩固并不断更新，担当重任的首推大众媒体，它们是向导、前哨和口舌。新媒体时代的到来，微信公众号、微博、网站等能够快速、便利、有效地传播时尚，扩大时尚的传播速度、范围以及影响力。大众传媒中时尚杂志是最典型的时尚传媒方式，也是最有效的时尚语汇传播途径。网络的便利让时尚杂志找到了新的突破口，它将传统的书籍大规模移植到网络，通过微信公众号、微博推广平台、电子杂志、手机应用程序等方式进行时尚传播。时尚网站、时尚品牌还推出自己的手机应用程序。新传播技术环境下，时尚领域中的传播媒介既是时尚信息的承载者，也是时尚元素的制造者；既是时尚趋势的引导者，更是时尚消费的推动者；既是时尚生产的批判者也是时尚文化的记录者[65]。社交网络媒体中出现的"网红带货""明星带货"现象，正是在传播中时尚不断地被巩固、频繁地被应用的表现。

当今国际时尚话语体系中"西强我弱"的态势依旧存在，国际传播中中国特色时尚话语的影响力、引导力还不够强大，与我国的大国地位及飞速发展的时尚产业不相匹配。新时代中国特色社会主义不断向前推进，我们在不断提炼和总结、创造性地建设中国时尚话语体系语汇谱的过程中，在全球化政治经济文化的交互交融交锋中，决不能忽视大众传媒的影响力与重要性。

在做好中国自己的事情中，时尚产业及相关从业者必须以坚定文化自信为统领，扎实推进时尚产业的高质量发展，将中国文化贯穿于品牌创新、设计创新的始终，时尚教育、时尚人士和大众媒体要自信自觉、切实担当起建设中国时尚话语体系的历史引领作用，聚集有生力量，全力打造中国话语系统下的时尚语汇谱赖以生存和发展的文化生态环境和社会形成机制。

● 参考文献

[1]徐丽娟.中日传统文化传播现状的考察[D].北京:北方工业大学,2018.
[2]顾佳薇.日本文化软实力的发展经验及其对中国的启示[D].南昌:江西理工大学,2018.
[3]李焕超,牛立忠.日本文化对外传播的战略与启示[J].国际公关,2019

(5):224.

[4]雷霆.文化合作:法国对外文化传播的突围之策[J].法国研究,2016(2):1-9.

[5]徐升国,闫云霞.中国时尚类期刊图谱[J].传媒,2008(10):24-26.

[6]刘音.传统电视媒体与网络视频产业的融合之策[J].新闻爱好者,2020(7):72-74.

[7]苏状,陈中雨.试论时尚传播中的媒介功能——以新媒介技术下的网络时尚传播为例[J].新闻爱好者,2014,438(6):36-41.

[8]胡姝雅薇.浅析媒介对于文化传播的重要作用[J].大众文艺,2019(2):169-170.

[9]杨振强.基于SWOT分析的传统媒体行业发展道路[J].传媒论坛,2020,3(24):9-10+2.

[10]陈晓平.现代启蒙先发声[EB/OL].http://www.gzzxws.gov.cn/wszm/wspl/201208/t20120808_29208.htm.

[11]张国辉.女性时尚杂志的文化传播使命[D].河南大学,2008.

[12]杨冬梅.文化自信视域下中国影视文化传播的问题和出路[J].吉林工程技术师范学院学报,2019,35(11):52-54.

[13]史睿.跨文化传播下的中国影视现状分析[J].青年记者,2018(20):70-71.

[14]于德山.当代电视的"知识"传播与媒介文化生态[J].中国电视,2011(3):57-61.

[15]赵春华.时尚传播学[M].北京:中国纺织出版社,2018:20-21.

[16]朱星辰,黄倩荣.浅论中国传统音乐在综艺节目中的应用及其文化传承[J].中国电视,2019(9):41-44.

[17]李炜.电视综艺对中华优秀传统文化的创新传承与传播——文化类电视综艺节目《上新了·故宫》评析[J].中国电视,2019(6):38-43.

[18]卢李.慢综艺节目中的文化符号和文化传播——以《中餐厅》与《尹食堂》为例[J].新媒体研究,2019,5(8):114-118+135.

[19]孟伟.竞合、智媒:2017新广播新征程[J].中国广播电视学刊,2018(3):11-17.

[20]李捷.当前美剧在中国的网络传播研究[D].哈尔滨:黑龙江大学,2016.

[21]朱恺勋,邵敏.论热播网剧中对中国传统文化传播的意义——以网剧《古董局中局》为例[J].大众文艺,2019(10):157-158.

[22]于宁宁.近代中国文化传播媒介的变迁与发展探析[J].中国报业,2012(2):144-145.

[23]中国纸质网报纸媒体的形态电子报纸的发展方向未来媒体与报业未来的想象[EB/OL].http://www.chinapaper.net/jjnews/show-862.html.

[24]刘怡,陈玮,李静.新媒体环境中传统媒体的转型发展[J].新媒体与社会,2015(2):40-57.

[25]彭兰.从新一代电子报刊看媒介融合走向[J].国际新闻界,2006(7).

[26]戚丽敏.媒体融合背景下广播电台文化活动模式的研究[D].长春:东北师范大学,2017.

[27]初晓慧,张映兰.消费文化语境下的媒体经营与消费文化传播[J].新闻世界,2014(8):334-335.

[28]王军.简述新媒体对大众消费的影响[J].新闻传播,2014(3):21.

[29]初晓慧,张映兰.消费文化语境下的媒体经营与消费文化传播[J].新闻世界,2014(8):334-335.

[30]卞向阳,陆立钧,徐惠华.民国时期上海报刊中的服饰时尚信息[J].福州大学学报(哲学社会科学版),2009,23(1):85-91.

[31]李娟.时尚杂志的传播特点与发展趋势[J].青年记者,2017,565(17):61-62.

[32]杨榕刘.我国时尚类电视节目研究[D].兰州:兰州财经大学,2019.

[33]薛雨菲.全媒体时代我国时尚媒体需求侧分析及发展策略研究——以《时尚芭莎》为例[J].新媒体研究,2019,5(11):97-98.

[34]赵玉文.中外时装周运营模式对比研究[D].武汉:武汉纺织大学,2017.

[35]原兴倩.时装周与时尚之都发展的耦合演进关系研究[D].青岛:青岛大学,2016.

[36]陈彤旭.文化地理视阈下的青年时尚街区[J].中国青年研究,2013(1):88-92.

[37]付孟捷.千变万化的建筑表情—浅谈建筑与时尚的关系[J].文艺生活.2014(6)34-35.

[38]华夏建筑艺术:2018米兰时装周,这些鱼时尚有关的建筑你看了吗?[EB/OL].http://www.360doc.com/content/18/0520/12/41034980_755426877.shtml,2018-05-20.

[39]费雯俪.从"网红"效应透视时尚传播的演进[J].新闻爱好者,2018(3):76-78.

[40]刘霜.服饰时尚在社交媒体的传播研究[J].互联网天地,2019(5):36-45.

[41]朱雨诺.浅析新媒体背景下的微博公益传播——以芭莎公益为例[J].新闻

传播,2018(13):52-53.

[42]陈文晖,王婧倩,李德亮.日本时尚产业发展探析[J].FashionChina,2018(9):195-201.

[43]Kyoko Koma. 2011. Acculturation of French fashion in Japan after World War II: Fashion as a device constructing identity ACTA ORIENTALIA VILNENSIA 12.1(2011):63-77.

[44]刘强.日本杂志业发展模式研究[J].中国编辑研究,2014:587-596.

[45]2019政府工作报告.

[46]洪涛,郤红梅.新时代消费升级的中国时尚消费[J].消费经济,2018,34(2):28-36.

[47]国家商务部统计、世界旅游城市联合会统计,2014—2018.

[48]丁崇明.语言演变的过程模式[J].北京师范大学学报(人文社会科学版),2001(6):128-132.

[49][英]费尔克拉夫.话语与社会变迁[M].银晓蓉,译.北京:华夏出版社,2003.

[50]于根元.应用语言学的历史及理论[M].北京:商务印书馆,2009:259.

[51]Bogatyrev, Peter. 1976[1936]. "Costume as a Sign." In L. Matejka and I. Titunik(eds)Semiotics of Art: Prague School Contributions,pp. 13-19. Cambridge, MA: MIT Press.

[52]Maramotti, Luigi. 2000. "Connecting Creativity." In N. White and I. Griffiths(eds) The Fashion Business: Theory, Practice, Image, pp. 91-102. Oxford: Berg.

[53]Brian Moeran 2004 A Japanese Discourse of Fashion and Taste,Fashion Theory, 8:1,35-62

[54]Parkin, David. 1978. The Cultural Definition of Political Response. London: Academic Press.

[55]孙岩.中国时尚刊物中汉英语码转换特征的研究[D].长春:东北师范大学,2013.

[56]徐张.从跨文化交际的视角透视时尚语的翻译[J].连云港职业技术学院学报,2008(3):57-59.

[57]武文君.时尚语境下的现代首饰设计研究[D].无锡:江南大学,2015.

[58]刘毅.孙有中:中国话语体系建设任重而道远[EB/OL]. http://www.chinatoday. com. cn/chinese/sz/sd/201712/t20171204_800111430. html,

2017-12-04.

[59]上官剑,李海萍."外生性"与"内生性":中西方大学起源之比较[J].高等教育研究,2007(6):87-91.

[60]Will Baker. Culture and complexity through English as a lingua franca: rethinking competences and pedagogy in ELT[J]. Journal of English as a Lingua Franca, 2015,4(1).

[61]何国瑞.绝不容许阉割时代精神的革命含义[J].江汉学报,1964(9):38-44.

[62]全林远.话语体系构建之首要:明确核心目标[J].人民论坛·学术前沿,2012(11):18-22.

[63]孙虹,苏祝清.女性主体地位嬗变与服饰文化转型研究[J].纺织学报,2012,33(12):70-74.

[64]肖彬,高杰.时尚力量之于现代生活时装发布会与时尚文化传播[J].纺织服装周刊,2015(21):50-51.

[65]钱竹.时尚传媒的时代变迁[N].中国服饰报,2018-08-31(009)

第五章 时尚消费与营商环境

营商环境是指市场主体在准入、生产经营、退出等过程中涉及的有关外部因素和条件的总和,主要包括了经济政策、政府服务、法治体系、市场体系、要素供给与资源等,是对于一个地区投资吸引力和可持续发展极为重要的客观条件。时尚消费的发展离不开好的营商环境,良好的营商环境能够为时尚消费带来正面的影响以及正确的发展方向。

客观、科学分析国内外营商环境现状,学习并借鉴国外成功经验,创新与完善营商环境建设,优化本土营商环境协同机制等,必然极大促进中国特色时尚产业发展。

第一节 我国营商环境现状分析

营商环境的评价最早出现在1968年《国际商业安排的概念构架》一文中,美国学者依西阿·里特法克和彼得·班廷提出了评价投资环境的"冷热分析法",从政治稳定性、市场机会、经济成长状况、文化一元化程度、法令性障碍、实质性障碍、地理及文化的差异七个投资环境因素,对投资国进行评价,并由"热"(投资环境优良)到"冷"(投资环境不佳)逐一排序[1]。此后,美国学者斯托博构建了一套以资本外调、外商股权、歧视和管制、货物稳定性、政治稳定性给予关税保护的意愿、当地资金的可供程度、近五年的通货膨胀等八个指标建立营商环境的"等级尺度法"[2]。而目前全球最著名并通用的营商环境评价体系则是世界银行的《营商环境报告》,共选取十个评价指标:开办企业、申请建筑许可、获得电力供应、注册财产、获得信贷、投资者保护、缴纳税款、跨境贸易、合同执行和办理破产。

营商环境是一个国家或有效开展国际交流与合作、参与国际竞争的重要依托,包括政治要素、社会要素、经济要素和法律要素等方面,是涉及众多领域的系统工程。营商环境直接影响着招商引资工作,影响着区域内企业的经营发展,也必然影响地区的经济发展、财税收入和社会就业等状况。良好的营商环境是一个国家或者地区经济软实力的重要体现,也是提高其综合竞争力的重要因素。优化营商环境,有助于持续激发市场活力和社会创造力。营商环境如何,不可避免地影响着一个国家、城市的时尚产业发展,毕竟时尚消费的高低与城市的发展程度是成正比的,诸如伦敦、纽约、巴黎、米兰四个老牌时尚产业发达的城市,以及后期加入的东京,我们称之为"五大时尚之都",之所以时尚产业发达,除去其他因素,良好的营商环境是不可或缺的。近年来,我国经济结构不断优化升级,由过去30多年年均接近两位数的高速增长向7%左右的中高速增长转换,经济增长的动力也由要素驱动、投资驱动向创新驱动转换[3]。越来越多的主政者们已经意识到,哪里营商环境好,人才就会往哪里走,资金也就往哪里流动,项目就在哪里落地。而建设一流的营商环境,前提是要了解本地营商环境的现状,要结合当前经济形势,从我国政策环境、要素环境、政务环境、法治环境、贸易环境及投资环境等六个块面进行全面综合科学地分析。

一、营商政策环境

政策环境,是指政策生成、运行、发生作用的过程中一切条件的总和,具有复杂多样性、差异性、动态性和不可复制性。

政策环境是营商环境的重中之重,是良好营商环境的前置条件和依据。改革开放数十年的发展,我国在建立和完善营商环境建设的政策体系,建立和健全科学精准的政策评估体系,建立常态化的政企沟通联系机制,以及制定惠企政策等诸多方面都取得了显著的成果,极大地促进了营商环境的建设,推动了经济的发展和社会的进步。但是不可否认的是,当下我国营商环境中的政策落地层面仍存在不少短板。

(一)针对性配套政策不尽完善

政策执行力作为影响政策环境的关键,决定着政策的成败。如果不能有效执行、落实或者不能高效率执行,最好的政策都将成为空话,失去影响力和作用力。我国营商环境政策通常站在全国性角度出发,提出的往往是一些原则性的政策,然而少有地方政府依照该政策制定出针对本地区的发展特点的、具有实际操作性的实施准则。在面向全国性的政策得到相对完善时,地方性政策却没有同步配套完善,这就好比有了框架而没有内容,致使政策难以实际落地,难以真正为营商环境提供更好的帮助。

在现行的全国性政策框架下,中国划分为发达地区、欠发达地区以及省交界特殊地区。对于发达地区,促进其发挥地方优势、调整结构、优化,实现高质量发展;对于欠发达地区,化解其劣势,实现绿色发展、可持续发展,增强内生动力;对于省交界类的特殊地区,突破地区行政分割,加大协调力度。根据这样的划分制定了相应的原则性框架性政策。但从具体操作层面来看,实际上即便被分为同一等级地区,每座城市仍有不同的发展问题,即使在京津冀、长三角、粤港澳大湾区等普遍意义上被视作发达地区的东部沿海地区,事实上也并不是所有地方都是发达地区。需要因地制宜,制定针对性、差异性的政策。作为发达地区的欠发达地段,如何科学分析自身特定并利用好邻近发达地段的优势,追赶发达地区的平均水平,这就需要在发达地区的政策下制定特殊的、有针对性的政策,从而真正发挥政策的导向力和作用力。同样的,欠发达地区也并非所有地区都欠发达,国家对于欠发达地区的重点支持也应该突出支持的重点,遍地开花劳损大,齐头并进实现难。我国存在的五省、四省交界地区以及较多的三省交界地区,多是落后地区,存在诸多问题,离开了特殊性、针对性和个性化的政策,最终难以真正解决问题,国家期望性的政策难以收到实效。

(二)政策执行力不足

政策执行力不足主要表现为政策与经济活动对接不到位、相关职能部门和管理人员不作为等。这些问题在我国营商环境现状与优化过程中较为常见,包括部分执行机构职责不清、权限不明、角色定位不准、责任不明、无人负责、无人问责,也有些是职能部门或工作人员无法作为、逃避作为,甚至是直接不执行、乱执行、慢执行、虚假执行、被动执行。当政策与经济活动对接不到位或者脱节时,政策就无法对企业、对真实的市场产生有效帮助,政策会成为无用的说辞,营商环境难优化,社会创造力难提高,也就是政策空转。相关职能部门或人员不作为,企业则无法及时地获知相关政策并及时制定对策,或者企业无法享受到政策的优惠并作用于经济活动,市场结构优化升级也会面临停滞。

政策执行力作为优化营商环境中连接每个步骤的存在,是优良营商环境形成的连接线,是极为重要的关键节点。提高政策执行力一方面要优化政策影响力,另一方面需要强化工作人员的责任心。

(三)企业申报补贴、优惠成本大

为发展市场,提升市场活力,我国现阶段推出较多企业优惠和补贴政策,鼓励创新创业。但是申报补贴或优惠的实际操作中,企业需要极大的人力、物力和时间成本来准备审批所需要的证明材料,这也就印证了申请优惠时性价比过低的说法。最终导致大量中小企业因为申报成本过大而放弃享受经济政策补贴或者优惠政策等,无法全面发挥其促进经济发展的积极作用[4]。

拿申报补贴方面展开来说,政府补贴给企业资金,需要企业申请政府项目。不同级别不同类别不同科目补助金额不同。其中,项目级别主要有国家级与省级(地市级的补贴项目较少);项目类别包括农业类、工业类、电子商务类、卫生类、培训类、科技创新型等,其中农业类与科技类最多;项目报表科目分为资产性补贴、费用性补贴和销售定额补贴。虽然项目不同,但填报提供的材料却类似,如基础资料、报表、可研报告等。凡申报项目皆有一个上会过程,厅级机构会请专家评审提交资料的符合性并核定补贴金额。核定成功之后,申请的补贴资金才会一级一级拨付下来,同时规定资金的管理办法。然而事情并未结束,资料申请通过后的企业会有审计部门进行项目验收,即查账。项目验收过程按照资金管理标准验收,需检查资金的使用款项,如企业购进的设备、材料要有相应的合同发票支付凭证。其中费用性补贴与销售定额补贴没有相应的资金管理标准,那么一般由区县审计局和经办部门过来查阅资料,或者委托第三方机构审计,进行项目验收。从项目报批到验收,其间所耗费的人力物力和时间成本难以计数,因此申报虽门槛低但是缓慢烦琐的流程容易导致企业在拿到补贴之时,申请的企业项目可能已经错过了最佳时机,这是大多数放弃申报补贴的企业的关键原因。

在优化营商环境的建设中,不能忽视了企业申报补贴和惠企项目成本过高的问题,要让好的政策真正落地,好事办好,才能让企业感受到温度,体会到关怀,这是良好营商环境的润滑剂和不可或缺的要素。政府相关部门要梳理公布惠企政策清单,根据企业所属行业、规模等主动精准推送政策,实行政策兑现"落实到人"。进一步优化机制,"一网集成",通过政府部门信息共享,推行惠企政策"免申即享"等方式,实现符合条件的企业免予申报、直接享受政策。对确需企业提出申请的惠企政策,要合理设置并公开申请条件,简化申报手续,加快实现一次申报、全程网办、快速兑现。

(四)政策透明度欠缺

透明度原则源自世贸组织对于成员方所实施的与国家贸易有关的法令、条例、司法判决、行政决定都必须公布,使各成员方及贸易商熟悉的一个原则。一成员方政府与另一成员方政府所缔结的影响国家贸易的协定必须公布,防止成员方之间不公平的贸易,从而造成对其他成员方的歧视。相应的,政策透明度即政府所行政策之于市场中的人群都应公布、有章可循。

2018年,中国营商环境的国际排名大幅度提升,主要得益于我国政府政策透明度的提高。作为政务公开的重要环节,政府信息公开旨在保障不同市场主体依法获取政府信息的权利,提高政府工作的透明度,是建设法治政府的必然要求。政府信息可以为人们在经济社会活动的决策和预期提供重要的参考[5]。将政府决策、政策的信息作为公共资源,能进一步地开放、透明,有利于更好地形成市场经济服务型政府,能更好地改善营商环境。就政策透明度来说,政府决策、政策要公开的信息广度与深度取决于政府,而公开信息的广度与深度又直接决定着营商环境的改善程度。当前,改善营商环境是中国经济转型升级极大的推动力。目前,我国经济市场面对复杂的外部情况,更深程度的全球化离不开政府信息的透明度程度。近年来,中央政府不断推进和强化信息公开化,可以预见我国政府信息透明度有望再上一个台阶。

二、营商要素环境

要素环境,原是指构成人类环境整体的各个独立的、性质不同的而又服从整体演化规律的基本物质组分。整体营商环境中的要素环境是指组成营商环境的维度与相关指标,包括劳动力、市场、土地、成本等等。要素环境是良好营商环境的重要内容,也是市场竞争力不可忽视的重要方面。当今我国营商环境中要素部分的不足是多方面的。

(一)劳动力成本上涨,供给数量下降

进入新世纪以来,我国普通劳动力工资呈持续上涨态势,大部分行业劳动力成本在2005年以后增长加快。以上海为例,上海诸多产业在20世纪迅速崛起,很大一部分原因在于上海拥有大量的廉价劳动力资源。随着我国经济的发展,用工成本上升,劳动力成本相比其他亚非国家,其优势逐渐削弱,部分东南亚国家的劳动力成本非常低。因此虽体现了上海经济的成功发展,人民工资水平的提高,但是同时表明了上海在全球劳动力市场中的竞争优势逐渐消失。同理,上海之外的国内其他大城市都经历过从劳动力成本优势带来的城市经济发展到劳动力成本上升后的竞争优势减弱这一阶段。然而好的营商环境就在于生产力与竞争力的良好发展,可以克服与消化劳动力成本一定程度的上升所带来的不利影响。

随着消费水平的提高,劳动力成本在许多已经发展起来的城市中明显增长,这时的酬劳上升是基于马斯洛需求中的第一层,即满足人的生理需求,是客观原因。城市生活成本的较大幅度的上升是劳动成本快速上升的根本原因。而如今,我国农村剩余劳动力已经从最初的全面过剩,进入到总量过剩但结构性短缺的阶段。由劳动力构建而成的营商环境此时面临突破与改进,由此产生的经济高速增长阶段也逐渐缓慢,因此,由劳动力带动产业发展的城市都开始寻求新的发展模式,必须优化产业结构,进行产业升级,积极打造以高质量发展为主的营商环境。

(二)土地供给数量下降,价格提高

土地资源是优化营商环境的重要保障因素之一,也是企业扎根、商业运作的前提。随着自然资源和生态保护趋于更为严格,原先一味靠加大土地资源供给拉动经济发展和吸引企业的粗放式发展模式成为过去时。由于土地供给总量相对越少,而获取土地的价格必然相应提高,难度也加大,这自然地对营商环境产生影响。土地供应减少的原因大致可以分成三类。一类是客观的原因,即土地面积有限。除去已经被使用和开发过的土地,剩下土地数量大幅度减少。抛开填海成陆等人为作用,原始土地逐渐消失,无法再生,导致土地供给逐渐减少。二类是部分地方政府对加大土地供应的调控措施落实不力,地方政府出于土地财政的依赖,对推动地价下调动力不足。三类则是现今征地越来越困难。从一线城市看,一些地方政府也想多供应土地,但由于城市内征地难,于是供应计划只能从城市郊区、县区着手。而在很多缺乏经济支撑的二三四线城市,调控下的市场低迷,地方政府卖地难,供地热情并不高。

土地是民生之本、发展之基,是经济社会高质量发展的重要载体,是"稳增长""稳投资"和项目落地的基础和保障。建设良好的营商环境,不可避免要涉及如何保护和利用好现有的各种土地资源等问题。这就需要各级政府和职能部门在深入挖掘土地资源,加大闲置低效土地、零星用地整合力度,推进节约集约用地,最大限度盘活存量用地,努力保障重点项目建设用地需求上做文章。

(三)获得贷款便利性较低

贷款问题也是优化营商环境工作中重要一环,事关企业发展的要素资源流动性问题。

企业贷款是中国营商环境建设中比较有代表性的,也比较典型问题:包括复杂的审批手续、庞杂的政府监管机构、不够健全完善的法律法规。所有这些最终使得企业融资门槛高、难度大、成本高,这直接影响着企业的持续发展。首先是复杂的审批手续。在我国,企业确定要寻求银行获得贷款后即与当地支行达成业务合作意愿。随后,支行行长或者主管行长、信贷业务部门经理、客户经理将前往企业进行实地调查,听取企业的经营情况介绍,其中包括:企业当前业务发展情况,国家政策、经济环境的改变对于企业的影响程度或者企业对此的克服能力,企业以及企业领导、股东是否存有负面信息,银行征信是否正常,企业是否涉诉,企业的房地产状态等。贷款调查除了了解当前企业情况外也要了解企业未来发展方向等,综合考虑后上报申请下一步信贷流程。若实地调查通过,支行如果同意合作,则会安排客户经理撰写相关企业报告向市分行做专题汇报。之后市分行会举行贷前沟通会,听取各支行的项目汇报成果,当场决定企业贷款申请是否上会、继续跟进、深入调查还是放弃合作。如果申请顺利,企业还要迎来市分行的贷前调查,由风险部和业务部组成的贷前调查联合小组对企业进行调查,调查内容虽与支行基本相同,但是会更关注一些财务指标和细节性、实质性的问题,比如企业库存、现金、应收账款、银行流水等,根据以上企业提供的资料,银行开始撰写授信报告,企业申请进入审批阶段。审批会一般由1位领导牵头,3到5位审批人组成,牵头审批人拥有一票否决权,审批人还将根据审查材料,甚至根据企业领导、股东的个人特长、风险偏好寻找企业所存在的问题,并评估企业解决能力,影响程度的大小,最后决定审批会是否通过。审批通过,企业落实条件,才到实现放款的步骤。然而我国"实现放款"这一步骤常受国家政策、上级银行政策调整、区域突发事件、领导人的关注等影响,甚至可能无限期拖款,企业最终放弃。我国银行对企业贷款申请的流程既详细又复杂,其中放款的不稳定性容易让企业丢失机遇或者让企业再难坚持。

  其次是庞杂的监管机构。企业向银行申请贷款这一业务活动是受银保监会和央行监督管理的。作为国务院直属正部级事业单位,根据国务院授权,银保监会统一监督管理银行、金融资产管理公司、信托投资公司及其他存款类金融机构,维护银行业的合法、稳健运行。央行则作为中华人民共和国国务院组成部门,在国务院领导下,制定和执行货币政策,防范和化解金融风险,维护金融稳定。当由双方共同监管一个事物时,难免会出现一个问题需要多方认同、通过的现象。比如央行对于金融风险进行监管,而银保监会则对银行业金融机构的业务活动及其风险状况进行现场检查,虽然前者针对整体风险,后者针对业务风险,但难免会出现监管权力交叉的现象。所以庞杂的政府监管机构也在一定程度上限制了企业贷款申请和进程以及营商环境建设的自由。

  与一些发达国家相比,中国企业在获得贷款方面结果并不理想,核心问题在于中国的法律对借款人和贷款人的保护力度不够,且没有完善的贷款流程。在建立整合或统一的担保交易法律框架、担保权益的界定和转让、抵押登记的程序、有担保债权人的权益保障和资产处理等诸多方面,中国仍有欠缺。与西方发达国家相比,它们形成了数十条信贷相关的法律,建立了相当完备的法律体系,而我国却缺乏关于信用体系建设的统一立法,也缺乏系统的法律法规。很显然,在信贷方面,中国营商环境正面临着一个亟须解决的问题。

(四)企业税费负担重

企业税费负担是营商环境的要素环境中的另一个重要成分。

企业是国民经济发展的动力源泉,是吸纳社会成员就业并维持其体面生活与个人尊严的基本渠道与重要保障,也是政府财政收入的重要承载主体[7]。因此,企业财税政策不仅直接影响企业税费负担和企业的生存、竞争力,而且影响到营商环境的优化建设、社会的稳定。21世纪以来,我国虽相继出台一系列减税政策,但是据企业公开披露的信息及调研显示,目前我国企业税费负担总体来讲仍然偏重。或者说,实施减税政策以来,我国企业的实际税费负担水平总体上并没有显著下降,陆续出台的企业减负政策在地方政府执行政策的过程中,往往会出现偏差,导致企业最终承担的税费负担仍然偏高,严重影响了企业的综合竞争力,从而制约了我国实体经济的发展[8]。

2017年初,上海市政协会议上,上海市政协常委、上海凯泉泵业有限公司董事长林凯文算了一笔账,他说:"10年前,我们企业100元的收入中,税费占了10元多,利润8元多,税费是利润的1.2倍左右;2016年,税费上升到12元,利润却只有3元,税费是利润的4倍。企业税费负担很重。"关于我国企业税费问题,在2016年年底时福耀玻璃集团创始人、董事长曹德旺先生也曾表示中国企业税赋比美国重,但在当时就有财政部官员以及相关媒体针对曹德旺先生的发言表示中国企业税费负担重只是个别企业的特有现象,并将中国企业税赋与相应国家进行对比,得出了中国企业税赋并不算高,中国企业总体税费负担处于合理区间,不存在负担过重的结论。而将这两则事件相对比就能发现,曹德旺先生在彼时作为民间的呼声被政府官员质疑,但没过多久这个问题就被搬上了上海市政协会议之上,此后,这不仅仅是民间的呼声,而是成为了企业界政协委员们的集体表达,不能说这种反映没有权威性、反映的信息不具有参考性。而且上海作为我国经济发达程度与活跃程度排名靠前的直辖市,营商环境较其他城市更为优良,当地政府管理经济和企业的手段与经验堪称全国一流,在我国现如今的财税政策下,依旧算出企业税费负担加重的答案,这足应引起政府的警醒。

从我国进入21世纪到现在,我国税收的总额迅速增长,从1999年10683亿元到2010年的73202亿元,再到2018年的156401亿元,税收增长幅度远高于GDP增长,当然税收总额的快速增长并不能代表税收政策的不合理。但中国企业税负在世界的排名无疑排在高位,仅企业所得税税率世界平均为23.7%,而我国则为25%。这看似差距不大,但中国企业还承担了其他诸多税费。综合中国企业民间的发声、政协会议的提出,不可否认我国企业的税收负担是偏重的,这对于企业的长远发展,企业竞争力的提升都是不利的。

三、营商政务环境

政务环境,是指行政事务的内部和外部各种因素的总和。其中包括政策制度、职能部门办事效率以及行政事务等等。不可否认,我国营商政务环境有了显著改善,但仍然存在一些突出短板。

(一)服务型政府建设水平有待提升

服务型政府是指在公民本位和社会本位的理念指导下,在整个社会民主秩序的框架下,通过法定的程序,按照公民意志建立起来的,以为公民服务为宗旨,承担着服务责任的政府。它是完全从人民需求出发,其存在的合法性条件是由人民将部分权力委托于它。服务型政府是有限政府也是责任政府,政府从人民手中接过的部分权力又要向市场、企业、社会分权,更要回应社会与民众的基本要求并积极采取行动加以满足。服务型政府是现代国家治理的一个重要标志,而建设服务型政府也是国家治理现代化的一项基本要求。

由于历史的原因,新中国成立以来,我国政府一直属于管制型政府,在经济发展中起主导作用。要从管制型政府发展转变为服务型政府,难免存在政府职能转换不到位或者越位、错位、缺位等问题;存在着政府部门间服务权限不清,处理问题上把握分寸不一,或者执行不到位,服务整体的效能较差等问题。还存在着在服务型政府建设过程中,部分行政人员依旧"官本位"思想严重,没有认清自己与人民之间的关系,高高在上,服务意识不强,工作人员脸难看、说话难听、解决问题慢且难等等。在现实中,我国政务公开制度情况显然是需要进一步改善的。制度不仅是一种约束,更是一种保障,制度的存在和不断改善是为了政府在维护市场秩序,保证社会公平、公正和提供公共物品等方面时,清楚自己该做什么,怎么做。要让政府人员清楚了解到服务型政府与管制型政府的不同之处,也要让其明白,建设服务型政府,不是放弃管制。相反,在维护市场秩序,保证社会公平、公正和提供公共物品等方面,政府必须加大管理力度。不过,这里的"管"是为了"服务"而"管",而非为"管制"而"管"[9]。此处提及的政府政务公开制度需要提高,与在政策环境中说的政策透明度欠缺是有所不同的。政策透明度多指政府将要实行的政策公之于众,而政务公开范围更大,包括了政府机构的设置、职责权限、人员安排及政府的工作程序等等,都应该对群众公开,保障公民的知情权,做到真正的"阳光行政"。现代社会是一个信息社会,任何信息都可以在网上查阅到。由于政务公开制度的不完善,公开程度不够等原因造成民众对政府大多政务不了解,遇事时查阅资料、了解流程也并不简单易行,所有这些都应该是建设服务型政府中需要解决的问题。

此外,必须加强公务员队伍建设,这是保证一切政策落地和精准落实的基础。为政之要,惟在得人[10]。公务员不仅要有应考能力,更要有为人民服务的意识、依法办事的观念和相应的业务能力水平。优化公务员选拔方式,有助于建设更强有力的公务员队伍,提高服务型政府建设水平。

(二)部门职能交叉,权限不明

曾经花了十几年时间,在中国拿到了第一份颁给外国公司的保险业独资营业执照的美国保险大亨莫里斯·格林伯格,在被问起为了吸引外国投资,希望中国在哪些方面有所改进时回答道:中国的监管部门。他认为,中国的监管系统虽然在数量和层级上都十分可观,但却导致了一定的不连续性,处理问题的过程中也易造成效率的丧失。中国在新时代新型政府建设过程中,为了保证更仔细更全面解决问题,在某些具体领域的监督、负责与管理上,特意设置了两个或者多个的部门共同管制。凡事都有利弊,多部门监管固然有合理性,但政府部门职能交叉一来导致效率丧失,二来导致权力限度的模糊,三来在问题无法解决之时,部门之间相互推卸责任。

2019年全国实施"无废城市"建设对于固体废物管理的情况很能说明问题。2019年年末由E20环境平台和中国城市建设研究院有限公司共同主办的2019(第十三届)固废战略论坛上,清华大学环境学院循环经济产业研究中心主任温宗国指出,参与推进固废管理工作中的部门数量最高的有30个,最低的有10个。对应的责任部门职能交叉非常严重,它们分别管理涉及不同来源的固废生产量、固废的去向和固废综合利用等等。尽管在这种多部门共同涉及管理的情况下,固体废物、危险废物的非法转移倾倒案件还是时有发生,固废的底数难清、去向难明是最突出的问题。原以为多方共同管理后应有更好的效果,但结果是问题更重更多。因此,如何推进我国部门职能的整合,分清部门权限,提高办事效率,是我国政府部门发展中非常关键的一项工作。

(三)政府与市场之间关系尚未理顺

理顺政府与市场关系是深化经济体制改革的核心,这既是市场经济理论发展的内在逻辑,也被我国改革开放以来的实践经验所证实,更是后改革时代化解经济社会矛盾的必然选择[11]。这里指出的"后改革时代"不是指改革结束之后的时代,而是相对于建立社会主义市场经济体制的前一段时期而言的一个时期,以2003年十六届三中全会通过的《中共中央关于完善社会主义市场经济体制若干问题的决定》为划分点,之前的时间划分为"前改革时代",此后的时间划分为"后改革时代"。"后改革时代"是整个改革时代的重要组成部分。

在"后改革时代"中,了解政府与市场的关系是市场经济的本源问题。在市场经济中,政府和市场是配置资源的两种最为重要的机制,它们既相互对立制约,又相辅相成。中国社会经济发展至今,政府向服务型政府转变,给予市场更多的自由,但这并不是放任市场发展,也不是一手掌控市场的运行。政府应理顺当下与市场之间的关系,把握好对于市场帮助的力度和分寸。使用"帮助"二字能更加明确地表达当下的政府与市场的关系不是上级对下级的把控关系,而是不需要时默默守护,需要时扶一把的朋友关系。当然,在"朋友"出现自己难以把控的情况下,政府依旧有权接手管理运行市场,也就是说,在处理与市场的关系时,政府要"补位"而不"越位",更要"在位"。在"后改革时代",我们只有协调好政府与市场的关系,才能真正优化营商环境,我国经济才能较稳较快地发展。并且,只有理顺了两者之间的关系,才能更好地化解各种市场问题,减少矛盾的发生。

在我国,民航票价的禁折、铁路运输的长期供不应求、证券市场的公开圈钱化、城市房地产的泡沫、民间金融的缺乏、城市公共设施的瓶颈、民办教育事业难以为继、医疗机构的以药养医、生产事故频发、生态环境恶化、迁移权的限制和就业歧视使农民贫困化加剧、大量弱势群体被排除在社会保障体系之外等等问题,都与妥善处理和理顺政府与市场之间的关系有关。只有调整好政府的职能,理顺政府与市场的关系,彻底改变政府管理社会经济的做法,才能真正建立服务型政府,进而发挥其合理、有效地配置社会资源的作用。

四、营商贸易环境

贸易环境,是指目标市场上,除与产品销售本身直接相关的内容之外的其他因素,具有相对性、差异性以及多样性。贸易环境和贸易活动密切相关,两者之间具有相互影响和相互制约的关系。优化营商环境,自然不能忽视营商的贸易环境。我国营商环境中贸易环境虽有很大改善,但仍有许多不足。

(一)跨境贸易便利不足

我国优化跨境贸易营商环境工作,近年来部署出台了一系列有针对性的政策措施，优化跨境贸易营商环境工作取得积极成效[12]。世界银行发布的《2019年营商环境报告：为改革而培训》中指出，我国的跨境贸易项评分有着显著的提升，从 69.91 分提高到了 82.59 分，而排名也从前一年的 97 位提升到了 65 位，整整上升了 32 位，是公认的营商环境整体及其中跨境贸易项改善最显著的经济体之一。但是我国跨境贸易仍存在一定的问题和短板，跨境贸易的便利性仍然不足。数据表明，我国跨境贸易排名在 65 位，中国跨境贸易的便利性与发达国家还存在一定的差距。

尚未建立符合中国实际的跨境贸易评价体系或许是关键所在。我国的跨境贸易仍以国际评价体系考量我国的跨境贸易，从中发现问题和解决问题，依照国际评价体系的要求来改善其系统。也就是说，拿着别人的东西判断自己的情况，虽不至于完全否定自身，但是没有对标国际先进水平，建立适合中国跨境贸易流程的具有中国特色的跨境贸易评价体系，本身就是不完善、不科学的。以营商环境较好的国家为例，可以发现，这些营商环境排名靠前的国家皆有属于自己的跨境贸易体系。比如美国，美国海关的"实施业务流程再造"模式，以海关业务再造、机构重组和以服务客户理念为中心，建立"一站式平台"，实现美国海关通关便利化，且成为当下跨境贸易体系中的经典模式，我国就是参照美国模式设立了"单一窗口"。再如荷兰，荷兰的海关也有属于自己的模式，称作"契约式管理"模式，该模式在于量化测评各项任务和工作，按照契约式的管理方法，对海关进行执法管理，其管理标准皆在"契约"之内，有着明确的管理指向。新加坡作为一个"法治优先"的国家，则是在信用和风险管理上建立海关与商界企业的关系。新加坡以信用和风险管理为指标对企业做了分类，对高信用的企业有着极大的便利与帮助。这些国家的做法应该对优化我国跨境贸易和整体营商环境有一定的启示。

当今我国以国际评价体系来改善自身跨境贸易体系后，依旧存在通关流程和审批手续烦琐，通关模式运转整体效能不高的问题[13]。因为通关制度的复杂，审批提供的证明繁多，许多企业还不同程度存在对有关政策不了解或了解不全面，更加重了我国跨境贸易通关不易的现象。我国虽然参照美国"一站式平台"建立了"单一窗口"，但监管部门习惯使用原本成熟的监管系统，加上事实存在的利益分配问题，致使相关部门缺乏真正落实"单一窗口"的积极性，换言之，"单一窗口"形式下，通关贸易便利性并没有落到实处。

（二）人员流动存在壁垒

良好营商环境的要素环境因素中，对人员流动坚持用人之长、合理科学流向、最佳社会效益和自主等原则。由于各地区、各单位发展的不平衡,人员的素质和发展也是不平衡的,因此一定时期内各地区、各单位对人员的需求与该地、该单位的人员供给之间必然产生不平衡,加上人员对自身的认知与需求因素,更是加大了这种不平衡。解决之道便是从社会需要出发,合理、自主前提下人员的自由流动,最大程度地发挥人员所在地的社会效益和经济效益。

目前我国人员流动存在的壁垒主要体现在两个方面:一是国内不同地区人员工作流动的壁垒,二是国外自然人申请我国就业的壁垒。

国内人员流动方面,近年来各地区先后出台了人才招纳政策,促进人员流动,但国内人才流动的壁垒主要来自不同地区对于外来人员接纳的条件不同。大部分地区对于所谓的"人才"都提供了丰厚优裕的待遇,而对于没有达到"人才"标准的求职者却少有支持政策。其后果就是农村富余劳动力在大中城市难生存,受过一定教育的人员在发达地区没"前途",而少数符合"人才"条件的人员被哄抢。营商环境中人员要素环境强调的并不是单一的所谓高素质人才问题,何况"人才"的评判条件也并非只有学历和过往经验,关键是合适的人在合适的环境和岗位上发挥其所长,从而最大程度发挥人的主观能动性,产生最大的社会效益和经济效益。城市的建设,经济的发展,本就是各种各样、各具特色、各有所长的人们齐心协力、共同作用的结果。所谓的广纳天下英才,就是要"不拘一格降人才"。

国外自然人在我国申请就业方面,我国对于自然人流动有着一定的市场准入限制,根据《外国人在中国就业管理规定》第八条规定,在中国就业的外国人应持执业签证入境(有互免签证协议的,按协议办理),入境后取得《外国人就业证》和外国人居留证件,方可在中国境内就业。而要在我国申请就业证的外国人必须具有大学本科及以上的学历,否则将无法在我国就业。另外,没有取得居留证件的外国人、在中国留学或实习的外国人、持职业签证外国人的随行家属不能在中国就业。但是在外籍劳工申请在我国就业之前,在签证制度上,目前我国法律法规的七类签证中仅有两种与自然人流动直接相关,造成实践中比如实习生等合理的自然人流动找不到对应的签证类型等问题[14]。这是我国在外籍劳工申请我国就业问题上比较明显的缺漏。

无论是国内劳动力人员的流动问题,还是外籍劳工在我国申请就业的难处,如果不切换人才吸纳的思维方式,不破除人员流动的壁垒,将导致市场活力的降低,市场创新能力的下降,它是营商环境优化的一道障碍。

五、营商投资环境

投资环境,是指投资经营者的客观条件。投资环境在其发展和完善过程中,主要具有投资环境的综合性、整体性、差异性以及动态性。对企业而言,投资环境是难以完全控制的因素,只能认清投资环境条件,努力适应环境,充分利用好投资环境中的有利因素,规避投资风险。

改革开放数十年发展,我国的投资环境应该说有了很大的改善,但依然存在许多不足,在当下难以融资的市场下务必引起警惕。

(一)投资者保护欠缺

投资者是资本市场的基础,保护投资者才能促进市场的健康、有序和快速发展。我国"十二五"规划中提出,投资者保护是资本市场发展成长的标志。对于投资者的保护欠缺意味着市场发展的保护欠缺。保护投资者首要的是保护投资者利益问题。随着资本市场的发展,投资者面临的环境变得多样、复杂,投资者保护问题也越来越尖锐复杂。

21世纪10年代后,投资者保护问题被越来越多地谈及,在此期间被称作"史上最严投资者保护办法"的《证券期货投资者适当性管理办法》发布实施,这意味着我国的投资者保护已经达到了一个前所未有的高度,市场对于投资者保护的重视程度是越来越高的。但是现实中投资者的保护却依旧存在诸多失灵的情况,其原因主要体现在两个方面:其一,近年来的中国资本市场存在少数权重股借助高权重比重紊乱整个市场指数的问题,让市场指数失真、个股惨跌,比如近年来几大银行等少数股票基本上支撑起整个市场的情况。其二,市场信息不对称的问题较为严重。在股市中,一部分掌握着一定信息优势的重要股东和机构资金先知先觉,在跌股之前就已将其抛售,而不知情或者知情晚的小股东和普通投资者却难逃跌股受损的厄运,持股市值持续缩水也就在所难免,这一定程度上影响了对投资者保护的效果。同时,由于强力去杠杆和金融监管持续升级,市场上大多数的机构资金多多少少都受到冲击影响,加速了市场的抛售压力,投资者的利益也难免受到影响。

从本质上看,《证券期货投资者适当性管理办法》虽然对风险揭示、投资者归档分类、信息告知等内容进行了完善,但是却没有对投资者所关注、容易构成威胁的问题上实施针对性的保护。此外,公司内部尤其是上市公司内部,往往存在大股东的权力过大,普通股东没有话语权和主动权,无奈而被动地承受大股东做出一系列损害自身利益的行为,包括反复融资。对投资者的保护工作,尤其是对中小投资者的关注和保护工作，是一项长期的系统性工程，具有一定的艰巨性和复杂性，需要从不同层面共同努力，既要不断完善证券投资者保护的内部机制，又要继续深化投资者保护的外部环境建设，显然我国仍需要努力。从市场反应的情况看来，普通的中小投资者更需要具有针对性的保护措施，并真正落实在实际行动上。

（二）办理施工许可效率有待提高

效率，是优化营商环境中不可避免的一个词。无论是政策执行，还是企业申报补贴和优惠时，抑或是企业贷款、跨境贸易海关出入申请等等，我们都希望应有足够的高效率，这是优化营商环境的必要之举。然而现实总是不尽如人意，表现在办理施工许可方面同样仍然存在效率问题。

我国办理施工许可的审批机构较多，要审批的事项也多。办理许可的审批机构包括了规划局、发改委、住建局等多个政府部门，如此多的政府部门审批干预，不但不能有效发挥监督职能，反而降低了办事效率。在我国，项目从立项到获得施工许可，需要半年及更久的时间，实在令人唏嘘。而且，申请施工许可的审批流程又不够明确，多部门审批的情况下，存在着部门之间的分工不够明确，部门之间交流也甚少。有些资料施工单位可能需要重复多次交予不同的部门，不仅增加了企业的办事成本，也降低了审批工作的效率。此外在审批过程中，甚至可能出现本不应该存在的各种人为因素的干扰和错误。相关部门办理流程需要进一步改进与完善。随着中国市场经济的发展提高，我国的施工项目也如雨后春笋般涌现，并呈现出规模大、步骤多、流程复杂的趋势，无形中也加大施工许可审批工作的难度[15]。

以深圳的办理施工许可为例，深圳作为我国发展较为发达，排名较前的城市，深圳市法制办主任胡健农在2018年深圳市六届人大常委会第二十六次会议上指出，2018年我国的营商环境评价在"办理施工许可"指标方面，世界银行给出的排名为172位，办理时间为247.1天，而在深圳所花时间却要267天。数字的冲击往往是强大的，世界银行对于全球190个经济体的评价中，办理施工许可方面我国排在倒数位置。作为发达地区的深圳尚且如此，那其他地区可想而知。提高办理施工许可的效率，有助于加快我国先进现代城市的建设，有利于加速我国优良的营商环境形成。我国在办理施工许可的效率上、时间上必须做出改动、改进，要坚持以实际问题和企业需求为导向，减少审批事项，减少审批程序，减少企业跑路，减轻企业负担，提高审批效率，畅通行政审批中的卡点堵点[16]，推动办理效率改革成功。

六、营商法治环境

法治环境,是指全社会主张法律法治、依法而治所形成的特定意义上的社会环境。是社会管理趋向文明过程中所形成的制度化特征和必不可少的客观基础,对生产力的发展起着维护、保障、促进、规范和巩固的作用,是生产力的重要组成部分。法治不仅规范政府和市场的边界,在法治框架内调整各类市场主体的利益关系,还能依法平等保护各类市场主体产权和合法权益。只有完善制度、加强监管,才能构建统一开放、竞争有序的市场体系,打造出公平公正的竞争环境。法治环境,既是营商环境的重要组成部分,也是评价一个区域营商环境的关键指标。

多年来,我国在持续健全和加强法治建设,不断促进社会公平正义方面取得了长足进步,但依然任重而道远。

(一)法律法规有待继续完善

"法治是最好的营商环境",习近平总书记于2019年2月25日主持召开的中央全面依法治国委员会第二次会议中阐述道。法治能规范政府和市场的边界,尊重市场经济规律,在法治框架内调整各类市场主体的利益关系[17]。

在分析我国营商环境现状问题中,政策环境、要素环境、政务环境、贸易环境与投资环境都不可避免地出现了问题,其中多多少少都跟法律法规上的不够健全有关。在世界全球化步伐不断加快的当下,人才、技术、资金的流动基本都遵循着向法治良好的地区集中这一规律。也就是说,哪里拥有更好的、更适合的法治基础,哪里就将拥有世界顶尖的技术、卓越的人才和充裕的资金,哪里的生产力就将不断发展,反过来,哪里的营商环境就将肉眼可见得越来越好。营商环境中无论哪个环节出问题,追根究底一定是与法制法规不够健全脱不了关系,法治已然成为衡量一个地区营商环境好坏的关键指标。近年来,我国的营商环境指数在世界银行营商环境评估排名上显著提升,说明我国的法治建设成果斐然。但我国的法律法规体系还需要继续完善。市场经济是追求公平竞争的契约经济,营商环境是基于市场经济全方位展示给人看的现实,只有在法治环境下,才能形成公平竞争的规则和秩序,确保各种经济活动顺利进行。

打造良好营商环境是一项系统性的工程,头绪多、任务重、牵扯面广,不能胡子眉毛一把抓,应提纲挈领、抓住关键[18]。要把工作重点放在完善制度环境上,只有不断完善制度,才能构建起统一开放、竞争有序的市场体系,打造出公平公正的竞争环境,建设出更好的营商环境,为中国的发展奠定坚固基石。

（二）知识产权保护水平有待提高

知识产权保护，一般是指人类智力劳动产生的智力劳动成果所有权。它是依照各国法律赋予符合条件的著作者、发明者或成果拥有者在一定期限内享有的独占权利，包括版权（著作权）和工业产权。知识产权保护已成为秩序的战略制高点，并成为各国激烈竞争的焦点之一。随着知识产权在竞争中的作用日益上升，越来越多的国家已经制定和实施了知识产权战略。

经过多年的发展，我国宏观上已经为企业知识产权权益的保护提供了较强的法律依据，为企业在制定知识产权保护制度及具体实施方法指明了方向。2019年11月中共中央办公厅、国务院办公厅还专门印发了《关于强化知识产权保护意见》，增加了知识产权保护中的鼓励政策、加大了知识产权保护中的资金配置。但是目前尚未形成侵权案件的具体针对性、可操作性的单独法律法规配套体系，成为我国在知识产权保护方面明显的短板，尤其是在著作、专利、商业秘密等领域，导致我国营商环境在法治化进程中常常被单独提出、为人诟病，知识产权保护力度的不足还导致了人才外流。

时尚产业可以说是知识产权保护方面的重灾区。不论是衣服、裤子、鞋子或者背包、装饰品，似乎每年每季都离不开抄袭的话题，我们熟悉的奢侈品牌比如LV、GUCCI等更是成为了被抄袭的大户。前有UR、H&M等快时尚品牌的迅速复制，后有我国无数中小服装企业对其进行模仿。一方面缘于快时尚品牌和中小服装企业急功近利，这一做法不但上新快，而且设计成本低、广受消费者欢迎。另一方面缘于知名品牌受众目标的差异性，也就是说，即使快时尚品牌不复制，中小服装企业不模仿，普通的消费者们依旧不会购买奢侈品牌的产品。但最关键的还是知识产权保护法对于时尚产业中的设计领域所能提供的保护十分有限。时尚产业中的设计产品想要通过申请外观设计专利对产品进行保护是相当艰难的。申请周期漫长、时尚周期短暂等无法确保时尚产业的新品不被抄袭。这种现象不仅国外的知识产权保护法难以解决，国内的知识产权保护法也十分薄弱。随着国际上知识产权保护的发展趋势和中国扩大开放面临的知识产权形势，中国必须加紧制定和实施知识产权战略，不断完善法律法规系统，保护国家的技术安全，促进自主创新能力提升和防止对知识产权滥用。与21世纪初期日本明确提出10年内要把日本建立成为世界第一知识产权国相比，我国尤其需要更有魄力和加大力度。再则，要加大宣传力度，增强民众知识产权保护的意识，强化民众对于知识产权的尊重。知识产权保护是基于法律完善和民众认可下共同成长的。

第二节　高时尚消费地区的营商环境建设

近年来,我国加大举措,持续不断地优化营销环境建设,促进了时尚产业快速发展。随着人民生活质量的持续提升,以美好生活为核心,激发人们对生活的热情、对时尚的创造力,这些因素叠加,刺激了我国时尚消费的加速提高。

随着中国国际影响力的提升和时尚产业的发展,带有中国设计感的产品影响力也在不断提升。借鉴国际五大时尚之都发展情况,在消费升级换代的背景下,我们必须加速推进高时尚消费地区营商环境建设,以此推动高时尚消费地区全面发展,促进该地区时尚产业的快速集聚与崛起,进而带动中国整体时尚产业的发展,让中国风以新的姿态登上全球时尚舞台。

营商环境对于一个国家、一个地区、一个城市的时尚行业发展建设的影响是显而易见的。在世界银行的营商环境评估中,国际五大时尚之都所在国家城市的营商环境均名列前茅,而我国发达城市与之相比有着明显的差距,与之紧密联系的时尚产业发展程度、社会上所展现的时尚气息也截然不同,更别提国内其他地区与城市了。基于此,有必要从世界时尚产业发达、时尚消费高的国家和我国发达地区营商环境中的某一指标进行分析,进一步了解优良的营商环境在时尚消费程度、时尚产业发展中的作用。

一、国外地区营商环境建设

放眼世界,高时尚消费地区基本集中在欧美,亚洲有少部分。深入分析高时尚地区的营商环境建设的先进做法,将有助于我国发展时尚消费城市建设。

(一)英国:投资者最爱的税收制度国家

2019年,《福布斯》杂志发布了《最适合经商的国家和地区》的排行榜,英国连续第二年蝉联榜首,当选全球第一。福布斯每年综合产权、创新环境、税制、技术、劳动力、腐败、投资保护及生活质量等15个指标选出最适合经商的国家。英国在这层层评估中脱颖而出,向世界证明了自己优秀的营商环境,而让英国成为投资者们最爱的原因,就是英国的税收制度。

英国施行中央集权制度,税收和权限高度集中在中央。英国的税收主要分为国税和地方税,国税由英国中央政府掌控,地方税由地方政府掌控,两者在全国税收中的占比完全不同,国税占了全国税收总量的九成,地方税则仅占一成。

国税作为中央财政的主要收入来源,需要补助地方政府,地方政府的主要经济来源是中央政府的这份补助,显然那一成的地方税并非地方政府的主要经济来源。英国作为税收法定主义的典型国家,经过长期发展,已经形成以所得税、国民保险税为主体,以流转税、印花税、遗产税、市政税、商业房产税等财产行为税为辅的税制体系[19],概括来说即直接税为主,间接税为辅。英国能够投资者众多,外国资本投入的也多,应归结于英国始终坚持低税制政策,这促使英国的商业发展有效深化。低税收作为吸引投资者的关键让英国的营商环境发展之路远快于其他国家,但基于低税收的基本思想,英国仍然持续对其税收制度做出诸多调整,不断修正,从而吸引并发展更高质量的企业项目。

英国因不同时期发展的需要,积极进行税收制度的改革,及时调整税率;进入21世纪后,英国将企业所得税税率由原来的30%降低到21%,小企业更是降到20%。英国税收政策关注税种间的平衡问题,比如为吸引投资者扩大发展,英国持续降低所得税税率,但同时提高国民保险税的税率和其他一些税率。英国这种保持平衡达到稳步发展的想法超前,实际效益也极佳。英国还与上百个国家、地区签署了双边国际税收协定,其最明显的效益在于能让大多数的英国公司免缴外国股息红利所得税。而且,坚持量能负担的基本原则,由于纳税人存在不同的负担能力,在设计税制和调整税制要素方面,英国政府对税负公平都给予了高度关注[20]。

英国对于产业发展的鼓励政策很丰厚的。在英发展皆可享受到英国的普惠性税收机制,这个机制并非只针对某个行业,而是对于在英的所有利于国家发展的产业。该税收优惠政策主要有两个方面,一是将科研部门视作非营利性部门,对其免收税费;二是为促进中小企业发展制定专门政策,不但减免所得税,发展困难的中小企业还能享受房产税、商业税等的减免。可以说在英发展的企业,得到了政府的全方位支持,是任何投资者都梦寐以求的地方。不过,在英发展好的大企业和富人所承担的税率极高的,据统计,英国0.4%的人口(约30万人)负担着整个国家1/4的所得税,可以说英国的税收十分具有"劫富济贫"的特点。

英国的财政部还为解决税收法律上的技术问题、纳税服务问题、税收征管问题和行政问题建立了专门税制简化办公室。英国的税务部向来以提高纳税服务力度和简化纳税流程为己任,他们重视基础性的工作,积极收集纳税人在海外的信息,不但强化了税收管理工作,也为制定税收政策的提供了第一手依据。英国办税已经成为上门服务的了,正式创建了职业税务代理人制度,对从事税收工作的人员开展专门培训,职业税务代理人制度不但为英国税务部门减少了巨大的开支,也方便了在英发展的投资人。

英国的税收制度和税收服务工作的完善,为英国营商环境优化打下了坚实基础,吸引着大量的外来投资者,为英国经济的蓬勃发展,也为英国时尚行业发展发挥了重要作用。

(二)美国:世界信用经济最发达的国家

美国是全球信用经济最发达的国家。它的信用体系经过百年来,尤其是这三四十年来的发展,可以说已经趋于完善。良好的信用体系和不断扩大的信用交易规模已经成为美国经济发展的重要驱动力量,也是美国最重要的经济基础。

现代经济中,信用实际上意味着一种资源调动能力,一种调动对方资源为自己谋利的能力:个人拥有信用,可以支配别人的资源;企业拥有信用,可以支配社会的资源;国家拥有信用,可以支配全世界的资源[21]。而如何将民众、企业、国家的信用转换为可见的数据,在美国的信用经济中我们可以得到一个认识,即信用信息。信用信息就是美国信用体系为信用市场提供的数据,促使不同程度的信用活动的合理使用以及信用资源优化配置。全面、完整的信用信息是征信活动开展的基础,要完善企业到个人的信用信息就需要征信活动的开展和优化。美国的征信公司根据信用市场的需求去收集信息,它们信用数据库系统极为庞大、全面,丰富程度惊人,能完整地了解每一个企业和民众的信用状况、信用行为特征。其中,消费者的信用数据结构为:消费者的身份信息,包括姓名、住址、电话和社会保障号码,以及征信公司赋予的个人代码;消费者的信用记录,包括各方面的信用交易和付账记录,无论正面负面信息;消费者的公共记录信息,包括消费者的个人财产,还有关于消费者的犯罪判决记录、破产信息、欠税信息等;消费者的查询信息,是以记录并监督消费者使用信用信息的消费用途,防止不正当目的和保护消费者权益。对于个人信用信息的完整程度尚且如此,美国征信公司对于企业的信用信息则更为复杂,包含了企业的基本身份信息(名称、地址、电话、征信公司编码等)、自然状况信息(企业规模、雇佣人数、业务范围、年销售入等)和组织信息(企业总部、主投资人、分支机构、部门结构等)。美国的征信公司对于信用信息收集的来源可谓十分广泛,从公开的新闻媒体到各种专门的信息公司,甚至直接向银行、金融公司、投资者本人等采集。

所以,在美国,完善的信用信息数据让市场的运行极为规范,根据信用程度就可以删除掉一批可能不安全的个人、企业。但信用程度高的个人、企业在美国能享受到更高的帮助。这让大部分企业都愿意前往美国发展,优良的信用信息带来的好处和美国开放的环境,让美国汇聚了世界范围内巨大的资源。

(三)新加坡:"硬件""软件"齐突出的超高营商环境便利度

近十年来营商环境测评中,新加坡始终名列前茅,各项指标十分出色。在亚洲经济体内,其综合竞争力更是蝉联五年的第一。作为只有700多平方公里国土面积的国家,新加坡吸引着来自世界各地的企业,新加坡市场是一个全方位不可小觑的、优秀的存在,这完全得益于它"硬件"和"软件"齐突出的超高便利营商环境。

"硬件"上,新加坡地处太平洋与印度洋航运要道马六甲海峡的出入口,这是亚洲的心脏地带,地理位置得天独厚。天然的优势和政府的规划调控,新加坡不出意料地成为了亚太地区重要的国际航运枢纽和金融中心,贸易融资、海事金融、保险、财务运作方面在全球拥有领先地位,并且成为了全球最大的外贸交易中心之一。这样全面的发展对于其他国家来说是极度困难的,需要长期的时间不断优化国内的营商环境,更何况是一个小国。但是新加坡成功地成为了世界互联互通的中心之一,是任何一个外贸公司、外资企业都不愿意错过的地方。

"软件"上,新加坡有着完备的营商环境法治体系、友好的企业国际化成本缩减制度和现代化的政务服务体系。

完善的营商环境法治体系。新加坡的商业法规体系比较健全,其重点围绕吸引人的工资福利、移民政策、电子商务,健全和公正的司法审判系统,帮助企业解决纠纷等方面加强商业法规体系建设[22]。另外,新加坡还有着完善的法律仲裁体系和注重知识产权保护法治建设,从知识产权的创造到对它的保护和利用上,新加坡的一系列法案都为企业提供着强有力的保护。加上公正的仲裁,这些共同构成了所有企业都渴望的"保护伞"。

友好的企业国际化成本缩减制度。在新加坡,商事登记极为便利并在持续推进,在新加坡设立公司只需登录新加坡会计与企业管制局网站即可完成注册。公司注册可通过电子方式1天内完成[23],这在一定程度上极大地鼓励了城市中的创新创业,为符合市场发展和需要的新企业新项目提供了极大的便利。

现代化的政务服务体系。首先,新加坡在电子政务建设时特别强调整体政府的理念,公民可以通过一个口令、一个域名、一个邮箱等登录政府网站,并通达上千种在线服务功能。如"统一邮箱"让民众可以通过一个邮箱收到所有政府部门发送的信件[24]。再者,新加坡十分注重数字政府服务均等化的建设,为更大程度地普及互联网和移动终端,新加坡政府还为在岛的民众设立了几十个"公民联络中心",免费提供上网工具以及服务人员。新加坡上至法律法规,下至服务细节全面发展,没有因为得天独厚的地理优势单纯靠天吃饭,而是充分地运用着这份优势,最终成为了世界聚焦的优质岛国,成为投资者们无法拒绝的地方。

二、国内地区营商环境现状

世界银行发布的2019年营商环境报告中显示,中国从之前连续两年的78位上升到了46位,可见近几年中国的营商环境一直在不断地提高优化。世界银行的报告中更是列举出了中国做出的有利于营商环境改变的诸多举动,包括简化和电子化注册系统、程序化建筑许可和提高建筑质量要求、升级电网、提高房产注册管理系统的程序化和透明化、增加投资者权利和明确所有权、税务改革以及降低进出口审批时间和程序。世界银行认为中国是改革力度最大的国家之一。

分析中国发展较快的几个地区不难发现,营商环境的优化与发展速度都与该地区实行的特殊政策分不开,而营商环境相对优良的地区,时尚消费程度与营商环境是成正比的。考察北京、上海、深圳、杭州四个代表性地区的经济社会发展情况,足可以看出具体实施的政策与营商环境优化二者之间的紧密关系。

(一)北京:领跑全球的金融科技

截至2019年年底,英国智库Z/Yen集团与中国(深圳)综合开发研究院发布的最新一期全球金融中心指数报告显示,北京的金融科技指数排名全球第一,高于第二名上海14分,美国纽约屈居第三。可见,北京的金融科技创新是有着巨大优势的。北京也以该优势为着力点和突破点,不断推进全面优化营商环境建设。

金融科技是通过大数据、区块链、云计算、人工智能等新兴前沿技术带动,综合各种科技手段创新传统金融行业所提供的产品和服务,能够提升效率且有效降低运营成本,由是对金融市场以及金融服务业务供给产生重大影响的新兴业务模式、新技术应用、新产品服务等。金融科技可以简单理解成是金融+科技,但又不是二者简单的结合,北京金融科技在全球的领先地位,说明北京在大数据、区块链、云计算、人工智能等新兴前沿技术的研究成果方面是十分卓越的。北京金融科技主要发展地区汇集在北京西城,这里是一个天然的发展金融科技的地区。西城区不但是全国资金流动的枢纽地区,还毗邻北京科技创新中心的中关村。加上作为我国行政中心北京的诸多重磅政策支持,如"金科十条""十个支持"等等,北京的金融科技让北京的银行业独具特色,更是成为全国金融科技企业趋之若鹜的地方。

金融业的便利意味着企业在各方面资金运行的相对便利,科技创新的加持则显示有更多的一手机遇。北京作为首都本来就对国内外的民众有着巨大的吸引力和影响力,而北京的开放、市场化本身就更是引人注目,从来就不会缺少投资者与企业入驻。北京的营商环境自然始终不会太差,而各项惠企政策的推出,持续不断优化的营商环境更是带来无数的资源和优势。总之在中国,北京是无论如何不可错过的拥有优良营商环境的城市。

(二)深圳:培育"三大优势"铸就成功的营商环境

近年来,在全国各地重视并不断优化营商环境的情形下,深圳依旧确保其领先地位。作为我国创业密度第一的城市,与深圳通过自身努力培育成的三个优势密不可分,那就是后天养成的"快、准、狠"地落实中央政策、始终坚持市场化改革方向和全体系金融支持助力中小企业发展。

"快、准、狠"地落实中央政策。说着易,做着难,我国营商环境优化普遍存在上面的政策没有实实在在落地的问题,执行慢,执行偏,甚至不执行,或者是生搬硬套不做解读地敷衍"执行"等不同程度出现。而深圳截然不同,深圳2018年发布的"营商环境改革20条",不是简单"复读"中央文件的原则性内容,而是结合本市实际情况,把文件细化成一条条可执行、可检验的政策要求和工作方案。又比如,深圳2018年制定加快高新技术产业高质量发展文件,就是对照习近平总书记的讲话,一条一条去比对深圳能做什么,然后形成一套落实方案[25]。跟着国家政策走,仔细研究并落实的深圳在营商环境发展中十分注重营造氛围,给了市场明确的发展方向和企业明确的道路指向,给予企业的是发展的安全感,而不是在诸多方面上"只有政、没有策"的虚假优化营商环境口号。

始终坚持市场化改革方向。深圳政府在国家原则性政策的落实上,结合深圳的实际情况做出针对性的实施方案,始终坚持市场化原则,明确政府在新时期的以服务为主的形象。2018年在深圳出现的部分企业股权质押过高的问题,深圳市政府不但通过国有控股企业筹集150亿元资金,还联合了社会资本250亿元以债券、股权等的方式给这些企业注资,帮助这些企业化解困难。深圳政府对于市场只规定大方向和原则问题,而市场、企业要推行项目的具体内容与方式则全由市场、企业自行决定的。

全体系金融支持助力中小企业发展。中小企业融资难的问题是全球性的问题,深圳对此有较早的关注和相对完善的金融支持体系。政府设立了天使投资引导基金,用于支持初创企业,为初创企业解决投资短板的问题,助力企业发展。天使投资引导基金设立专门投资机构进行项目的筛选与管理,投资成功的项目还能从母基金的收益中得到奖励。除了政府对初创企业的支持,深圳市场上有着几千家创投机构,为初创公司提供资金供给。友好的创业支持让所有有理想的创业者备受鼓舞,这让无数优质的、有想法的企业都愿意去深圳。企业发展到一定规模后可以利用担保机制、金融银行融资体系。在从无到有的过程中,深圳的营商环境为创业者们铺就了明亮的道路,自然让深圳营商环境的前景更加光明。

(三)杭州:骨子里的"创新基因"和"最多跑一次"

杭州营商环境的发展速度可以说是一个奇迹。2017年杭州有36家企业入围中国民营企业500强,连续16次蝉联全国城市第一。马云、丁磊、鲁冠球、宗庆后等等,一代又一代耳熟能详的民营企业家和数以万计的创新创业主体聚集在杭州,为杭州的营商环境优化和经济社会发展带来"源头活水"。杭州营商环境的优化得益于民营企业突出发展的推动,而杭州企业家们的创新创业与杭州政府推出的各项政策如"最多跑一次"紧密相关。

创新与环境是紧密联系的存在,"创新基因"似乎就根植在杭州的历史土壤里。创新创业的积极元素,奋勇前行的不竭动力,让杭州从过去的雕版印刷术到现在的互联网技术,无论在产业行业发展还是生活方式创新方面都领航全国[26]。阿里巴巴、网易等数字经济龙头企业在互联网技术上的贡献优化了杭州的每个角落,娃哈哈、吉利、万事利等"常青树"企业则将传统产业加速改造升级,杭州的企业家们似乎早早地对以高质量发展为核心的历史时期做好了准备,并且期待不已。杭州所拥有的互联网、云计算、大数据这些独特优势为杭州其他中小企业准备好了肥沃的发展土壤,让"创新基因"不断裂变。如今的杭州,全市平均每天诞生602个市场主体,发明109个有效专利。

杭州市政府对于企业的帮助和鼓励也是极大的。"最多跑一次"政策的推出更是让杭州的办事服务上升到新的高度,为企业和群众提供了极大的便利。

"最多跑一次"于2016年底在浙江首次提出,它是通过"一窗受理、集成服务、一次办结"的服务模式,让企业和群众到政府办事实现"最多跑一次"的行政目标[27],是"互联网+政务服务"的政府服务创新改革,是通过外部压力构建的最强倒逼机制。"最多跑一次"改革的落实,让250多个事项在杭州办起来极为便利,甚至由"跑一次"到实现"跑零次"。企业的开办、项目的实施等原本要通过政府审批的、流程繁多进程缓慢的现象因"最多跑一次"成为永远的过去式。网易集团董事长丁磊对杭州创新政府服务方式、通过"最多跑一次"改革引领营商环境优化感叹道:"我非常喜欢杭州,杭州市委市政府对企业的服务让我很感动,希望通过自己努力为杭州孵化出更多的高技术企业。"

改革,既是一项牵涉广泛、纷繁复杂的系统工程,又是一场打破重组、自我革新的持久战役[28]。杭州市政府的勇于改革成就了杭州企业的更优发展,与龙头企业共同优化着杭州发展土壤。简政放权、优化服务更是让杭州成为了外籍人才眼中最具吸引力的城市,杭州的人才净流入率和海归人才净流入率近年来都是全国第一。本地人才和外籍人才的流入,创新创业的环境氛围和政府政策全方位的支持,使杭州成为创新创业者们优先选择的城市,杭州正向着国际一流的营商环境前进建设。

三、未来国内营商环境建设

当前,我国正处于重要的战略机遇期,大国竞争趋向激烈,百年未有的历史大变局为中华民族伟大复兴提供了重要的外部环境,也为中国全面参与经济全球化和全球治理并由此提升国际话语权提供了重要的历史契机,而切实发展经济,提升综合国力是重要因素之一。随着各国对营商环境的重视并上升到核心竞争力的高度,发达国家诸如英国、美国、新加坡等的营商环境建设的先行样板,北京、深圳、杭州等经济较发达地区营商环境优化的引领,无不昭示着国内各地区只有而且必须进一步加强营商环境建设,补齐短板,形成优势,方得始终。

(一)注重诚信建设

诚信,作为中华传统道德的重要规范之一,不仅是精神文明建设的重要内容,也是维护经济社会正常运行的重要力量。诚信是社会个体之间开展交往,合作的前提和基础,当今社会道德的滑坡,精神文明的失衡,说到底是诚信的缺失。加强诚信建设,既是社会主义精神文明建设的需要,也是优化营商环境、促进社会主义市场经济发展的迫切要求。企业诚信度的高低直接关系和影响着企业的信誉、形象和文明程度,关系到企业的生存和发展。说到底,关系到中华民族伟大复兴的宏图伟业。

作为时尚产业而言,更需要强调诚信建设。时尚消费最主要的桥梁是人与人的交流。许多消费者喜欢实体店甚于网购,最主要的因素是实体店的产品更直观地展现在眼前。网上产品虽然有相关介绍,附带各个角度的产品图片,且更方便,但是大多数消费者还是喜欢线下购物,且大牌销量往往高于一般品牌销量,一般品牌的销量又高于无品牌。归根究底,是诚信问题。由于网购产品容易出现与图片或描述不符的情况,品牌知名度越低,产品夸大的情况越严重。若想提高本土时尚品牌知名度,首先需要进行诚信建设,只有提高了诚信度、美誉度,才能增加消费者黏性。

(二)打造城市品牌

品牌的核心内涵是传递给消费者的核心利益,其核心价值代表了产品或服务能带给消费者最大和最根本的利益。一个城市品牌必须注重充分挖掘各种资源,按照唯一性、排他性和权威性的原则,确定自己的个性、灵魂和基本理念,这是品牌在竞争激烈的商品经济社会存在的理由和价值,代表了能够带给社会和消费者的根本利益,获得消费者认同和投资者接受的立足点。城市品牌既是城市形象本身,也是特定城市的企业与产品。优化营商环境,必须注重打造城市品牌。

时尚产业的特殊性决定了其更注重城市品牌价值。城市为时尚产业发展提供了土壤和资源,时尚产业丰富和充实了城市的内涵,两者是相辅相成,互为表里共同发展的。就时装而言,不同的城市,由于地理环境、气候等外在因素的影响,往往造成一定程度上的着装差异,其时尚消费也不尽相同。云南四季如春,服装相对偏轻薄,不适合棉服羽绒服等品牌发展;东北入冬早,温度低,对于保暖服饰需求量较大,它们各有其特需,从业者就应该从实际出发,挖掘不同城市的资源、文化、传统、习惯等,确定自己的发展理念与个性,全力打造发展适宜的城市时尚服饰品牌。而打造城市时尚品牌推进品牌发展的同时也提高城市的知名度,从而推动城市经济发展。

(三)线上模式重整

"互联网+"代表了一种新的经济形态,即充分发挥在配置中的优化和集成作用,将互联网的创新成果深度融合于经济社会各领域之中,提升实体经济的创新力和生产力,形成更广泛的以互联网为基础设施和实现工具的经济发展新形态。显然,"互联网+"并不是互联网与传统行业两者简单地相加,而是利用信息通信技术以及互联网平台,让互联网与传统行业进行深度融合,创造新的发展生态。

随着科技的高速发展和社会的转型,信息革命、全球化、互联网业已打破了原有的社会结构、经济结构、地缘结构、文化结构,全新的发展业态已然形成。与其他行业一样,时尚产业和销售服务业早已和网络深度融合,电子商务、网购盛行,占据了一定的市场份额。与此同时,一方面各种线上平台及APP的无序推送、迅猛兴盛,另一方面入驻成本低,从业门槛低,从业者素质参差不齐以及其他各要素影响,造成了当前线上模式混乱,产生一系列问题。因此,必须重整线上模式,要建立健全相应的法规体系,规范线上行为方式,加大调控力度,严惩不法行为,从而进一步推进国内营商环境建设,以利于本土时尚品牌更好地发展。

第三节　优化我国营商环境的协同机制

营商环境的改善不单单是考虑企业的发展与效益,在招商引资、鼓励企业投资、促进企业的发展同时,还应该注意到这些投资和发展对社会的影响与价值。改善与优化营商环境,本质上是提高效率的行为。除了参照沿用世界银行的标准之外,还应根据不同行业、社会的发展情况,完善和健全宽严适度、与时俱进的法律法规,明确标准化、透明化、简化各类办事手续和政府监管行为清单,并着眼于我国营商环境的现状,参考代表性国家、地区的特点,从思想判断层、他律控制层和自律屏障层三个方面提出和制定相应具体措施。这样必然会极大地促进我国整体营商环境的优化。

一、思想判断层

客观来看,企业和政府对于营商环境的要求是天然矛盾的。对企业来说,政府零管理、市场全面开放是最优的营商环境,但站在政府角度则要防范放弃监管,听凭市场野蛮生长可能带来的各种风险。优化我国营商环境,从发现问题、提出建议、确认实施,直至收获应有效果,这是一个系统工程。对此,我们要站在一定的高度,拥有系统的思维去认识与看待。张威先生就优化我国营商环境的基本原则问题提出过六个思维,分别是:以底线思维确定开放边界、以辩证思维发挥最大效能、以系统思维加强整体谋划、以战略思维统揽全局方向、以法治思维构建制度体系和以精准思维推进优化进程。

以底线思维确定开放边界。就是说,对市场开放需要设置一个底线,这个底线是开放外资市场准入带来的、我国政府已经无法管理监督、无法对我国市场因外来资本遭遇风险时能及时进行控制的程度。我们设定好了这个底线,才能相对安心开始对于市场现有的开放程度进行扩大或者收缩,以及对产业领域的发展要求做出调控,比如对国家、地区有发展帮助的制造业、服务业等产业领域,应给予大力支持并推动发展建设,而对伤害群众健康的、损害区域安全的、危害国家安全的行业领域,无论何时何地都不能开放,要坚决抵制,守住底线。

以辩证思维发挥最大效能。市场发展变化,离不开政府的监管。要从整体上、本质上完整地认识政府的监管,即政府对于市场的监管既是管制也是推动市场发展和顺利运行的重要推手。便利市场要适度,政府管制也要到位,两者缺一不可。便利市场、推动经济发展,政府职能必须由单纯管理型向服务型政府转变,要对我国营商环境问题进行深度改革,简政放权,简化手续,提高市场运行效率和市场的活力。但同时政府管制在市场发展和营商环境优化的过程中绝不能滞后甚至缺位,作为市场的安全防线,必要的政府审批不能取消。当下政府监管部门的问题在于婆婆太多,职能交叉,政出多门,造成效率低下。

以系统思维加强整体谋划。营商环境是众多市场要素和指标共同构成的。营商环境的优化,取决于各个指标平衡兼容后呈现出整体最高水平。并不是说其中一个指标评估时得分特别高,被大家所承认,那么这个地区的营商环境就是好的。正确的应该是,所有指标都在共同改善优化,也许没有哪一项指标达到了最高值,但是这个地区营商环境各项评估指标达到优良,都得到投资者的认可,企业的发展才会十分顺利。总之,优化营商环境是一个全局性的工作,它要求局部的协同和整体的协调,需要加强顶层设计和整体谋划,需要各个指标之间的互动和配合。

以战略思维统揽全局方向。这是以系统思维加强整体谋划的进一步深化,主要解决营商环境建设中的整体方向性问题。我国营商环境的优化必须要有指向性与发展方向,那就是必须具有中国特色的,承认中国历史的,符合中国发展道路的。确认并把握这样的大方向,就需要我们保持战略定力,有一定的战略判断、部署和重点,需要上下齐心,国家各部委和地方各级政府积极发挥能动性,相关职能部门和人员通力协作,企业和全社会紧密配合。

以法治思维构建制度体系。没有规矩,不成方圆,法律法规是市场运行的基本准则,也是优化营商环境的前提和基础。法律是解决和处理营商环境中各类问题的依据。市场不能只有简单的企业活动和政府监督这两个要素,法律明确地区分了市场和政府的功能,规范着市场的经济秩序,提升着政府履行职责的水平。市场活动中的全要素都要自觉受到法律的约束,在法律的框架内开展自己的工作。要真正实现法律面前人人平等,这是底线。

以精准思维推进优化进程。优化营商环境的过程中,我们要切实锻炼出一双"火眼金睛"和"七窍玲珑心",要能准确地抓住优化过程中的重点环节和具体细节,能敏锐洞察出现问题的原因并及时做出修正或调整。要从市场实际发展的诉求出发,以问题为导向,制定具有针对性的、有大功效的改革细则和指南,补强诸多薄弱环节,解决各类矛盾和冲突,消除有碍营商环境优化的阻点,避免改革过程"雷声大,雨点小",让口号变成白话的尴尬,努力实现营商环境优化由量变到质变的华丽转身。

六个"思维"是一个有机整体,是相辅相成的。只有确立了思想层面的基础判断,我们才能客观冷静地分析问题、思考问题和解决问题,制定出行之有效的优化营商环境的实质性举措,并付诸行动。

二、他律控制层

优化营商环境离不开正确、有效的监管。监管作为规范行为的重要方式,完善和改进监管工作,本身也是营商环境建设的重要内容之一。监管作为一项系统工程,包含多种监管主体、监管制度与监管形式,只有坚持一个整体,形成监管合力,才能增强监管的实效。

(一)法律机制

法律法规是人人都要遵守的底线,完善法律法规即是对营商环境底线的保障。在我国,现行有关营商环境的法律有《反垄断法》《劳动合同法》《中小企业促进法》《知识产权法》等,对企业的发展、劳动者的保障和创新的激励无疑起到了举足轻重的作用。但毋庸讳言,到目前为止尚未真正形成完整的法律体系,上述的法规也基本属于原则性的,缺乏配套的具体化、具备可操作性的实施细则。当前我国优化营商环境涉及诸多因素,情况复杂。首先,面对我国劳动力数量下降、成本上升的问题,怎样在法律层面做好现有劳动者的保障,增强新增劳动岗位的吸引力和解决未来劳动力持续下降问题等等,尚未出台配套的法律法规制度。就时尚行业而言,这是一个由创意和服务组成、需要相互合作才能更好发展的行业,目前是设计者居多,但缺乏大量的制作者和服务者,面临着设计产品难以及时有效转化的问题。其次,面临着国内人员流动加速和国外来华人员加大的问题,包括我国境内境外人员流动和国内外投资者流动等。随着开放力度和开放领域的加大,企业投资意愿和行为的增强,境内外学习人员和投资人员快速频繁进出已成常态,如何制定相关法律法规配套的实施细则,便利民众与企业,应该引起重视。我国时尚行业发展情况表现得尤为突出。再次,涉及知识产权保护方面的争议与冲突频发。我国的《知识产权法》对于书籍内容和设计专利等方面的知识产权保护缺乏配套的法律法规,难以有效地及时消除争议化解矛盾。纵观2016至2018年多起书籍情节抄袭的案例,原创作者费尽心血却依旧得不到保护的情况屡见不鲜。因此规划并出台保护性法律,已经不容迟缓了。除此之外,政府在风险防范、创新升级、品牌创造、出入境保障和制止市场恶性竞争等方面出台均应制定相关法规,让市场在有上限的保护和有底线的规定中运行。

(二)政府监管及服务机制

我国政府应通过加大改革力度,真正实现向服务型政府转变。这并不是说政府对市场不再或者少监管,而是在市场规范运行范围内提升服务,范围外则大力管制。

比如在税收征纳方面,政府应当基于监管纳税的情况下,大力提升服务意识和服务水平,做好纳税人服务,方便纳税人纳税。根据"服务＋执法＝纳税遵从"的规律,着眼于纳税人的服务需求,促使纳税人更高效、便捷地纳税,建立和谐的征纳关系[29]。通过有效的服务措施,为纳税人高效、便捷地履行纳税义务提供保障,促使纳税人更准确、低成本地实现纳税,引导纳税遵从,提升纳税遵从度[30]。至于我国企业税费负担偏高的问题,可参考英国的一些做法,如根据市场在不同年段的不同状况调节税收标准,在企业税收上升和下降的同时,通过其他税种税率的改变来维持一定的国家税收收入。税收制度的调整和改良,必定能为我国市场引入更多的投资者和企业,也能在一定程度上提升时尚产业企业的基数。

企业申报补贴和优惠、企业贷款申请、项目办理施工许可申请这三个方面办事效率的低下,是政府职能部门加以改革不断创新与完善的另一个重要方面。要营造一个更公开透明的政务环境,进一步改革行政审批制度,不断减少审批事项、减少审批的部门、简化审批的程序、精简合并各种收费。政府部门要在执行效率和执行服务方面获得企业的信任、信心和肯定,进而调动企业发展的积极性和行动力,这也是政府部门在市场发展的过程中进行更好更有力监管的基础。

我国要有序高质量保障土地供给。社会发展,企业投资或扩大规模,而土地供给量减少,土地价格上升,无疑是发展的瓶颈。就商业土地供给来说,企业尤其是服贸业希望拿下配套最完整、最发达的地块,跟市中心地价极高形成了矛盾。比如时尚产业本身就是需要有足够消费水平的地区才能发展起来的,纵观我国乃至世界发达城市市中心的繁华地段,多数也是由时尚行业的购物城、购物街组成的。如何破解这个难题,需要政府的智慧和配套的政策。政府要有计划梳理和引导企业向外围地块发展,在政策上支持郊区或者周围城市发展。要调动各方面的积极性和能动性,鼓励城乡接合部或周边地区运用自身的优势展现发展的潜力,主动对接企业,获得企业的认可与接受。同时鼓励和支持企业向外围地块延伸和拓展,给予必要的惠企政策和配套措施,帮助企业健康良性发展,进而带动周边地区的发展。政府控制和保障土地供给,是优化营商环境的重要环节。

(三)保险赔偿机制

建立完善的保险赔偿机制,充分发挥保险经济补偿和社会治理功能,是优化营商环境不可忽视的基本要义。

我国市场发展过程中的保险赔偿机制可以从正反两个方面加以完善。一是建立完善保险保障应急机制、提高迅速响应能力。企业发展过程中,政府为鼓励其发展,在发展初期加以资金、场地等的支持之外,尤其要重视企业发展成型后遭遇不测如金融危机、自然灾害等风险的保障。二是对环境造成污染、对市场造成危害等一切对营商环境优化不利的情况,应对企业进行相应的惩罚,这是对营商环境优化的保险。保险赔偿机制的完善在经济意义上更直接地给予企业发展动力。在社会意义上则是规范企业行为,警示企业在发展中重视可能对环境造成污染问题。就时尚产业而言,除了工业产业,时尚产业所带来的时尚消费既促进了经济的发展,同时对环境也会造成了极大的污染。保险赔偿机制的双面性既可以有效地支持时尚产业企业的发展,也可以有效地促使时尚产业企业的创新和改良。让时尚产业向"绿色"的、可持续发展的方向前进。

(四)品质标准成文机制

所谓标准,是指衡量特定事物或工作应该达到的水平、尺度和必须遵守的规定。产品品质标准是产品生产、检验和评定质量的技术依据。完整的产品品质标准包括技术标准和管理标准两个方面。作为一个企业,要使生产经营能够健康有序地进行,就必须从原材料采购、进厂,一直到产品销售等各个环节,都必须制定相应的品质标准来保证。它不但包括各种具体的技术标准,还包括相应的管理标准以确保各项生产、销售与售后服务的协调进行。所有企业都必须端正经营指导思想,坚决纠正片面追求产值、利润,忽视质量和社会经济效益的倾向。

政府应当根据实际情况,对市场上所有商品分类分项制定出强制性的品质标准,形成文字结集公示,作为指导企业生产的依据,引导企业更快地向回收、无害、可降解等方向发展,也可供消费者购买时参考。政府职能部门对企业生产产品,要依据相关的品质标准,加大检查监督。这不仅是对人民日益增长的物质水平要求提升的负责,也是对消费者健康和环境保护的负责。时尚消费产品、时尚产业的延伸品更要将标准成文,因为时尚消费产品从其原材料的获得开始到产品废弃的每个环节都可能会对环境造成污染和难以估计的消耗,政府将产品品质标准成文,将有助于时尚产业发展中彻底扭转重生产、重产值、轻社会效益的倾向,真正实现可持续绿色发展。

(五)市场信用建设机制

所谓信用,是指依附在人之间、单位之间和商品交易之间形成的一种相互信任的生产关系和社会关系。信用是长时间积累的信任和诚信度。社会信用体系由政府信用、企业信用和个人信用融合而成,信用体系对于企业在市场中的运行、政府的有效管控、人民的生活选择具有十分重要的作用。现代市场经济是信用经济,没有成熟的信用社会就没有成熟的市场经济。

事实上,我国的信用建设机制,无论是企业还是个人都与欧美国家相差较远。在持续加大开放力度与广度,不断推进改革创新,全面推动内循环和外循环的"双循环"建设的背景下,强调优化营商环境建设,就必须加强和完善我国市场信用建设机制。要借鉴欧美发达国家市场信用体系建设的成功经验,立足国情,从我国实际出发,及时出台完善市场信用建设的措施。关键要加快制定和完善相关法律法规,使社会信用体系的建设与运行有法可依,有章可循。要加强宣传和教育,不断增强全社会的信用意识和信用观念,为建立健全社会信用体系奠定坚实的社会基础。同时,要不断完善和强化信用的监管和失信的惩戒制度,加大失信违约等行为的惩治力度,形成有效的失信慑止机制。政府要推进并逐步开放信用服务市场,多措并举,持续发力,增加国内信用机构的竞争压力和发展动力,不断推动社会信用体系的全面有效建立和完善。比如,可建立质检、工商、审计和新闻媒体为一体的监督制度,以净化信用市场,提高信用质量[31]。运用互联网、大数据等现代科技手段,加大信用信息的透明度,解决社会和个人对企业信用了解中出现的信息不对等情况,让信用成为市场中各个企业的另一个"身份证",为市场运行、营商环境优化做好企业质量基础。

(六)社会舆论机制

社会舆论作为基于一定的社会认知、利益和需要,针对特定的对象,通过一定的方式传递出的态度、意见、要求和情绪,是"多数人"整体认知和共同意愿的外化,具有强烈的导向性和实践意向。

社会舆论具有的公众性、公开性、指向性、评价性、集合性和裂变性等特点,不仅可以弘扬正气,传递正能量,还可以发现问题,帮助政府了解更全面、更细致的情况,推动改革创新和完善缺漏之所。此外,社会舆论还能监督市场内各个企业,制止和避免各种有违法律法规与公德良俗和损害社会、个人利益的行为等等。如2019年一年时间内,诸多国际时尚知名品牌没有尊重中国的主权而发表了不当的言论或者推出辱华产品,都在第一时间内被中国消费者发现、揭发并形成强大的社会舆论,无须政府职能部门公开表态,来自群众不满呼声给予品牌的巨大压力就迫使品牌方认识到错误行为以及代价,其结果品牌方为挽留中国客户、消除负面影响都及时在各个社交网站的官方账号上发表道歉声明。用我国领导人的话就是"中国的市场是一片大海,汇聚成这片大海的中国人民群众就是最好的监督者"。这也警醒中国本土品牌，必须牢记国家利益至上，人民利益至上，企业发展必须与社会、人们的需求相一致。

很显然，社会舆论对于社会经济发展和营商环境优化是十分重要的。我国要高度重视社会舆论机制建设与完善，要加强引导，采用包括法律和行政手段在内的多种举措，构建适应社会发展的舆论战略，在国际上提高中国的话语权。在实践中，不仅要继续做好延续多年的相对完善的各种社交平台上群众意见的收集整理，还可支持本国专业性社会组织发布区域性的营商环境报告，发出中国声音，纠正西方舆论中片面的、歪曲的、负面的甚至是错误的宣传，弘扬中华民族优秀传统文化和中国特色社会主义建设的优势，扩大中国的影响力和吸引力。同时用社会上专业的声音发现问题，督促政府作为，督促企业改进，提升营商环境。

三、自律屏障层

营商环境的优化，不仅要有来自他方的约束管理，如法律层面、政策层面、社会监督层面等，还要有市场主体自我的约束。这里的市场主体，即市场各个行业、各个企业和消费者。市场主体对规定有畏惧，对支持有冲劲，对自己有要求能自律，三者合一才能真正让市场走向美好的未来。

（一）行业自律机制

我国对于市场的监督把控，除了政府部门，当属各个行业的代表性组织的影响力最大。行业组织作为同一行业内企业的组织形态和企业间的关系，反映了各行业的企业自我净化、自我完善、自我革新、自我提高的意识和要求。它是介于政府、企业之间，商品生产者与经营者之间，并为其服务、咨询、沟通、监督、公正、自律、协调的社会中介组织，因此行业组织要发挥自身的作用，时刻关注着自身行业的问题和发展中的不足，定时举行相关会议，对出现的具体事由，要先看清是政府政策、监管的问题还是行业内部的问题，倘若是行业内部问题，则由行业内部自行解决，属于政府或职能部门的则提请相关单位帮助解决和处理。行业的自律会有效促进一个行业和相关行业共同向优良的、群众所认可的方向发展。当整个行业被消费者所信任的时候，也必然为行业发展带来更多的机遇和投资群体。

时尚产业在我国近年来强势发展，随之而来的产品设计"抄袭"问题屡见不鲜，时尚消费过高导致的资源消耗、环境破坏问题愈发严重。时尚产业的行业组织应当引起高度重视，可以考虑制定本行业发展规划、要求和相应的处罚机制，促使时尚行业的健康、可持续地绿色发展。

(二)企业社会责任机制

"企业社会责任"概念最早由西方发达国家提出,联合国也是推动企业发挥社会责任的重要机构。企业社会责任是指企业在创造利润、对股东承担法律责任的同时,也要对各相关利益者造成的影响承担责任。企业社会责任的提出,主要是为了解决资本与公众的矛盾,解决企业与消费者的矛盾以及企业与社会的矛盾等。企业社会责任符合社会整体对企业的合理期望,是企业通向可持续发展的重要途径。企业必须明白自身对于社会的责任,要勇于承担社会责任和高度自律,不以自己的利益为唯一目标,这是行业乃至市场发展的最终目标也是规范市场秩序的重要的一环。

中国企业在快速扩张发展的过程中,曾经走过一个急功近利的历史阶段。在时尚产业内,无数企业、品牌为了推出符合消费者需求的产品,不惜去剽窃创意、破坏资源提取材料等,还有环保主题的大热,有些品牌中注入"环保"DNA,标注宣传环保、宣传可持续发展的,实际上只是看着"环保"而产品的材料包括出产方式任何一个地方都与"环保"无关,这个做法其实就是利益驱使下的表面文章,是实实在在地欺骗消费者。不独时尚产业,一般企业忽视或逃避社会责任现象比比皆是,包括无视在社会保障方面应起的作用,不择手段逃避税收和社保缴费;漠视或忽视环境保护,以破坏和污染环境为代价,片面追求利润最大化;有些企业唯利是图,为富不仁,毫无诚信,向市场提供假冒伪劣的服务产品和虚假信息,与消费者争利或欺骗消费者;毫无提供社会公共产品的意识,无视公益事业,无视社会公众利益;缺乏公平竞争意识,甚至极力排斥市场竞争,追求行业垄断地位等等。优化营商环境,必须重视完善和健全企业社会责任机制,要提高企业的社会责任感,自觉承担社会责任。这需要政府制定和完善相应的法律法规体系,明确责任要求和相应的违规处罚措施。同时也需要加强宣传教育的力度,不断增强企业的社会责任意识,弘扬正气,树立典型,鼓励企业自觉并勇于担当社会责任,为优化营商环境做出力所能及的贡献。

(三)群众自觉机制

群众自觉是优化营商环境不可或缺的要素之一。在市场运行的过程中,消费者作为产品的最终输出目标,产品的优劣、企业的好坏、行业的发展前途如何都来自消费者的支持与否,这是少不了的,可以说是最重要的一环。作为市场终环的主体,消费者拥有的权利和承担的义务应该是相辅相成、不可偏废的,消费群体在市场中的表现很大程度上影响着企业的行为。毋庸讳言,我国经济建设过程中,企业存在的许多问题尤其是假冒伪劣产品盛行的问题,跟消费者的消费意识和消费行为密切相关。进入21世纪后的中国长时间被"山寨国"的称呼所困扰,原因固然是多方面的,但消费者是很重要的因素。由于我国的整体消费水平还不够高,但是伴随全球化浪潮的大量时尚资讯扑面而来,追求时尚产品和时尚消费与消费意识、消费能力形成了矛盾,现实中消费者的市场需求自然导致了中国企业对时尚产品的模仿和抄袭。加上市场意识和相关知识的欠缺,对于知识产权可谓毫无了解,所以造成了"山寨品"在中国肆虐,市场被整体带入了产供销怪胎循环,而实实在在自己设计、自己创新的本土品牌因知名度或成本问题屡屡败于"山寨品"。显然,优化营商环境还必须完善群众自觉机制。要加强宣传教育和引导,增强消费者的意识,鼓励消费者确立正确的消费观和消费行为,自觉抵制抄袭假冒的产品,支持对社会有帮助的企业,反对不尊重中国主权和法律法规的外来企业,关注可回收可降解产品等等。

参考文献

[1] 张威. 我国营商环境存在的问题及优化建议[J]. 理论学刊,2017(5):60-72.

[2] 吴建安. 中国外商直接投资环境研究[D]. 首都对外经贸大学硕士论文,2002.

[3] 张威. 我国营商环境存在的问题及优化建议[J]. 理论学刊,2017(5):60-72.

[4] 于江南. 打造政策环境新生态力促民营经济新飞跃[J]. 现代营销(经营版),2019(12):34.

[5] 财新网. 社论|以政策透明度提升营商环境[N]. 2019-04-22.

[6] 金三林,朱贤强. 我国劳动力成本上升的成因及趋势[J]. 经济纵横,2013(2):37-42.

[7] 庞凤喜,潘孝珍. 我国企业税费负担状况分析及改革建议[J]. 会计之友,2014(20):107-115.

[8] 刘畅. 中国企业税费负担分析——政策执行的视角[J]. 经济问题探索,2011(7):134-138.

[9] 汪永兴,赵敬丹. 当前我国服务型政府建设中存在的问题与对策分析[J]. 行政与法,2009(8):1-3.

[10] 张修现. 服务型政府建设存在的问题与对策[J]. 中小企业管理与科技,2013(27):120-121.

[11] 白永秀,王颂吉. 我国经济体制改革核心重构:政府与市场关系[J]. 改革,2013(7):14-21.

[12][13] 杨骑瑞. 基于国际"最高标准"的中国海关跨境贸易营商环境的优化研

究[J].中国市场,2019(29):66-68.

[14]张威.我国营商环境存在的问题及优化建议[J].理论学刊,2017(5):60-72.

[15]李娟娟.探讨如何优化施工许可审批流程[J].建材与装饰,2018(14):180-181.

[16]重庆市编办.重庆办理施工许可实现时限减半[J].中国机构改革与管理,2018(8):27-28.

[17]人民网.法治是最好的营商环境[N].2019-05-05.

[18]新华网.用法治打造良好营商环境[N].2019-02-26.

[19][20]杨姝琴.英国营造良好税收营商环境对广州的借鉴意义[J].探求,2018(16):4-45.

[21]田大瑜.国家信用:美国经济的基石[J].广义虚拟经济研究,2013,4(1):29-36.

[22][23][24]优化营商环境,新加坡有啥招[J].福建质量技术监督,2019(3):59.

[25]吴思康.深圳营商环境评估的五个维度及优势分析[J].人民论坛,2019(28):46-47.

[26]金立山.杭州:打造国际一流营商环境[J].杭州(周刊),2019(6):6-9.

[27]范柏乃,陈亦宝.中华人民共和国人民政府官网.推动"最多跑一次"改革不断前行[N].2018-04-20.

[28]"最多跑一次"跑出杭州持续优质的营商环境[N].杭州日报,2019-09-03.

[29]孙玉山,刘新利.推进纳税服务现代化营造良好营商环境——基于优化营商环境的纳税服务现代化思考[J].税务研究,2018(1):5-12.

[30]祝洪溪,国凤,靖树春.推进纳税服务现代化的策略[J].税务管理,2015(5):95-98.

[31]孙丽燕.企业营商环境的研究现状及政策建议[J].全球化,2016(8):106-119+135.

第六章　时尚消费与品牌创新

　　时尚消费作为一种社会心理现象,一直是驱动消费的重大商业元素,能够创造出大市场的商业价值。时尚消费也是大众消费中最具生命力、最富情感因素参与的消费形式。当今中国,"时尚消费"蔚然成风,这对企业和商家来说,无疑是一个空前的机遇。基于当下时尚消费现象,探索品牌创新之路刻不容缓。中国时尚产业要以品牌创新文化生态现状为基点,分析和借鉴欧美发达国家时尚产业发展之路,立足中国国情和时尚产业特点,联系并剖析相关案例,总结经验,探析中国时尚产业创新体系建设,走出时尚消费下的品牌创新之路,在国际时尚产业界赢得中国应有的地位。

第一节　时尚消费下的品牌创新文化生态现状

　　消费升级背景下,众多城市将发展时尚产业作为促进产业提质增效、培育新的经济增长点、实现经济高质量发展的重要抓手。我国已进入了消费驱动的新时代,时尚消费促进品牌创新,要通过对时尚消费趋势的整体把握,认真研究分析民族时尚品牌创新文化生态现状,着力构建新的时尚消费回流路径。

一、时尚消费趋势分析

　　不同国家,不同时代,赋予了"时尚"不同的内涵。20世纪50年代,朴素是时尚;60年代,穿海魂衫是时尚;70年代,喇叭裤、迷你裙成为了时尚;80年代时尚掀起西装热潮。如今,时尚已成为现代社会中不可或缺的重要组成部分,不断丰富着人们的物质文化生活,并逐渐渗透到经济领域,成为经济要素的活跃力量。当代社会的时尚已逐渐向品牌创新与文化构建发展[1]。

(一)产品创新奠定消费基础

时尚产品的价值是由消费者决定的,取决于产品的品质、功能、特性、品种与款式等,这是消费者需要的中心内容,也是消费者愿意选购产品的首要因素和消费基础。随着物质丰富和生活水平的提高,不同类型的消费者对产品的价值有着不同的追求,在消费时必然呈现出极强的个性特征和消费差异性。

未来空间是基于人与文化、人与生活、人与人的连接的品牌愿景下,持续不断地品牌创新。品牌要想长期发展,必须不断创新,包括产品创新和渠道创新。说到产品创新,人们的关注度几乎都会集中在产品功能的创新上。的确,产品功能的创新在企业长期发展战略中起着关键的作用。但是产品创新是一个系统工程,产品功能仅是一项要素,这个系统工程的全方位战略部署是产品创新的重要战略,包括选择创新产品、确定创新模式和方式以及与技术创新其他方面协调等。只有把握时代脉搏,始终坚持"以人为本",深耕产品文化,不断地产品创新,才能奠定时尚消费基础,使产品价值最大化,企业也才能持续健康发展。

(二)渠道创新开拓消费途径

销售渠道是连接、承载产品和服务的载体,是企业把产品和服务从生产者向消费者转移的过程中所经过的通道和路径。不同的行业、不同的产品、不同的企业规模和发展阶段,销售渠道的形态各不相同。销售渠道是企业最重要的资产值之一,同时也是变数最大的资产。

有了符合个性化、多样化需求的产品后,并不是必然能获得消费者认可和接受,更不是一定能够赢得市场、实现产品价值的。将产品更好地推向市场,渠道创新是开拓消费途径的有效方式之一。毕竟大部分的产品都是为市场服务,这就不得不进行商业模式的创新。越来越多的企业发现,在产品、价格乃至广告同质化的今天,单凭产品创新已无法在快速发展的时尚界激起巨大涟漪,唯有"渠道"和"传播"能使品牌产生较大差异。渠道创新成为当下时尚产业乃至全行业的重心,在市场经济日益发达、品牌营销日益激烈的今天,渠道创新为品牌、为企业走向国际舞台提供新的发展路径。

(三)文化创新提升消费回流

品牌是由具体的产品和抽象的文化共同形成的。时尚消费既是一种消费行为,也是一种流行的生活方式,是以物质文化的形式而流行的消费文化。因此时尚消费不仅是物质的,更是有深刻的文化内涵的,它是思想上、精神上的一种享受。它不仅体现了个人的消费爱好,更主要的是体现了一个人的价值观念和审美等内在的东西。

在提倡并重视创新的当下，品牌创新不能停留在产品款式或者是销售渠道方面。仅是产品和商业创新的结果，可能是新产品被迅速模仿或出现其他替代产品，能置身于"蓝海"的时间很短。品牌创新首先需要打造能够"鸣锣开道、保驾护航"的"卫士"，即构建独特的品牌文化生态密码，着力品牌文化创新。在全球化不断深入的今天，中国始终是各国拓展商机的潜力市场。面对快速发展的中国市场，国际品牌紧盯全球化新时代的市场与机遇，随着消费者消费理念和消费趋势已从物质消费升级为精神消费的变化，不断地进行文化的创新，用恰当的文化表述能够唤起消费者共鸣的同时，让他们心甘情愿地买单并乐此不疲。作为中国本土的时尚品牌，要想真正走向国际时尚舞台的中心，赢得时尚产业的话语权，就必须注重品牌文化的建设和创新。

从中国时尚产业发展变化来看，企业规模和产品数量的扩张十分迅速，但中国的品牌文化建设明显滞后，有待进一步沉淀和加强。经验可以分享，也可以借鉴，但时尚是不可复制的。有价值的时尚，需要依靠本国文化才能被世界认同，才能创造品牌生命力。一个品牌要想长久生存，不仅要在产品上与时俱进，文化创新同样必不可少。品牌文化作为企业文化的重要延伸，不仅赋予了品牌生命力，更提升了企业竞争软实力。因此，在吸收国外经验的同时，要着力于打造本国品牌文化。随着时尚的瞬息万变，以及品牌战略的实施，企业只有越来越重视品牌文化的创新，才能够赢得消费者，促进消费回流，赢得市场，也才能够赢得未来。

二、时尚品牌生态现状

在这个品牌致胜的时代，强势品牌因其对经济贡献卓越而成为各国的追求。然而中国真正意义上的民族时尚品牌少之又少，陈徐彬[2]在《中国有民族品牌吗》中说道，中国存在着时尚品牌，但缺失真正意义上的民族品牌。这一现象与我国现有民族时尚品牌文化生态密不可分。随着当代艺术与文化创意产业的发展，国际时尚界注重民族时尚品牌的创意与设计的同时也更加重视文化创新的发展，与此鲜明对比的是，我国民族时尚品牌创新文化生态却不尽如人意。

中国乃消费大国，虽属于发展中国家，然消费水平与发达国家相比有过之而无不及。近年来，随着物质水平提高，我国居民开始追求精神享受，时尚消费不断攀升，带动纺织服装产业的发展。研究表明，自2000年始中国服装消费增长率趋于翘首，近年来虽有所下降，但仍高于许多国家。表6-1展示了中美日近10年服装消费增长率情况，数据表明，日本近10年来服装消费增长率一直呈现负数,美国虽稍高,然也处于稳定期,中国却一直呈现增长状态,预计未来几年将保持持续增长状态。可见,中国是个时尚高消费国家,具有潜在的巨大消费能量。

表6-1 中美日近10年服装消费增速率

时间(年)	中国增长率(%)	美国增长率(%)	日本增长率(%)
2008	25	−2	−5
2009	20	−4	−12
2010	25	5	−5
2011	24	6	−3
2012	17	5	0
2013	12	1	−0.5
2014	10	2	0
2015	9	2	−2
2016	7	1	−5
2017	8	0	−2.5
2018	9	4	−3

表来源:Wind,长江证券研究所,自行整理。

然而,中国本土整体时尚品牌的发展却赶不上经济发展速度。我国虽逐渐打破"中国制造"走向"中国创造",时尚产业日趋丰富,一些时尚品牌也已逐渐走向国际舞台,如江南布衣、李宁和波司登等陆续亮相各大时装周。但是,绝大多数民族时尚品牌却始终停滞不前。研究表明,当前品牌生态主要表现为以下几个方面:

(一)产品设计同质化,缺乏新意

随着我国时尚行业稳步发展,时尚产品出现供大于求的情况,众多企业为了占据市场优势,以同外形材质而实质上替换掉高成本材质内芯、实行低价销售成为设计师和企业的普遍手段,时尚行业由此进入以销售为中心的成本竞争时代。为了跟上时尚产品的更新速度,"借鉴"成为时尚业新名词,产品设计同质化现象严重。缺乏"创新性和新颖性"的产品与企业竞争形成恶性循环的原因有二:一是外部原因,由于网络信息技术的高速发展,时尚流行趋势信息透明化,为企业生产的时尚产品同质化提供便利;二是内部原因,企业缺乏原创设计师,多采用买手制形式,对市场爆款进行贴标转卖。

（二）营销渠道单一化，难以创新

作为商品和服务从生产者向消费者转移的具体通道或路径，营销渠道的基本功能在于把自然界提供的不同原料，根据人类的需要转换为有意义的货物搭配，实现产品从生产者转移到消费者所必须完成的工作加以组织，消除产品或服务与使用者之间的差距。

传统营销方式以广告为主，随着电子商务时代的来临，网购风靡一时。大数据时代，短视频营销、口碑营销等为品牌销售渠道打开新视界。对时尚产业来说，在每一代的渠道创新到达巅峰之际，寻找新的营销方式成为品牌创新新机遇。当下，多数本土时尚品牌营销渠道单一，虽创建了各种小程序，也试图通过直播带货，却始终无法突破"流量"的限制，没有起到很好的引流效果。品牌"限流"最主要的原因是营销渠道过于大众化、单一化，无法吸引消费者眼球。不断进行营销渠道整合创新是本土时尚品牌国际化重要途径之一。

（三）品牌文化薄弱化，不够雄厚

一种文化奠定一个时尚品牌的基础。文化创新是社会发展实践的必然要求，是文化自身发展的内在动力。品牌文化创新，旨在将品牌内在故事进行外在表现，是一个品牌立足的根本点。企业要在市场立于不败之地，就必须加强自身品牌文化的宣传，通过品牌文化满足消费者的精神需求，以品牌文化效应扩大企业和品牌的知名度、美誉度，赢得消费者的信任和支持，把无形的文化价值转换为有形的品牌价值，在市场上形成独特的竞争优势。

纵观我国本土时尚品牌，共性的欠缺是忽视了品牌文化建设，不是品牌的文化没有得到充分的表达，就是单薄的品牌文化缺乏创新，没能与消费者达成认知与价值上的交集与共情，导致本土时尚品牌难以形成竞争力，如昙花一样瞬间凋零，无法长存。

现状决定生存空间，市场决定发展空间。基于品牌的生态现状，民族时尚品牌的国际之路显然仍很长，必须高度重视并探索品牌创新文化，走出具有民族特色和企业个性的品牌文化创新之路。

1. 民族时尚品牌创新文化的重要性

在当今的国际时尚界，民族时尚创意与设计问题成为了学术探讨的热点话题，在理论上也得到了日益深入的思考与研究。随着经济发展，我国综合国力不断增强，时尚企业从最开始的"中国制造"到现在的"中国创造"，一路走来，有传承也有创新。直至今日，我国也有属于自己的民族时尚品牌，要想民族时尚品牌更稳更长久地发展，创新必不可少。不仅需要产品创新，还需要品牌战略创新，更需要文化创新。如果说产品创新和品牌战略创新是推动品牌发展的动力,那么文化创新则是检验品牌发展的指标[3]。探索民族时尚品牌创新文化,对本土时尚品牌国际化发展之路具有重要的指导和借鉴意义。

2. 民族时尚品牌创新文化的紧迫性。

1992年邓小平南方讲话,我们应该有自己的拳头产品,创出我们自己的名牌,否则就要受人欺负。在激烈的市场经济竞争中,我国企业逐步注重品牌的科技开发,质量控制,售后服务和企业形象等,国产品牌在消费者心目中占据了一定地位。首先,从行业贡献角度看,我国的时尚品牌通过市场的优胜劣汰,日益集中,形成了一批较有价值的品牌;其次,从企业自身品牌价值的角度看,我国一些时尚品牌具有较高的内在和外在价值,具有一定国际竞争力。同时一些民族时尚品牌也越来越重视文化建设,并不断进行文化创新[4]。然而,随着外资的大量涌入,国内市场国际化,国际市场国内化。国外时尚品牌逐步占据了本土品牌某些领域的主要市场份额,民族时尚品牌面临着空前激烈的竞争。与此同时,本土时尚品牌在文化创新上更是严重不足,产品缺乏创新,品牌战略没有与时俱进,缺少品牌文化传承与创新等。如何组建、管理好自己的民族时尚品牌,积极探索民族时尚品牌创新文化已成为现阶段我国企业重要的战略部署。

3. 民族时尚品牌创新文化的驱动性。

20世纪90年代起,国内企业品牌开始了新一轮的崛起。中国企业经过原始资本积累、技术水平的提升、市场环境的磨炼,逐步地成熟起来。国际知名品牌的全面进入,中国的企业和企业家们开始认识到国际竞争的紧迫性和必要性,同时国家在政策上积极鼓励有实力的企业"走出去",极大地激发了中国企业参与国际化进程的热情。但随着世界经济的进一步发展,国际品牌和国内品牌的竞争加剧,中国品牌必将融入世界品牌竞争的潮流中[5]。要想打造更多成功的中华民族时尚品牌,就必须构建具有民族文化特色的时尚品牌,进行产品创新的同时要注重品牌文化创新。积极探索民族时尚品牌创新文化,无疑是中华民族时尚品牌国际化进程的驱动力。

三、时尚消费回流路径

中国时尚产业较国外始终处于落后状态,缺乏真正意义上的大品牌和奢侈品牌,导致对国内和国外消费者的吸引力极低。大部分国人热衷于国外奢侈品牌,消费者大量购买国外奢侈品牌,造成了严重的消费外流。本土时尚品牌创新升级刻不容缓,只有将民族品牌打造成国际时尚大牌,才能使中国消费者"回心转意",促进消费回流。

(一)构建时尚产业新体系

时尚产业的内涵非常宽泛,并不是一个独立的产业门类,而是通过各种技艺、创意、传播、消费等因素,对各类传统产业资源要素,进行整合、提升、组合后形成的一种较为独特的产品、商品运作模式[6]。与国外发达的时尚产业相比,中国时尚产业有着明显的差距,只有加快时尚产业新体系的构建,才能更好地促进消费回流。

(二)制定品牌创新新政策

国家的方向就是国人的方向,国家高度重视时尚产业的发展,并出台相应的扶持政策引导,时尚产业才能全力冲刺向前发展,而产业的发展必然带动消费回流。加大品牌创新扶持政策力度,首先要加大消费税改革力度,适当降低进口消费品关税,缩小进口商品尤其是进口奢侈品与国外的价格差,为境外消费回流创造条件[7]。加快自贸区建设的同时,努力与其他国家签订自由贸易协定,使得被中国消费者需要的国外产品更高效、更低成本地走入中国市场。其次,要加大中国物流流通管理体系的改革力度。中国物流运输关卡较多,可通过减少进口商品的流通环节,降低进口商品成本,还可引导物流的标准化、信息化供应链管理,提高物流衔接效率,鼓励物流设施共享来降低物流成本。

(三)探索品牌创新新路径

境外消费呈现的是一种单一化和模仿式的消费,中国本土时尚品牌相对于国外品牌总体影响力不足[8]。品牌创新迫在眉睫,许多中国学者和企业家们都致力于寻找时尚品牌创新新路径。事实证明,时尚品牌的国际化发展离不开自主创新,尤其在快速发展的大数据时代,政府的扶持、品质的提升固然能增加品牌知名度,然而更为有效且稳妥的方式是品牌的自主创新。

第二节 中国时尚产业创新体系

基于中国时尚产业的发展现状,分析时尚消费下的品牌创新文化生态现象,不难发现中国时尚产业的创新与发展,以国际流行体系为基础的前提下,应该客观认识自身所处国际流行体系的位置。要立足消费市场,着力综合运用本国生产制造技术和民族传统文化资源,建立中国时尚产业创新体系,从而实现中国时尚产业的健康发展,逐步提高中国在国际流行体系中的位置,增强时尚产业的上游竞争力,开拓下游市场[9]。

一、机遇无处不在

消费升级驱动下,我国时尚品牌迎来了很多发展机遇,不仅获得了更多的政策扶持,有着独特魅力的中国传统优秀文化也为本土时尚品牌的崛起提供了丰富的资源。

（一）立足国内需求,发展本土品牌

当下,"中国制造"正向"中国创造"转变,扩大内需无疑成为了新的战略基点。推动新型消费提质扩容,需要鼓励外贸企业和民族品牌加强设计适销对路的内销产品。时尚产业要牢牢把握难得的机遇,转变观念,加大品牌创新力度,提高本土时尚品牌市场影响力。2019年是个转折点,新冠疫情影响了国际的各项活动交流,一时间庞大的国内市场出现供不应求现象,本土时尚品牌的崛起势不可挡。时尚设计师们要聚焦国内市场,立足国内需求,发展本土时尚品牌,带动消费回流新趋势,抓住提升中国时尚地位新机遇。

（二）响应政策号召,扶持中小企业

中国有4000多万家企业,其中中小企业占95%以上,不但解决了80%以上的城镇劳动就业问题,还实现了70%以上的技术创新,更贡献了60%以上的GDP。中小企业作为经济增长的核心力量,一直是保经济、保市场、保就业的主力军,历来受到国家的重视。近年来,中小企业发展扶持政策不断出台。工业和信息化部曾提出对中小企业的扶持关键在于做好"321"。所谓的"3"就是围绕政策体系、服务体系、发展环境三个重要领域进一步夯实基础;"2"是聚焦融资、权益保护这两个重点,追求实效;"1"是紧盯提升中小企业创新能力和创新化水平这一目标,支持中小企业成为创新的策源地。中国时尚企业大多是中小企业,我国出台一系列中小企业扶持政策,为小众时尚品牌提供政策窗口,扶持与推动中小时尚企业扩容提质,有助于促进时尚产业稳步发展。

（三）优化市场结构,满足消费需求

消费升级背景下,我国消费品市场规模进一步扩大,市场结构持续优化,新兴业态和新商业模式快速发展,市场供给不断完善,消费继续发挥经济增长第一驱动力的作用。产业发展促进经济增长,经济增长势必带动产业发展,两者相辅相成。当下,居民生活水平不断提高,消费质量明显改善,顺应多元化、个性化、多层次、多样化的国内消费需求,本土时尚品牌发展必然保持回暖向上和快速推进态势。

二、挑战时刻相随

机遇往往伴随着挑战,没有挑战的机遇不叫机遇,只有挑战的机遇也不叫机遇,只有伴随着挑战的机遇才是机遇。市场带来机遇的同时,也必然伴随着相应的挑战,当下,本土时尚品牌主要面临以下几方面挑战。

(一)复合型人才依然缺乏

人才是提升自身核心竞争力的基本保障。唯有能够全面精准解读政策要素、掌握综合性知识与技能的人才,才能促使时尚品牌在复杂的国内外环境中生存发展。当前,时尚产业普遍缺乏专业化、复合型人才,根本原因在于企业在选拔任用过程中过于重视单一技能型人才,缺乏对人的综合性研究能力、战略实施能力的考察。在后备人才培养中,缺乏体系性思考,缺乏与包括各大高校在内的教育部门深度合作,导致优秀的、复合型的定向人才匮乏,进而制约了本土时尚品牌的发展。

(二)创新创造有待提升

创新是构建时尚品牌特色化的重要因素。时尚品牌的发展需要产品创新、渠道创新和文化创新三位一体同步发展,才能实现民族文化的产品外化。本土时尚品牌同质化的根本原因就是缺乏创新。大同小异、粗俗浅薄的广告模式,只是消费者对品牌疲劳的外在因素,关键是缺乏文化内涵、难以彰显中国传统文化的无限魅力,才制约着时尚品牌难以可持续发展。

(三)供应链整合急需加速

时间是促进企业资金速度化的外在保证。目前,我国大多数时尚品牌从设计到制作再到出售仍需较长时间,无法跟上时尚流行速度。除此之外,制作产品实现商品转化时间的延长,流动资金无法快速回笼,对于中小企业来说,是一个巨大的挑战。因此,"时间"成为时尚品牌一直追求却又难以达到的外在因素,破解之策,是实现产供销供应链全链条的整合和高效性运行。

(四)产品安全性有待提高

安全是推动时尚品牌国际化的核心价值。疫情下,随着可持续发展战略的推进,"安全消费"成为新趋势。纵观国内外,"品质"是时尚品牌经久不衰的重要因素之一。但片面的效益观和一味降低生产成本,使得我国许多时尚企业忽视了"品质"的重要性,甚至有些产品还存在"安全隐患",这是消费外流不可忽视的重要原因。随着可持续消费深入人心,时尚企业和相关部门应加强产品安全意识,提高产品安全检测力度。

三、体系彰显特色

全球产业大调整、大变局之际,时尚体系创新迫在眉睫,中华民族时尚品牌要想走向国际舞台,必须进行时尚体系创新。要正视我国时尚体系尚不完善,与五大时尚之都相比仍存一定短板的现实,客观分析和借鉴五大时尚之都发展经验,注重结合民族文化特色,进行时尚重塑,构建新的文化版图,促进我国时尚产业的全面发展。构建完善的创新体系,是一项系统工程,绝非一日之功。

(一)坚持产教融合培养复合型人才

全力解决人才培养结构性矛盾,建设高素质、专业化的复合型人才队伍,是构建完善的创新体系的前提。要构建教育和产业统筹融合发展新格局,顺应技术进步和产业发展要求,深化产教深度融合,推进产教融合培养模式的革新。加强校企合作,针对现实存在的应用型复合型人才培养中的问题,明确产教融合的教育目标,改变原有的教育观念,共同研究制定培养具有综合能力、实践操作技能、创新创造思维、职业道德素质的人才的策略。始终坚持产教融合,加强产教融合的师资队伍建设,不断改进基于产教融合的评价方法,在加强专业文化知识学习的同时,以培育具有综合性研究能力、战略实施能力的复合型人才为指针,打造高水平的专业化人才队伍。

(二)坚持文化引领和创新驱动结合

面对新时代、新思想、新使命,要有新作为。万众创新,文化先行,实施创新驱动发展战略,既需要持续科技创新的支撑,也需要不断文化创新的引领,要矢志不渝地坚持文化引领和创新驱动的结合。以社会主义核心价值观为引领,深度挖掘品牌自身文化,用品牌的力量传递正确价值观、推动创新、服务社会,倡导开放包容的价值理念,努力推动文化与科技融合。以创新驱动国家战略为指引,依据文化资源优势和研发优势,在时尚领域加大自主创新力度,尽快形成一批自主品牌,提高本土时尚品牌的国际知名度和美誉度[10]。强化品牌与企业文化同步建设,在进行产品创新、战略创新的同时也要不断进行文化创新。

(三)坚持可持续发展提倡健康消费

可持续发展已经成为全球的共识,是一种共同、协调、公平、高效和多维的发展。强调在发展中讲究经济效率、关注生态和谐和追求社会公平,最终实现人类的全面发展。要求不仅满足当下人们的需求,还要满足未来人们的需要。可持续发展是追求人与自然和谐进步的发展模式,健康消费是可持续发展的重要体现。时尚产品属于消耗品,"时尚垃圾"逐年递增。响应国家绿色发展理念,坚持走可持续发展道路是未来时尚品牌必经之路,同时也是消费者们对安全消费的一贯追求。随着社会经济的发展,居民健康意识不断加强,越来越多消费者趋向于健康消费,这不仅体现在生活用品的消费中,也体现在时尚产品的消费中。本土时尚品牌应注重"产品健康"问题,坚持可持续发展方针,构建健康消费理念。

(四)坚持产业政策和时尚品牌结合

产业政策是引导国家产业发展方向、引导推动产业结构升级、协调国家产业布局、使国民经济健康可持续发展的政策。我国时尚品牌国际化之路必须以产业政策为基点,正确把握产业方向和时尚流行趋势,同时时尚品牌的发展离不开产业政策的支持,要坚持政策与品牌相结合。只有将产业政策与时尚品牌相结合,才能实现本土品牌快速发展。对于制定我国时尚产业政策的方向和重点,陈文晖、熊兴和王婧倩[10]提出如下建议:进一步提升时尚产业对外开放水平;支持时尚产业技术和模式创新;引导规范线上时尚消费市场发展;确保生产环节的环境友好和时尚产品的质量安全。这些建议不无参考价值。

(五)坚持国际化推进品牌自主创新

积极学习五大时尚之都的成功经验,坚持"引进来"和"走出去"相结合。扩大时尚产业领域的开放度,提高时尚消费、时尚设计和时尚品牌营运的贸易便利化水平,大力引进高端国际时尚机构、时尚品牌和时尚领军人才,深入推进与法国巴黎、中国香港等国际时尚之都的时尚机构合作,坚持时尚品牌自主创新,坚持走国际化时尚道路对时尚体系创新具有一定意义。

时尚产业的发展离不开品牌的发展,提高我国时尚品牌国际地位就必须打造本土时尚大牌。归根究底,中国时尚品牌的崛起需要进行品牌创新,而这有赖于我国时尚产业创新体系的支撑。我国时尚产业创新体系,主要由政策扶持和品牌创新两方面构成。其中政策扶持为品牌创新提供强有力的动力,共由5部分组成,分别为法律保障、金融扶持、赋税优惠、市场构建和人才引进。品牌创新主要体现在产品创新、营销创新和文化创新三方面(见图6-1)。

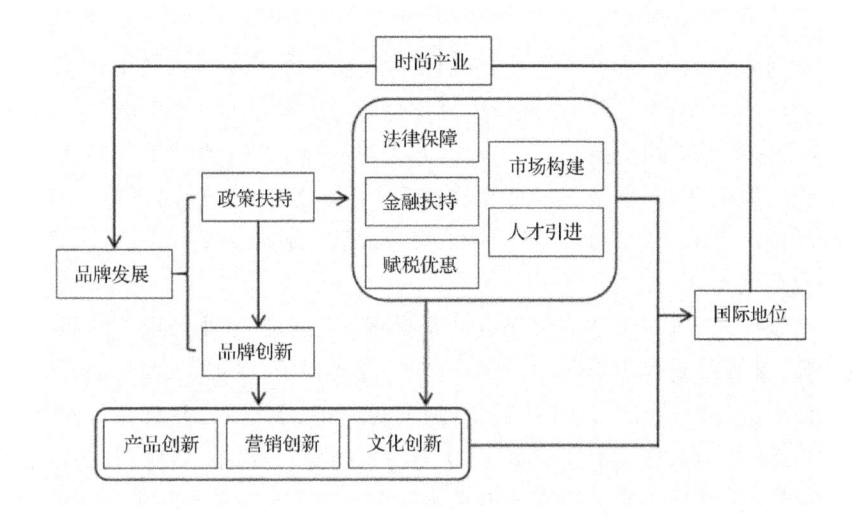

图 6-1　时尚产业创新体系

第三节　时尚消费下的品牌创新之路

对于意欲在品牌道路上有所作为的企业而言,创新,堪比企业的灵魂。彼得·德鲁克[16]甚至认为,21世纪,企业唯一重要的事情就是创新。创新是当代企业发展的必经之路,尤其是时尚品牌,要想长久立足于时尚界,必然需要不断创新,包括品牌创新和文化创新。品牌创新体现在产品创新、服务创新、网购创新、营销创新、渠道创新、模式创新和价值创新等。

一、时尚消费产品创新

所谓产品创新,就是指以市场需求为出发点,在产品用途及技术原理没有重大变化的情况下,通过技术创新对现有产品所作的功能上的扩展和技术上的改进。从根本上说,产品创新是技术推进的需求拉引共同作用的结果。企业走出困境,产品提高竞争力,有时只是欠缺一个商业机会。许多成功的案例都充分地说明,机会很多时候来自于产品创新。

(一)OSPOP

OSPOP,休闲运动鞋,也叫解放鞋,One Small Point Of Pride 的缩写,意思就是一丁点儿的骄傲,其创办人是美国新泽西州的 Ben Walters(班·沃特斯)[17]。

历史溯源。2003年,Walters来到中国,发现很多工人和农民都穿着一种设计简单,价格低廉的胶底鞋,也就是俗称的解放鞋。Walters从中敏锐地发现其商机,在上海花了不到2美元买了一双,并迅速与鞋子的生产厂家河南焦作市温县天狼鞋厂取得联系,这是一家有着超过50年胶鞋生产经验的工厂,他决定让天狼鞋厂生产用来外销的解放鞋。解放鞋从此改头换面,以OSPOP之名,出现在欧洲乃至世界。

创新设计。Walters并非将解放鞋原封不动照搬到国外销售。他聘请了鞋业设计师,重新塑造解放鞋,保留了解放鞋的经典样子,对鞋子的制作原料、外观和包装作了改良。设计出舒适的鞋垫,使其更舒适、更牢固,并且在鞋身侧面放上"工"字标志。大体来说,这还是解放鞋,同样是帆布鞋面,包裹鞋头的胶底。但严格来说,这已经不是我们印象中的解放鞋了,它没有强烈的橡胶气味,穿着不臭脚,不仅透气性强、防水性好,而且更耐磨、更舒适。简而言之,Walters把解放鞋改造成了一种能满足时下西方消费生活时尚需求的休闲鞋,即重塑解放鞋,抓住了产品创新带来的市场新机遇。

图6-2 OSPOP工字休闲鞋
(图片来源:https://baike.so.com/doc/2408417-2546284.html)

图6-2展示的OSPOP工字休闲鞋保留了解放鞋的经典样子,依旧是脚底鞋头,色彩上加入"中国红",并在鞋身上绣了"工"字,这也是区别于解放鞋的OSPOP标志。经过稍加改良的OSPOP看起来更时尚,更美观。

市场投入。2005年,Walters将改良后的几乎已被人们遗忘的价格仅为2美元的解放鞋,冠以新名字"OSPOP"投入市场,销往北美、欧洲乃至全球各地。曾经的解放鞋以新的面貌诠释时尚价值,迅速成为欧美消费者喜爱的时尚新宠,"墙内不香墙外香"成就了OSPOP的最大市场商机。

(二)FEIYUE

FEIYUE,运动球鞋,含义为Flying Forward,意思是向前飞。"飞跃"的历史可以追溯到20世纪二三十年代,诞生于上海[18]。当它以及所属的"上海大博文鞋业有限公司"几乎要在中国销声匿迹的时候,它的命运被居住在上海的法国人Patrie Bastian(派特斯·巴斯坦)彻底改变了。

历史溯源。2005年,Bastian在上海街头看到白帆布红蓝条的飞跃鞋,对其简约的设计十分喜爱。她迅速与生产厂商——上海大博文鞋业谈判,拿到海外代理权,经过策划和包装,Bastian将这种在中国地摊上随处可见,价格仅10多元人民币的飞跃球鞋带到了法国,并用飞跃的拼音FEIYUE注册了商标。

创新设计。重生的飞跃鞋,从整体到细节做了全面改观。外形更精巧时尚,面料质地更优良,并修改了原标志字体的笨拙之形,设计了更为精致的外包装。鞋子轻巧柔软,这种已经淡出中国人视线多年的老国货,解放鞋,飞跃鞋,返老还童。

图 6-3 FEIYUE 休闲鞋
(图片来源:http://www.sohu.com/a/147533432_703375

图 6-3 展示的 FEIYUE 休闲鞋以白色为主色调,鞋底轻薄,鞋身轻巧,重新设计后的红蓝条纹看起来更精神,更时尚,英文 LOGO"FEIYUE"为整双鞋子增添了灵气。

市场投入。经过改良的飞跃鞋迅速在欧美时尚界崭露头角,并形成一股"FEIYUE"旋风,更是在多个商场设有专柜,获得众多时尚界明星和欧美年轻人的青睐。FEIYUE在产品上的创新,使它的身价突飞猛涨,获得更高的市场效益,并与其他知名运动品牌共同跻身时尚圈,成为匡威等运动品牌强劲的竞争对手。

OSPOP、FEIYUE能够成就它们价值成倍飙升,完成灰姑娘华丽转身,是中国风回潮?还是鞋子经营者的品牌意识及占据高档时尚文化的软实力的增强?其实,归根结底是进行了产品创新。解放鞋和飞跃鞋的案例生动地说明一个道理,那就是中国不缺乏品牌,缺乏的只是发现品牌的眼睛。事实上,创新未必就需要投入大量的真金白银,未必都是重大发明,也未必都是从无到有大手笔的资本运行。企业走出困境,提高竞争力,有时只要进行一丁点儿的产品创新就够了。创新可以是巧妙的、迂回的,当产品在技术方面没有重大突破时,换个思路和眼光,采取新的创新模式,发现和突出自身的闪光点,挖掘现有产品隐藏的附加值,或对现有产品功能进行微调和升级,或许就能实现产品创新。

Walters和Patrie在拿走解放鞋、飞跃鞋的时候,不是将产品一成不变地销售出去,而是采用了商业创新策略:在保持产品原汁原味的同时,加入时尚元素,将产品重新设计定位。重新设计或改良,以更高的质感、更时尚的外观和更舒适的穿着体验满足时下消费者的需求。正如日本平面设计大师原研哉在《设计中的设计》[19]一书中写道的那样:"轻轻地将手肘撑在桌子上,托起脸来看这个世界,眼前的一切似乎也会随之有所不同。"如果我们突破固有的思维模式,换一个角度重新审视,换一种思维方式重新思考,就会从我们许多司空见惯习以为常的事物中,发现新的不一样的世界。

二、时尚消费服务创新

有这样一个理念:观念领先导致行为领先,行为领先导致结果领先。风格相似的企业为何业绩相差甚远,这取决于服务。要正确理解服务,让服务成为品牌的核心竞争力之一[20]。当下时尚界,价格竞争已经白热化,活动越来越多,折扣越来越低,产品同质化严重,抄袭风靡,男装摘除商标后款式一模一样。同样的产品,同样的价格,但不同的服务,会赢得不同的利润。现在的服务不仅仅是如何站如何笑,而是需要特色化服务及服务创新。所谓的服务创新,就是使感受到不同于从前的崭新内容,是指新的设想、新的技术手段转变成新的或者改进过的服务方式,真正的服务要由心而动。线下,许多品牌、商家都试图从服务上寻找不同的创新之路。

(一)体验白领

品牌概述。白领是北京的一个品牌,白领女装是第一个提供男士服务的品牌[21],白领品牌定位在35岁到38岁职业女性,通过对核心顾客研究后发现,35岁的女性心理有了变化。不再年轻的女士们的心理变得格外地敏感,甚至产生恐慌,而男士赞美同女士赞美所产生的心理活动也是不同的。基于这种现象,白领采用男性导购服务,女性消费者试穿后购买率大幅度提升。

服务创新。白领是中国第一个推出男性导购的品牌。白领的创新服务不仅仅是在男士服务上,还体现在它的女装卖场讲究生活方式,体现与众不同的一种特色。在专卖店里,有非常独特的椅子和桌子,桌子上放着糖果和点心及漂亮的杂志供小孩和顾客翻阅,以此拉动目标客户,提高购买率。在白领的试衣间有便签,纸和笔,方便白领女士电话时记录。

(二)杰尼亚男装

品牌概述。杰尼亚是世界闻名的意大利品牌,1910年创立。最著名的是剪裁一流的西装,亦庄亦谐的风格令许多成功男士对杰尼亚钟爱有加[22]。多年来,杰尼亚品牌一直是众多社会名流所青睐的对象。杰尼亚不追求新奇的款式和华丽的色彩,以其完美无瑕、剪裁适宜、优雅、古朴的个性化风格风靡全球。杰尼亚品牌除西装外,现已开拓了毛衣、休闲服和内衣等男装系列。迄今,杰尼亚已在巴黎、米兰、佛罗伦萨、东京、北京、上海、大连等100多个国家城市开设了门店。

服务创新。杰尼亚时装价格昂贵,同样的生产线上出来的西装,贴上国内品牌价格只能卖2000至3000元人民币,然而贴上杰尼亚的标签,能够卖上2万到3万元人民币。它之所以有那么高的附加值,不仅仅因为它是世界名牌,更体现在特色的服务上——"免打扰服务"。所谓免打扰服务,即保持服务的距离[23]。杰尼亚导购的服务特色主要有三点,一是顾客进门,不说欢迎光临,当然并非完全不搭理顾客,只是当顾客有意向时,再上前服务。此举有别于其他品牌的导购,起到与众不同的吸引消费者的效果。二是详尽服务,当客户试穿时,杰尼亚导购会从抽屉里面拿出雪白雪白的方巾,在顾客坐的椅子旁的桌面上来回地拭擦,让顾客体会到尊贵。在包装服装时,与客人交流,告诉客人服装的卖点和保养技巧。杰尼亚导购并不会告诉你它们服饰多昂贵,一定要放到干洗店,而是会说,"先生你好,作为一名职业经理人,一般需要四套西装,因为西装也像人一样需要休息。对于经常在外出差的人来说,放在箱子里面经过折叠的西装拿出来总是不挺拔的。你到了宾馆以后,先打开卫生间的热水,过十几分钟,让整个卫生间雾气腾腾,然后把这件西装挂到雾气腾腾的卫生间,西装在雾气的作用下会恢复原来的弹性,好衣服尽量减少干洗等等",专业又亲和。三是口碑营销,包装一件衣服只需要几分钟,但是杰尼亚导购会花半小时甚至更久的时间来和你交流,这半小时交流的专业知识足以让顾客向别人推广,这就是口碑营销。

(三)shopping boys

服务创新。巴黎一家男士服装店发现,来本店购买的大多数是女性。为了满足顾客的需求,就推出了shopping boys,也就是真人模特试衣服务。男模特的体型,从小号到大号一应俱全,女性顾客给父亲兄弟丈夫或者男友买衣服的时候,如果忘记了尺寸或拿不定主意,就可以找真人模特帮忙试穿。有了shopping boys的帮忙,顾客到了这家店总能心满意足地买到合适的衣服。只不过是增加了几个高矮胖瘦不一的男模,却为顾客带来方便和放心的购物体验,这便是商家在服务上成功的创新。

（四）单膝托盘卖鞋

服务创新。有这样一家店,导购会在顾客试穿鞋子时将顾客带到软皮沙发上让座,接着手拿一个托盘,上面放一双雪白的袜子,免费送给顾客试穿。然后手拿皮尺,从大拇指到脚跟、从左到右、从上到下为顾客测量脚部的尺寸。导购得到顾客脚部尺寸数据的同时,让顾客感受到无微不至的服务,一举两得。最后,导购单膝下跪为客户穿鞋,这就触动了消费者心理最柔软的部分,一般消费者都会选择在这家店购买,即使不购买,这种服务也足以让他们津津乐道。一双袜子,一次仔细测数据,一次贴心的穿鞋服务,赢得消费者的口碑,这就是活的广告。也许一双袜子不值钱,但是却创造了几十倍的价值。

特色化服务,或称服务创新,必须抓住两个要点,第一,核心目标客户群到底是谁?是年轻一族还是时尚一族,或是年纪比较大的成熟一族。第二,要从消费者角度的感受体验来确定整个服务流程,服务创新的宗旨是让消费者感到舒服。

三、时尚消费网购创新

网购创新是指以网络为载体和媒介,把顾客关系管理与产品网络营销创新整合,与消费者、供应商等实现低费用成本的双向沟通和交流,建立起市场共同体的行为活动。网购创新在一定程度上也能带来消费上升。

（一）美捷步

品牌概述。创始人谢家华,美国 B2C 模式华裔创业的楷模,通过自身的努力创造奇迹的华人商业天才,他的传奇经历更贴近创业者所追求的现实境界。24 岁,微软以 2.65 亿美元的价格收购他创办链接交换公司;25 岁作为顾问及投资人,成立卖鞋的美捷步网站;26 岁成为美捷步公司的首席执行官;35 岁美捷步荣登财富杂志最佳雇主排行榜新上榜公司第一名[24];36 岁带领美捷步公司,以年销 10 亿美元的骄人业绩横扫美国电子商务领域,亚马逊以高达 12 亿美元的价格收购美捷步。

网购创新。美捷步允许顾客选订三双不同的鞋,在他们舒适的客厅,搭配三套不同的衣服试穿,然后把不合适的免费邮寄回来。一天 24 小时,一周 7 天的仓库运作,意外运输的升级,美捷步用极致的服务使自己与众不同,他们超越传统、不断创新,力争超出所有顾客的预期。"三双鞋"是美捷步服务的一个条款,它作为一个符号、一个服务体系的象征,为用户带去的是便利和愉悦。你买一双鞋,我送三双试,这是一种做大事的魄力和底气,更体现了为用户着想的周到与贴心。虽然成本因此而翻倍,但是换来的是用户的极致体验和真心喜爱。为了降低顾客购买时的决策阻碍,美捷步为每一种不同款式和鞋子的颜色,都拍了八个不同角度的产品展示照片,让顾客可以更清晰更全面地了解产品特点。图6-4 为美捷步鞋子全方位拍摄,采用八个机位拍摄,无论是正面还是侧面,抑或是背面,都毫无保留地展现在消费者眼前,这就是品牌自信。美捷步对消费者的无比信赖,吸引了新客户、留住了老顾客,很多顾客甚至成为了美捷步的铁杆粉丝。

图 6-4　美捷步全方位拍摄
(图片来源:官网)

(二)直播带货

内容概述。直播带货指主播利用电脑、手机等媒介进行产品现场直播宣传,给出购物链接,短时间内促成交易的广告行为[25]。直播带货发轫于 2016 年,兴起于 2018 年,发展于 2019 年,破圈于 2020 年。当下,直播带货如火如荼,主要得益于短视频的流量红利、多平台的资源投入、品牌商的逻辑转变以及消费者的需求依赖等因素[26]。近年来直播电商迅速崛起,掀起新一轮网购模式。直播带货主要由品牌商或商家通过主播向消费者展示相关产品,具体模式见图 6-5。

网购创新。通过现场直播的形式,主播以"先体验"模式,进行产品推销,是直播带货所内含的新一轮网购创新。直播带货的发展主要体现了三方面优势:一是产品活化。传统的网购是平面的,缺乏情感的,单方面进行产品出售。直播带货,为消费者带来了不一样的体验。时尚品牌的直播带货,以 360 度无死角的形式向消费者展示了产品的 3D 上身效果,且主播对产品的描述更真切,体现了直播带货的立体化、情感化。二是技术革新。技术壁垒的打破使直播带货逐渐

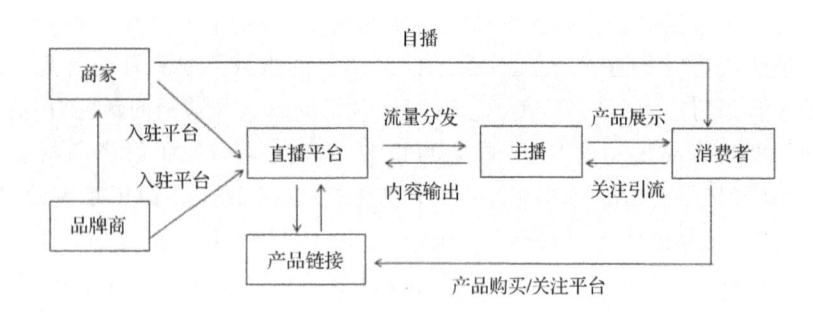

图 6-5 直播带货模式图

取代了电视购物的重要原因之一。主播不再局限于电视台或录影棚,通过电脑、手机等网络终端就可以随时随地进行直播。这一技术的革新同时降低了直播成本,使得更多的时尚品牌也能融入直播带货。三是信度提升。当消费者面对产品图片时,最终选择购买产品的原因更多局限于品牌知名度。直播带货将产品真实地展现在消费者眼前,无形中逐渐降低了品牌在消费者心中的地位,更多关注产品自身因素如款式。这是主播活化产品所带来的情感共鸣,增加了产品的可信度。

举例分析。ME&CITY,美特斯邦威旗下高端品牌,2017 年 8 月于新浪微博、一直播 APP 上同步进行直播。直播之前,利用代言人粉丝效应进行有奖互动,短时间内迅速提振了品牌关注度和粉丝量。随后 ME&CITY 进行一系列线上活动,如微信微博文案宣传、智能 PHOTO BOOTH、调酒 BAR 等为品牌网购创新注入新动力,增加了用户黏性和忠诚度。此后 ME&CITY 更是进行了全方位直播玩转,其中成效最显著的当属直播跨界合作。ME&CITY 选择了与时尚教育平台 Enstylement 跨界合作,一方面在于 Enstylement 专注于时尚领域,与国际知名设计学院马兰戈尼,以及美妆界哈佛 MAKE UP FOR EVER 等都有合作,能为 ME&CITY 提供更专业的资源。另一方面 Enstylement 网站用户以时尚爱好者为主,她们更关注时尚品牌,也更易被实用的时尚教育直播课吸引,转化成为品牌粉丝,为品牌提供超值的增值服务,这符合 ME&CITY 目标消费者的特征。再者,时尚直播课利用在线时尚教育模式,将宣导式的推销信息,升华为教育式的实用信息,使消费者印象更深刻,宣传效应更长久。ME&CITY 在线时尚直播课的成功预示着未来品牌发展应考虑如何增加用户黏性,提高品牌忠诚度,而通过时尚在线教育方式潜移默化地改变消费者理念将成为品牌营销新手段。

（三）H&M

品牌概述。 H&M,一个物美价廉深受消费者喜爱却又有顾虑的时尚品牌。1947年由ErlingPersson在瑞典创立,没有一家属于自己的工厂,但与亚欧超过700家独立供应商保持合作。多年来,H&M凭借低价格抓住了消费者的购买心理,却又往往因为低价所引起的质量问题而让消费者望而却步。因此,H&M一直寻找销售突破点,2019年的网购创新让H&M再一次崭露头角。

网购创新。 H&M自成立以来,曾多次质检不合格,效益一再受到冲击[27-28]。随着环境保护热潮在全球范围的扩展和蔓延[29],H&M开始自我反思,意识到产品不合格影响的远不止效益问题,更会污染环境。2016年,H&M开始将环保材料融入产品,至此,每年都会推出环保自觉系列,但曾经的黑历史并不容易在消费者的意识里消退。为了重获消费者信任,H&M用全透明供应链形式进行新一轮网购创新。2019年4月23日,瑞典快时尚巨头H&M集团旗舰品牌H&M在官网上公布了全部产品的生产商信息,此举使该集团成为了全球首个供应链完全透明的大型时尚零售商[30]。在H&M的官网上,消费者能够查询所有服装及大部分H&M家居产品的供应链信息,包括可持续信息查询,如产品生产所使用的材料,以及该材料的可持续性、产品生产于哪个国家或地区、这是与哪家供应商合作生产的产品、哪家或哪些工厂生产这些产品、有关时尚再生的信息等。H&M自从走可持续道路,在其发展的同时更希望将这种理念传递给世人,这就有了如今H&M品牌透明的供应链,这也是一种成功的网购创新。

图6-6 H&M2019年春季环保自觉行动限量系列

(图片来源:http://www.vogue.com.cn/invogue/brand-news/news_18546d9886be779.html)

图 6-6 为 H&M 2019 年春季环保自觉行动限量系列。此系列包括了多款奢华晚装及百搭衣橱单品，均以更可持续的时尚理念打造。以浪漫典雅的连身裙为主打单品，款式多样且均采用再生聚酯纤维混纺制成。全新系列首次采用再生黄铜、再生锌以及悦菲纤、天丝、莱赛尔纤维等可持续材料。环保的材料，飘逸的裙摆，带来舞台主角般的效果。

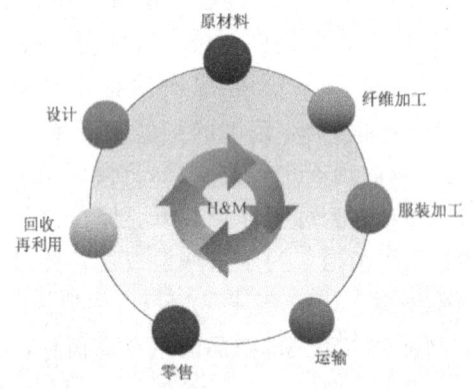

图 6-7　H&M 供应链体系

（图片来源：论文《嵌入 H&M 全球供应链的中国服装进口贸易研究》[31]）

图 6-7 为 H&M 全球供应链体系。基于价值链增值环节，以 H&M 为中心，通过设计、原材料采购、纤维加工、服装加工、运输、零售和回收再利用等环节，实现成本最低化、利润最大化。此供应链最大的特点是基于亚洲生产国的价格、数量优势和欧洲的快速反应优势，提高了设计到销售整个过程的效率。

四、时尚消费技术创新

技术创新是指生产技术的创新，可通过改善生产工艺、优化作业过程从而降低生产成本，提高效率。技术创新是以产品的市场成功为全部标志，是一个从产生新产品或新工艺的设想到市场应用的完整过程，包括新设想的产生、研究、开发、商业化生产到扩散的集科技与经济一体化过程，包括技术开发和技术应用两大环节。随着国内高新技术的进步，越来越多的时尚品牌公司越来越注重技术创新。

品牌概述。EIFINI（伊芙丽）诞生于 2001 年，品牌名称源于英语 Elegant I（优雅的我）、Faith I（自信的我）、Natural I（自然的我）这三个词的英文简写。以法式优雅、自信、自然作为品牌 DNA，诠释女性在生活中的三个角色：温柔的太太，职场魅力女性，闺蜜聚会中的魅力代表。20 年的潜心经营，伊芙丽已拥有

1200家店铺和7148名雇员,2019年集团销售额近70亿元,并以年复合30%以上的规模持续增长。伊芙丽的成功最主要源于品牌技术创新。

技术创新。数字时代,抓住技术就是掐住时代的咽喉。伊芙丽就是在这样的时代下,完成华丽的转变。第一次转变是从无到有的累结;第二次转变是渠道、商品、推广等各方面开始扩张,彻底完成品牌化、专业化发展,同时迅速积累了品牌知名度和市场口碑;第三次转变则是在技术上突破了很多行业都面临的瓶颈。目前,伊芙丽最大的技术创新是供应链的整合,其生产技术最快可满足3天出货,7天到店,堪称中国"速度最快"的服装公司。与此同时,伊芙丽还搭建起一二线为主的百货、购物商场、街店等无缝对接线上电子商务的均衡多元的经营框架,更通过智慧门店、RFID、云仓等系统建立,成为数字化转型最早的服装零售企业。

图6-8为伊芙丽线上试衣。大屏幕上实时展示着各类衣品近三天、近七天等时间段的试衣次数、转化率。根据这些数据,就能确定服饰的销售策略,是打折促销,还是增补新货。伊芙丽董事长钱晓韵称这是伊芙丽的"智慧大脑",也是伊芙丽一直在全力构建的全链路数字化系统,通过"快速反应"赢得市场先机。

图6-8 伊芙丽线上试衣

(图片来源:https://baijiahao.baidu.com/s?id=62775428058600944&wfr=spider&for=pc)

五、时尚消费营销创新

营销创新是指根据市场营销环境的变化情况，结合企业自身的资源条件和经营实力，寻求营销要素在某一方面或某一系列的突破或变革的过程[32]。说它简单，所有企业和商家都差不多程度地在营销上做过创新，说它复杂，是因为营销创新是门精准技术活，要运用得恰到好处其实并不容易。

品牌概述。Nike(耐克)是起源于美国的运动品牌，从事鞋类、服装、设备、配件的设计、开发、制造和销售。Nike生产各式各样的运动产品，最早的一批产品是运动跑鞋，直至今日，耐克的跑鞋已走向国际舞台，并有着举足轻重的地位[33]。Nike具有鲜明特征的公司文化一反传统观念的企业形象，Nike公司是个性化文化，"Just do it"体现了Nike企业文化中注重个性化的特点，不管是工作、生活还是运动，想到就做。"体育、表演、洒脱自由的运动员精神"是耐克一直追求的个性化的品牌文化。

营销创新。面对同业竞争激烈，并且增长缓慢的运动鞋市场，Nike在人们追逐个性化的新的消费增长点上反应迅速。Nike Photo ID活动建构了与消费者之间的直接联系，实现了一石三鸟的营销创新。现在也有很多企业在这样做，但Nike是第一个让我们知道它的营销创新方法的品牌。在Nike推出的Nike Photo ID活动中，消费者可以任意将自己喜欢的景致和图像用手机拍照以后，将照片以MIMS方式发送到Nike ID指定号码，数分钟后，用户就会收到以自己所喜欢的图像为元素的个人专属球鞋照片和作品序号，之后用户回访到Nike ID的网站输入作品序号，便可以得到更完整的产品预览，随后将作品配色调整到最喜欢的组合之后，就能直接在网站上完成购买。而价格呢，仅仅是在该款产品的市场价格上增加了30%至40%。通过这种用彩信手机实现互动的营销方式，Nike将符合Nike目标消费群体的人群进行了一次划分和筛选，并且在满足消费者个性化需求的同时，Nike公司还将消费者的每个行为都记录下来，作为掌握受众消费心理，指导下一步营销计划和产品设计的分析依据，让订制不再奢侈。

图6-9为耐克曾做过的基于鞋款定制服务的日本创意活动，这次活动主要是为Nike Air Max做宣传。通过在日本活动拍下照片，利用社交图片应用instagram上的私人照片，根据照片匹配出Nikeid颜色鞋款，生成专属的Nikeid。此次活动体现了品牌营销创新的成功，进一步激发了消费者对Nike的热爱。

图 6-9　Nike Photo ID 活动之日本活动

（图片来源：http://iwebad.com/case/2042.html）

六、时尚消费渠道创新

渠道就是将产品销售出去的通道。众所周知，全世界 85％ 的品牌生产制造来自中国，中国每 6 分钟就诞生一个品牌，这些品牌的产品最终都要通过终端的渠道销售出去。渠道创新是指面对市场新的情况，根据目标市场的变化，结合产品自身特点，尝试和探索产品销售新渠道，通过在渠道上的创新获得新的竞争优势。

中国文化博大精深，地域辽阔，一个千年古城或者百年古镇，只有一条或两条商业大街，五到六个商业中心，旺铺只有几百家，然而每 6 分钟就能诞生一个品牌。几百家的旺铺对比 6 分钟创造一个品牌，显而易见，这两组数据极不对称，不对称就意味着巨大商机的来临，谁把握住这个机会，谁就会获得巨大的财富。阿里巴巴的淘宝正是平衡了供需不对称，成功打造了大众喜爱的网络购物平台。淘宝为众多小企业或者小业主提供了产品销售的渠道，有这么一部分人在淘宝提供的平台上每年有几个亿的营业额，他们自己会设计，但是缺乏产业链的上游和下游，设计出来的畅销款没有足够的资金支持投产，这时，作为打造全产业生态链孵化平台的投资人，就是渠道创新桥梁的搭建者。

品牌概述。1976 年创立于江苏省常熟市的波司登，是全国最大、生产设备最为先进的品牌羽绒服生产商，主要从事自有羽绒服品牌的开发和管理，包括产品的研究、设计、开发、原材料采购、外包生产及市场营销。波司登坚持以品牌为核心的品质升级战略,专注于羽绒服品类经营,将羽绒服品牌做到最好[34]。波司登创始人高德康说过"品牌自信是企业最大的自信,要想实现品牌自信,首先要文化自信"[35]。

2014年,波司登这座屹立的冰川开始出现裂痕,渠道单一,产品时尚度不够,对波司登"老土""掉价"的吐槽声随处可见,其在年轻消费者的口碑直线下降。就在时尚界认为波司登将淡出舞台时,它再度创造辉煌。2018年对于波司登来说,是不寻常的一年,也是革新的一年,在这一年,波司登完成了从国民劳资品牌到国民时尚潮牌的完美逆袭。

渠道创新。波司登有三大利剑,即进行渠道及店铺、高端化、品牌营销三重升级。

一是渠道及店铺升级。任何行业,最怕的就是库存,库存在某种情况下等于利润,库存出现的漏洞会形成蝴蝶效应扩散到整个品牌。为了及时把控终端渠道,波司登对原有的ERP(Enterprise Resource Planning Administration)系统进行了升级,以便随时查看销售产品的门店仓库信息。在存储环节,规划建设了服装行业自动化程度最高的1.2万平方米无人仓。而在挑选环节,通过消化吸收亚马逊KIVA机器人技术,把原来人找货的传统挑选模式改变成货找人的挑选模式。除了渠道建设,终端门店的革新也是波司登转型的重点。据数据统计,2018年,波司登新增超过800家常规店铺,同时对1200多家已有门店进行翻新,10月20日,波司登在上海南京东路开设全球最大旗舰店,面积超过2000平方米,当日波司登的北京西单店、杭州大厦店等全国各大城市繁华地段的店铺也同时开张,快闪店作为旗舰店的一种补充也被波司登纳入规划中。在当年羽绒服需求最旺盛的冬季,波司登先后在上海和苏州开设快闪店以抢占先机。前者在短短2个月内销售收入达1000万元,后者在一个月内进账300万元。

图6-10为上海南京东路的波司登旗舰店二楼体验区,由法国顶级设计师Thomas Clement操刀设计。参照爱斯基摩冰屋设置的极寒体验舱,形成一个造型新奇的"太空舱",最低温度可达零下15度。顾客可以随时拿起心仪的羽绒服实测御寒能力。这个体验区在波司登店铺升级之际吸睛无数。

二是产品升级。在产品升级上,波司登花费了大量心思,请来了三位国际知名设计师,分别是前LV巴黎世家设计师Antonin Tron,拉夫劳伦前设计总监Tim Coppens,师从山本耀司的意大利设计师Ennio Capasa。和波司登之前的"土味款"相比,新系列的确在视觉感官上提高了一个层次或者说档次。

三是品牌营销。除了渠道、产品升级外,品牌营销同样是波司登转型的重头戏,2018年登上纽约时装周,广告投放多元化,在娱乐综艺、户外电梯广告、明星

图 6-10 波司登"太空舱"

（图片来源：http://www.cnr.cn/rdjj/20181023/t20181023_524393284.shtml）

代言、网络推广上齐开花。在中国羽绒服产业前进的巨轮中，波司登从1952年的小作坊变成现在的行业巨头，几经沉浮后再度崛起，这中间既有创始人高德康敏锐的商业嗅觉，又体现出新时代下品牌营销的重要性。

七、时尚消费模式创新

新技术的不断出现，改变了基本的商业竞争模式，使许多新的商业实践成为可能，新型企业也应运而生并获得成功。商业模式创新成为一种新的创新形态，更注重从客户的角度和需求出发，从根本上思考和设计企业的行为，其重要性已经不亚于技术创新，已然引起了从业者的高度重视。

模式创新是改变企业价值创造的基本逻辑以提升顾客价值和企业竞争力的活动。既包括了品牌风格创新，也包括了品牌战略创新，其本质都是为了提升品牌自身价值。

定义解析。C2B2M为犀牛智造模式，是指阿里预测用户需求，将用户需求进行细分，反馈给工厂，工厂根据预测出的细分需求进行生产的一种新型模式，和淘宝B2M模式最大的区别就是更注重对用户需求的预测。

内容概述。犀牛工厂是阿里对外官宣的新制造，它与盒马师出同门，属于阿里五新战略的组成部分，具有很强的独立性。这是一家共享工厂，主要帮助中小企业在最短时间内最快生产出它们所需要的产品。犀牛智造平台主要把数字洞察应用在制造环节中，实现真正的产销一体化，从而实现数据驱动，将消费者洞察与生产环节紧密相连,实现更机智的生产排期、弹性生产,帮助中小商家解决生产供应链中的一系列痛点。目前已有 200 多个淘宝中小商家、产业带商家、直播主播与其合作。图 6-11 为犀牛工厂部分展示图。

图 6-11 犀牛工厂

(图片来源:https://tech.163.com/20/0917/07/FMN9DJ5U00097U7R.html)

模式创新。众所周知,时尚产业规模巨大,服装更是有万亿的市场规模。然而服装行业是一个高库存的行业,由于受到时尚潮流影响,供需的匹配在服装行业是个永恒的难题。市场每时每刻都需要服装,但是品牌服装也总有卖不掉的情况。抢占市场先机,走在潮流前端则是每个时尚品牌一直追求的定律。当众多企业开始研究如何缩短供应链时间,提高效率时,阿里的犀牛工厂已走出了一条新的道路,率先实现数字化工厂。新制造的目标是具备"从 5 分钟生产 2000 件相同产品,到 5 分钟生产 2000 件不同产品"的能力,且按需定制,1000 件起订,实现最快 7 天交付。从下单到市场,7 天足以让品牌快到飞起,抓住时尚潮流,让创业者、中小企业能够聚焦核心能力,并带动小工厂实现数字化升级,提升中国制造业的竞争力。如果说 5 分钟生产相同的 2000 件是为了满足市场的数量需求,那么 5 分钟生产不同的 2000 件则是满足了个性化需求,这是时代潮流趋势,也是时尚品牌所追求的速度与模式。那么犀牛制造是如何实现模式创新的呢?举例来说,一个品牌要想定制不同图案的同款 T 恤,服装版型、面料等差异不大,主要在于图案。犀牛工厂首创数字印花,可将印花工艺参数,以投影的方式进行定位,取代传统工厂手工画框定位的方式,大大节省了印花效率。同时,犀牛工厂采用可视化、智能化进行全链路跟踪与制作,通过物联网人工智能技术,发明"智能导航""棋盘式吊挂",将吊挂衣架自动分配至相对空闲的工位,改变了过去服装工厂吊挂单向流转造成的拥堵问题。犀牛智造不是C2M,没有一对一的私人定制,也不是用户先下单工厂才生产,它仍是"规模化"生产,但同传统的规模化最大的区别是通过预测,把用户需求清晰化后再生产。

八、时尚消费价值创新

什么是品牌?什么是奢侈品?什么是文物?可以这样理解:在成本价后面加一个0的叫品牌,在成本价后面加2个0的是奢侈品,在成本价后面想加几个0就加几个0的是文物。如何把产品打造成文物?文物必须满足三个条件:历史、文化和故事,当然还有稀缺性。有些文物本身没有什么大的价值,但当赋予它一定内涵的时候,它的价值得以体现,这是精神上的价值实现。那么如何去寻找、开发、提升和放大,这是物质上的价值提升创新。

显然,价值创新不是单纯提高产品的技术竞争力,而是着力在较大范围内更宽泛的层面发现并努力满足顾客尚没被满足的需求,通过为顾客创造和提供更大更多的价值来争取顾客,赢得企业的成功。这是更深层次的、难以为竞争对手所模仿的经营模式的创新,并为可持续的发展奠定基础。

品牌概述。StellaMccartney是由英国设计师于2001年创立的一家深耕可持续设计理念的时尚品牌,也是业内推行可持续的代表性品牌之一[36]。作为时装界以环保出名的时尚品牌,StellaMccartney支持PETA,从未使用任何动物制品或皮革制作服装,而是使用羊毛、丝和其他非源于动物皮革的,主张"全素"设计。2019年9月,该品牌与荷兰时尚创新平台FashionforGood建立合作,一同研发和拓展下一代的可持续技术,推动时尚产业可持续发展。

环保理念。StellaMccartney自品牌创立之初秉持环保理念,拒绝使用任何皮革和皮草材料。品牌不局限于宣传,实践环保,2015年起公开全球环境损益报告,量化品牌对环境的影响。品牌宗旨是以环保为前提进行产品创新设计,并呼吁同行一起注重环保。

价值创新。StellaMccartney品牌设计中主要采用有机棉、再生尼龙、回收的聚酯材料等,减少服装对环境的污染,同时不断开发新的环保新型面料,提高可持续材料应用比例。首先,在选材阶段就采用天然有机材质,坚决拒绝动物材料和对土地有污染以及产品处理中所产生的危害材料。其次,设计师还需考虑产品回收问题,即StellaMccartney品牌的产品具有可回收价值,归根究底还是对材料有一定的要求。且不断加强环保理念，对品牌可持续发展要求逐年上升。如往年要求品牌50%以上的女装和男装都符合可持续发展要求，到2020春夏系列75%的成衣都实现了生态环保和可持续的目标。

未来，消费者更注重健康消费和安全消费。StellaMccartney通过产品可持续设计向消费者传输环保理念。品牌发展理念和社会发展理念基本形成一致，无形中找准了市场定位，占据道德制高点，同时也给了其他品牌一个警醒。新时期的设计师应该将可持续发展作为新的设计理念，带领企业走向这场全球化环境革命。当一个品牌为消费者带来的不仅仅是产品所附加的功能和美感，还能让消费者一看到此品牌的产品就想到可持续发展环保理念时，那么这个品牌就实现了价值创新。价值创新带来的品牌效益已不仅仅局限于产品效益，更是品牌地位的提升。

九、时尚消费文化创新

文化创新，是社会实践发展的必然要求，是品牌自身发展的内在动力。一个有内涵的品牌必然有与众不同的文化，企业对文化的创新也是提升企业软实力的强有力途径。文化是一个品牌，一个企业的底蕴，时尚品牌需要不断地进行文化创新，从而更好地发展。

故宫。曾经的紫禁城，是中国封建社会最后两个王朝——明代和清代的皇宫。在近5个世纪中，曾有24个皇帝生活在这里。在某种意义上它承载了中国五千年文明，是中国历史文化的名片，是世界历史文化的一颗璀璨明珠。作为一个博物院，它收藏了中华文明五千年以来的文物多达25个大门类，69个小门类。

文化创新。正因为拥有巨量的馆藏、珍贵的文物、悠深的历史和广博的文化，故宫通过文创产品向世人传递中国五千年的文化。故宫文创成功地使故宫这一将近600岁的古老的建筑艺术品与年轻人的生活结合到一起。故宫文创产品是故宫文化的继承者，也是中国文化的传播者，它通过将中国元素融入产品进行文化的再创新。

创意产业是将一块普通的鸡块变成肯德基，将一块布料变成GIOGBO ARMANT的机会，而这个机会来源于两个方面：一个是创新的能力，一个是商业价值裂变的能力。没有一成不变的章法，没有按部就班的法则，商业创新更是如此，我们提出的那些创新路径，只是希望带来一些启迪。只有解决了顾客的痛点，产品才有市场，这个痛点既包括物质上的也包括精神上的，善于出奇者，方能制胜,或许这便是创新的真谛,也是创新最大的奥秘和乐趣所在吧。

第四节 成功时尚品牌创新案例分析

近年来,国内时尚市场饱受争议,但本土时尚品牌也在加速发展,不少民族时尚品牌开始崭露头角,并在国内外市场的激烈竞争中站稳了脚跟。大数据时代,消费升级背景下,时尚品牌的成功离不开创新。通过具有代表性的国内外知名时尚品牌成功案例分析,可以清晰看到它们品牌创新之路和品牌创新举措。

案例一:SHEIN

2018年,Sheinside.com正式上线,2019年主体品牌SHEIN创建,涉足多个国际主流电子商务平台。目前被认为是国内最大的快时尚跨境电商,主要面向中东、欧美等消费市场,站点覆盖美、法、俄、德等多个国家。自2012年起,SHEIN每年以超过100%的业绩高速增长。截至2016年,SHEIN拥有1000万客户,几乎覆盖全球所有国家和地区,日发送包裹数十万个。SHEIN之所以能在短短几年间享誉国际,除了紧跟潮流,更重要的是进行了品牌创新,包括产品、渠道创新和供应链整合,最终实现品牌价值输出。

(一)产品创新

SHEIN瞄准"跨境快时尚服装"市场,品类齐全,周边产品丰富。SHEIN核心品类为时尚女装,对于选品专注且精,平台依据大数据确定每款服装准确的生产数量,减少库存压力。它紧跟潮流,注重产品的多样性,用时尚的新款快速打入市场,通过自主设计制作了非常多的爆款。且销售价格基本在20美元以下,真正是"物美价廉"的时尚品牌[37]。

图6-12为SHEIN 2021年2月上新的部分产品,女装核心地位一目了然。除此之外,SHEIN品类十分丰富,包括项链配饰、手表,还包括手机壳等周边产品,展示的已不仅仅是一个女装品牌,而是全品类时尚品牌,真正做到了将时尚产品融于一体。相信未来SHEIN的品类更丰富,带给消费者更多的惊喜。

(二)渠道创新

SHEIN十分注重口碑营销,这与它的"弱宣传,强口碑"企业文化相一致。尽管SHEIN不怎么进行广告宣传,但却是社交媒体的高手。起初,SHEIN几乎100%的流量都来自于KOL的推荐,投资回报率高达300%。之后,SHEIN

图 6-12　SHEIN2021 春季部分产品展示
（图片来自官网）

开始转入营销的第二阶段，注重品牌形象宣传，用独立网站和手机客户端引流。随着生活方式的转变，SHEIN 逐渐以宣传生活方式知识进行品牌形象重塑。无论哪种营销方式，SHEIN 的渠道只有一条，那就是"网上发传单"。Facebook、Twitter、YouTube、Instagram 等社交网上都有 SHEIN 的影子，正因为它知道在大数据时代没有比网络更快的方式了，所以它扼住了时代的咽喉，真正玩转了大数据，这也是 SHEIN 特有且坚持的渠道创新。

（三）技术创新

SHEIN 注重优化供应链。2014 年，SHEIN 就开始建立供应链中心，构建并完善供应链体系，同时还搭建仓储系统，建立美洲仓、欧洲仓。2019 年，SHEIN 的后端供应链生态已经基本构建完成，下设商品中心、供应链中心和系统研发中心三大主要部门，形成了一套全面、高效和柔性的供应链系统。柔性供应链的本质即是从终端销售和消费决策电商平台上获取大数据，向后端供应系统和生产商反馈信息，适时调整生产计划，改变商品产量、种类或组合。SHEIN 的自主"柔性供应链"能够快速打版、制作和生产，拥有强大的设计和生产能力。SHEIN 每天测新的 SKU 可以达到成百上千个，而且能够保证每年 365 天都上新款，快于 Zara 的测新和上新速度。每天 SHEIN 的供应链能产生 200 个新款，从接单到出货常见速度为七八天，最快可减少至 3 到 5 天，向供应商交货时间通常为15至20天。SHEIN的快速生产,为自主品牌和合作品牌占据市场先导提供了便利。

案例二:无印良品

无印良品为日本的一个时尚品牌,以日常用品为主,包括服饰产品。注重淳朴、简洁、环保、以人为本的设计理念。无印品牌最大的特色是融入道禅思想,以极简主义为核心,表达可持续的绿色理念。

(一)产品创新(极简主义)

设计作为设计师的一种有目的的创作和创意活动,随人类的产生而被创造、发展和变化。随着时代的变化,社会的节奏越来越快,极简主义的出现正是时代发展对设计形式的一种转变,设计开始更多地从消费者的角度出发,注重用户体验,因此极简主义的设计就要考虑以人为本[38]。无印良品,作为极简主义的践行者,其产品的设计无不体现着以人为本的思想。几乎所有的无印产品都会去除多余的装饰,取其本质的纯粹和精华,包装追求简单与简洁,尤其是透明的食品包装展现了食品真实的样貌,简洁又不失重要信息的传递。无印从品牌创立之际,一直秉持着极简理念,这也是它的产品独特之处,是极少数始终如一的极简的产品设计的品牌之一。图6-13为无印良品化妆水瓶的包装设计。

图6-13 无印良品化妆水瓶包装

(图片来源:https://baike.so.com/gallery/list?ghid=first&pic_idx=4&eid=5389416&sid=7115508)

由图6-13可知,无印良品的化妆水瓶使用的是透明的包装,瓶身只写了品名等几个重要的信息,透明简洁的瓶身给人天然纯净的感觉,这也与无印良品追求自然朴素的极简理念一致。

（二）价值创新（绿色理念）

为深刻践行绿水青山就是金山银山的重要发展理念，在工业产品设计中达到简化产品结构、减少材料使用与能源消耗的最终目标，绿色设计理念已然成为了当下资源紧缺时代非常重要的产品设计指导思想[39]。始终践行极简主义的无印良品自然也是绿色理念的践行者。无印产品注重淳朴、简洁、环保，无印的绿色理念表现在对环保再生材料的重视和将包装简化到最基本状态。为了环保和消费者健康，无印良品规定许多材料不得使用，如PVC、特氟隆、甜菊、山梨酸等。正因为这样的理念，它赢得了环境保护主义者的拥护，从而提升了品牌的价值，可见，绿色理念也能带来品牌价值创新。

（三）文化创新（道法禅宗）

《周易·系辞上》提到"形而上者谓之道"的"道"指的是乾坤和阴阳变易的法则，法则是无形的，称为"形而上"[40]。《老子·四十章》记载："天下万物生于有，有生于无。"世间万物，无是开始，有是存在的原因[41]。基于《周易》《老子》的"道法"和"有无"，无印良品的品牌理念体现了设计就是从无到有，无中生有的过程，这是道法给予这个品牌的文化创新理念。

日本的禅宗讲求"无念为宗、无相为体、无助为本"，即不执着于一切事物的外在表现，不为事物表面的感性认识所困扰，主张直面事物的本身特质，追求绝对的单纯、空寂与纯粹的精神世界[42]。这与中国的道法不谋而合，同时也是无印的品牌文化体现：源于平淡的生活，遵循极简主义的审美意识，运用最自然质朴而适用于生活的设计服务于生活。淡化产品本身的品牌意识，简化不必要的生产程序，注重产品的品质，更倾向于生产纯粹的商品，这种关注人与自然关系，以及人与商品的互动正是禅宗美学的体现。无印从道法到禅学，进行了从无到有，以"无牌"成就"大牌"的文化创新。

案例三：李宁

李宁，1990年成立的专业体育品牌，以创始人"体操王子"李宁命名，拥有完善的品牌营销、研发、设计、制造和销售。进入21世纪初，时尚品牌如春笋般出现，李宁则一度沉寂，直至2018年，李宁以"国潮"为主题，重获市场，品牌创新让李宁以全新面貌赢得消费者。

（一）模式创新（国潮兴起）

品牌风格。作为在国牌中较有地位的李宁经历过发展瓶颈期，2012年出现了首亏,并在之后的两年连续亏损。换言之,李宁公司的业绩在2012年至2014年一直处于亏损状态,三年的亏损金额分别为19.8亿元、3.9亿元和7.8亿元,累计超31亿元。而2016年度业绩报告显示,李宁集团全年营收80.15亿元,净利润达6.43亿元,同比增长4395.5%,在2015年度扭亏为盈(净利润为1400万元)后,净利润翻了近44倍[43]。2018年,李宁年营业额首次突破百亿元[44]。至此,李宁完全复苏了。在此之前,李宁产品设计上的花式配色和乡土气味一直遭到消费者诟病。随着时代的发展,消费者对产品的要求越来越高,李宁的乡土产品自然被时代淘汰。李宁重新定位之后,其产品一改乡土气息,将炫酷与运动相结合,一举带火了"国潮"品牌。2018年的纽约时装周,点亮了李宁的风格转型之路,风格的转变是李宁复苏的原因之一。

品牌标语。在风格转型之前,李宁最初进行的是商业模式的创新,主要表现在标语的改变,将原来的标语"让改变发生"重新改为"一切皆有可能"。时至今日,李宁不负所望,华丽转身的那刻正是"一切皆有可能"的写照。图6-14为李宁的"悟道"系列,该系列于2018在纽约时装周亮相,以红白为主色调,浓郁的中国红与白色相融合,靓丽又透露着纯净自然,款式简单不失时尚,浓郁的国潮风由此展现魅力,这也是李宁沉寂了7年之后,掀起的国潮风。

图6-14　李宁"悟道"系列

(图片来源:https://mp.weixin.qq.com/s?_biz=MjM5OTEwNDQ3MA==&mid=2651422851&idx=1&sn=a772cadb0f96fc018a5dfe1068c8259e&chksm=bd3dba3a8a4a332c34618aee96f4c2a87c6dd1136200be584c59f5706e8edd135bfbc5ac9276&scene=27)

（二）渠道创新（"网红"形象）

2015年，执行主席李宁兼任代理行政总裁后，开启了李宁品牌的"网红"之路。同年1月21日，李宁开通了新浪微博，与消费者沟通互动，走出了带着诚意与温度的一步。开通微博后，他卖力地提高曝光度：刷微博、卖萌、写鸡汤，这个五十多岁的潮大叔丝毫不输年轻人。复出的李宁不再是高冷的体操王子，也不再是严肃的企业家，变成了一个可爱的小老头，喜欢撒娇卖萌表情包。目前这个账号已经拥有295万多粉丝，这对一个企业家而言，已经算是庞大的粉丝量了。亲民的互动路线就是李宁复苏之初的渠道创新。

（三）营销创新（数字化门店）

李宁复苏带动国潮风后，没有掉以轻心，曾经的经验告诉它：不进则退。时尚瞬息万变，唯有跟上社会发展的步伐，品牌才能长久立足于时尚界。数字化时代，李宁追逐潮流，2019年9月25日，在杭州云栖大会会场，和阿里云共同打造数字化运营店[45]。在李宁遍布全国的数字化门店中，每天都会举行折扣活动，每个运动评测的胜者还可以申请全场折扣，帮助全场消费者进行商品打折。比如，优胜者可以成为"砍价英雄"，帮忙把所有商品砍价5%，所有在场的消费者都可以享受这个福利。这种"微笑打折"的互动营销方式，为李宁吸引了不少消费群体，代替了广告营销，新创了数字化口碑营销。

● 参考文献

[1] 纪振宇，赵爽. 解析未来中国时尚消费趋势，2019中国国际时尚高峰论坛为市场"划重点"[J/OL]. 中国服饰，2019.

[2] 陈徐彬. 中国有民族品牌吗[J]. 广告大观（综合版），2019(02):22-23.

[3] 张贤根. 民族时尚创意研究：现状、问题与对策[J]. 服饰导刊，2015(04):62-70.

[4] 尹艳华. 我国企业民族品牌管理现状与对策分析[J]. 延安职业技术学院学报，2013,27(04):35-37.

[5] 马胜杰. 中国时尚产业2019年回顾与2020年展望[N]. 中国文化报，2019.

[6] 傅苏颖. 有必要三箭齐发引万亿元境外消费回流[N]. 证券日报，2015.

[7] 贾庆森. 瞄准个性需求促使消费回流[N]. 东莞日报，2014.

[8] 肖文陵. 国际流行体系与当代中国时尚产业发展途径[J]. 装饰，2010(10):94-95.

[9] 夏毓婷. 论国际时尚之都建设的价值导向与战略重点[J]. 湖北行政管理学

报,2014(06):48-51.

[10]陈文晖,熊兴,王婧倩.我国时尚产业政策回顾及未来展望[J].中国物价,2018(10):81-84.

[11]龙静,陈传明.服务性中介的权力依赖对中小企业创新的影响:基于社会网络的视角[J].科研管理,2013,24(05):56-63.

[12]郑小为,宁青青.促进中小企业创新的政策扶持策略研究[J].武汉商学院学报,2017,31(04):30-33.

[13]朱楠.我国时尚设计的法律应对[J].上海政法学院学报,2013(06):21-26.

[14]方兴.支持中小企业创新发展的财税政策研究——以苏州市为例[J].现代管理科学,2017(11):78-80.

[15]孟中惠.加大对中小企业发展的政策扶持[J].乡镇经济,2006(05):29-31.

[16]李宇.管理职位设计常见错误的再思考——基于德鲁克的观点[J].东北财经大学学报,2007,49(01):30-34.

[17]佚名.OSPOP[EB/OL].(2019)https://baike.so.com/doc/240847-2546284.html

[18]佚名.飞跃[EB/OL].(2019)https://baike.so.com/doc/5666675-24849568.html

[19]原研哉.设计中的设计[M].济南:山东人民出版社,2010.

[20]佚名.时尚纺织服装产业创新服务体智尚国际服装产业园开园[J].纺织报告,2018(07):6-7.

[21]张巧靓.以"白领"女装品牌为例——浅析中高端职业女装的设计研究[J].艺术科技,2015(07):98.

[22]佚名.品牌故事:杰尼亚(Zegna)[J].中国纤检,2015(20):58-59.

[23]佚名.杰尼亚:个性化服务的楷模[J].上海经济,2011(10):34-37.

[24]罗昶,谢家华.网上卖鞋成巨富[J].商业文化,2014(17):17-18.

[25]沈宝钢.直播带货商业模式探析及其规范化发展[J].理论月刊,2020(10):59-66.

[26]钟涛.直播电商的发展要素、动力及成长持续性分析[J].商业经济研究,2020(18):85-88.

[27]栗天瑞.H&M屡陷"质量门"被曝对质量把控不严[J/OL].中国财经,2012.

[28]佚名."H&M"等国际品牌服装屡曝质量问题[J].品牌与标准化,2016(07):7.

[29]李杨.快时尚品牌的旧衣回收项目管理模型——基于H&M的案例研究[J].管理案例研究与评论,2018,11(02):181-191.

[30]佚名.H&M成为全球首个供应链透明的时尚零售商[J].印染,2019,45(09):61.

[31]郭燕.嵌入H&M全球供应链的中国服装进口贸易研究[J].毛纺科技,2020,48(06):90-94.

[32]佚名.营销创新[EB/OL].(2019)https://baike.so.com/doc/5569626-5784823.html

[33]佚名.耐克与阿迪达斯的品牌战略分析[J].中外鞋业,2019(05):84-87.

[34]许欢.波司登的时尚变身[J].中国纤检,2019(08):102-103.

[35]易芳,梁莉萍.波司登:创新驱动凝萃品牌之魂[J].中国纺织,2017(11):118-119.

[36]刘乐.浅析可持续时尚品牌的发展与创新——以StellaMcCartney为例[J].西部皮革,2020,42(01):111.

[37]陈江涛,吴燕晴.从产品输出到价值输出——SHEIN品牌建设[J].经济研究导刊,2020(34):56-57+63.

[38]张芷若.以人为本的极简主义设计——以无印良品为例[J].中国民族博览,2019(09):160-161.

[39]邵兴德,孙璨,张仲凤.无印良品绿色设计理念研究[J].家具与室内装饰,2019(08):66-67.

[40]康红娜.湘西凤凰旅游纪念品设计的"道"与"器"[J].包装工程,2013,34(06):26-28+40.

[41]邓焱,李中扬.设计中的"无用"之道[J].包装工程,2015,36(06):109-112.

[42]李晓颖.浅析无印良品包装设计的禅意美[J].西部皮革,2017,39(24):129+136.

[43]陆建东.从巨亏31亿、关店4000家,到净利年翻44倍"一切皆有可能"[J/OL].财报,2020.

[44]佚名.李宁2018年营收首次突破百亿元[J].网印工业,2019(04):59.

[45]王雪妍.阿里云联手李宁打造"数智化"新门店[J].时代经贸,2019(28):90-91.

第七章　　设计创新文化生态研究

创新作为经济学词汇最早被经济学家熊彼特（Schumpeter）提出，广泛应用于经济学与管理学领域。作为一个动态的概念，它随着各学科对创新研究的逐渐完善和创新实践的发展而不断丰富拓展，创新的性质与前景也发生了变化。[1]意大利创新管理学教授 Verganti 在管理学与设计学的交叉领域中捕捉到了创新的变化，提出了设计创新。

设计创新的范畴主要是为企业提供一种以设计为主导的创新方法，设计创新源于知识创新、文化创新，这里的"设计"不仅仅是创新的实现行为，更作为一种策略促使企业改善创新能力，并帮助其在复杂的市场中提高竞争力。[2]而影响设计创新的关键因素主要集中于"人"和"事"两个方面，即"由什么样的人进行创新（Who）"与"如何进行创新（How）"，这是进行设计创新的重要支撑载体。[3]通过对国内设计创新的诸多因素分析，结合国内相关案例与国外实际经验的进一步探究与认识，将有助于深刻思考和构建我国设计创新文化生态。

第一节　国内设计生态现状分析

我国时尚设计起步较晚、发展较缓。整体设计创新的发展并不顺畅，经过屡屡的碰撞和渐次正视中国优秀传统文化后，设计创新才开始了有了自己中国风味的转变。尽管依然存在不足与欠缺，但毕竟开始了中国特色的时尚设计创新之路。

一、对中国优秀传统文化态度的转变

近代以来，国人对中国传统文化的心态呈现一个"V"形的曲线变化。从鸦

片战争前的自闭自傲心态、洋务运动中的矛盾调和心态、甲午战争后的质疑批判心态、新文化运动时期的鄙弃心态到现在新中国之后的理性自信心态。[4]经过时代的筛滤和扬弃,取其精华,弃其糟粕,优秀的中国传统文化得以重视。习近平总书记在纪念孔子诞辰2565周年大会上指出:"对传统文化中适合于调理社会关系和鼓励人们向上向善的内容,我们要结合时代条件加以继承和发扬,赋予其新的涵义。"[5]国人意识到中国优秀传统文化与现今的社会生活并不矛盾冲突,相反,优秀传统文化应该而且必须在继承中发扬光大。

必须正视的是,改革开放政策使得大量西方文化流入中国,并在国内盛行。基于当时西方文化的某些方面有其先进性,东方大国掀起一场文化追随的潮流,这股潮流持续时间长,以至于进入21世纪以后依旧影响颇深。

以设计为例,西方先进文化传入东方,东方由此陷入了盲目跟随和模仿的状态。中国许多设计师丢弃了一直引以为豪的中国传统文化,崇洋媚外,导致整体性地向西方学习、与西方同步过程中,设计亦与西方大同小异,缺失了中国元素。此后虽然也有些时尚设计师有所觉察,意识到自身对于中国传统文化了解不足,无法将优秀的传统文化与时尚融合,但整体上难有作为。随着党的十八大提出的文化自信,时尚设计界对弘扬中国优秀传统文化的意识开始增强,许多设计师认识到应该把中国优秀传统文化应用在自己的设计作品中,要发扬我国优秀传统文化,让大量的本土设计作品具有辨识度,努力将中国优秀传统文化输向国外。

21世纪伊始,中国时尚在国际时尚圈内几乎没有时尚话语权。2008年北京奥运会的成功举办,张艺谋导演在开幕式中对中国传统文化作了淋漓尽致的演绎,让国人为中国传统文化自豪,也让西方国家重新认识与重视中国文化。北京奥运会上郭培设计的一袭"青花瓷"旗袍(见图7-1),以中国丝绸行业的顶尖设计水准与织造技艺,惊艳了全球,赢得了海内外的一致好评,也让包含中国传统文化的中式设计元素第一次迈入了时尚界的门槛。

国际品牌Dior趁着2008年掀起的这波中式元素的热潮,推出了青花瓷元素的高定设计(见图7-2)。在2009年巴黎高级定制时装发布会上,Dior品牌将中国青花瓷蓝图纹用在白色晚礼服上,通过缝边点缀使得西式晚礼服上中西文化结合非常到位,巧妙地彰显出了时尚个性。2009年的巴黎高级定制时装发布会是一场被"中式元素"席卷的发布会,不仅Dior积极在自己的高定上应用中式元素,更有法国品牌ON AURATOUT VU、意大利品牌Armani将强烈的中式元素融入高级定制中[6]。

图 7-1 2008 年北京奥运会"青花瓷"旗袍

（图片来源：http://zjnews.china.com.cn/wsl/wh/2018-08-27/44895.html）

图 7-2 2009 年 Dior 青花瓷元素巴黎高定设计

（图片来源：https://new.qq.com/omn/20191004/20191004A0CIR200）

随着中国综合国力的不断增强，国际品牌为了打开中国市场，近十年来，不断地在各种单品的设计中添加中国元素。Dior 2020 年中国农历新年限定系列包袋中，融入了代表吉利的红色、优雅的凤凰等中国传统文化元素，体现出中国式的喜乐与诗情画意（见图 7-3）。

西方对中国优秀传统文化的态度与理解不断向正确的方向转变时，国内设计师对中国传统文化也有了更加深刻的理解与应用。

传统文化是一个区域，一个民族乃至一个国家在特定的环境、民俗、习惯和文化氛围所保存下来的，属于特色文化，它有过去、现在和将来。现实生活中人们为了社会的发展去开拓它、运用它，使之为人类服务。这种服务是多方面的，

图 7-3　Dior 2020 年中国农历新年限定系列包袋

（图片来源：https://baijiahao.baidu.com/s?id=1655587106722781969&wfr=spider&for=pc）

人们的衣、食、住、行都闪烁着传统文化的光辉。就中国传统文化与设计创新而言，设计师要设计出好的作品及产品，他们的设计灵感虽瞬间闪现，但这种设计灵感的来源，是与日积月累的观察、发现分不开的，是与汲取众多生活、艺术中的精华和积累分不开的[7]。过往中国设计师设计的具有中式元素的作品不被外界所认可、所接受的原因，大部分在于设计师对中国优秀传统文化的理解表面化，缺乏深度，融入作品时有些机械、生硬，甚至由此而缺乏自信心。

党的十八大以来，习近平总书记在许多重要场合都提到了文化自信，由此掀起了中国文化热。习近平总书记在十九大报告中提出"文化是一个国家、一个民族的灵魂。文化兴国运兴，文化强民族强。没有高度的文化自信，没有文化的繁荣兴盛，就没有中华民族伟大复兴。要坚持中国特色社会主义文化发展道路，激发全民族文化创新创造活力，建设社会主义文化强国"[8]。这是对文化自信的又一次深刻阐释，充分反映了文化自信对于新时代中国特色社会主义事业发展的重要性和关键性。

现如今，人们已经充分认识到，中华优秀传统文化是我们最深厚的文化软实力，中国传统设计元素是东方文化的一处独特景观和宝贵财富。同时深刻认识到如果想要设计一件能够代表中国的作品，需要自己能够深刻地理解中国优秀传统文化，而不只是盲目地贴标签。

中国设计师对于传统文化元素的应用焕然一新，从直接大胆应用中国红、丝绸、青花瓷、牡丹等元素，到如今深切感受其中意境，再加以设计应用；从缺乏新意到创新感十足；从将中式符号贴于设计表面，依葫芦画瓢，没有精神内涵，到如今设计产品中体现出中国优秀传统文化的深厚底蕴。在这一过程中体现出的是国人对于民族文化的认同以及自信，是对中国优秀传统文化的态度的巨大转变。

转变表现一——盖娅传说

2016年中国高端时尚品牌Heaven Gaia盖娅传说震撼亮相巴黎时装周（见图7-4）。盖娅传说将非物质文化遗产之类更深层次的东方一系列"中式风"带到了时尚圈，同时结合西方的廓形和剪裁等工艺，惊爆了西方时尚圈的眼球，他们对中式审美角度正式发生根本性变化。盖娅传说的成功让时下的时尚设计师了解到：只有文化，是永远值得探寻的[9]。

图7-4 盖娅传说

（图片来源：https://new.qq.com/omn/20191004/20191004A0CIR200）

盖娅传说的品牌创始人兼艺术总监表示，西方技巧的灵动应用，赋予作品中国精神，让每一款高级成衣都充满诗歌般的生命，诠释出东方美学的指示。以中华优秀传统文化为整体设计的灵感来源，可以让世人更好地铭记历史、正视历史，由此来揭示出民族精神的强大包容性[10]。

转变表现二——李宁

2018年纽约时装周秋冬秀场上，中国本土运动的第一品牌——李宁乘"悟道"而来。李宁以"悟道"作为本次秀场的主题，分两场演绎："心之悟"与"型之悟"。其中"心之悟"的灵感来源于中国优秀传统文化中的"天人合一"，将运动与中国传统文化、时尚潮流结合在一体，展现了"悟道"中明自本心、心向之途的道理。李宁品牌以"中国李宁"为标志，将中国20世纪八九十年代的经典元素融合在服装以及服饰中，例如品牌Logo以汉字形式展现、被网友戏称"西红柿炒蛋"配色的红黄，致敬奥运会中国第一套领奖服以及体操王子李宁的标志动作等

（见图7-5）。

图 7-5　中国李宁

（图片来源：https://baijiahao.baidu.com/s?id=1594414062778796801&wfr=spider&for=pc）

服装品牌盖娅传奇和李宁在国际时装周中的表现，一定程度上展现出了中国设计师对于中国传统文化的态度转变，设计师们开始学会真正理解我国优秀文化，不再浮于表面流于形式，将所理解的文化与元素融入所设计的服装中。作品中赋予的中国精神，也得到了西方设计界以及时尚界的认可，他们从中感受到了中华民族文化的悠远和博大精深。

转变表现三——消费者

本土设计师对中国优秀传统文化的深入理解表现在各自的作品中，在一定程度上影响了消费者，消费者的认知与选择发生了改变。《2018年中国时尚消费趋势红皮书》显示，52.3%的消费者越来越偏好中国风的设计[11]。这一数据说明，消费者对国内设计师应用我国优秀传统文化作为设计元素的认可，而这必然将激励设计师继续深入探究优秀文化与设计的融合，设计出具有中国独特设计理念的作品。

在《2018年度中国新生代时尚消费白皮书》中显示，中国文化强势回归，中国元素在众多文化元素中应用于时尚产品吸引力名列前三。其中传统工艺元素在90前、90后以及95后的选择占比都比较高（见图7-6）。

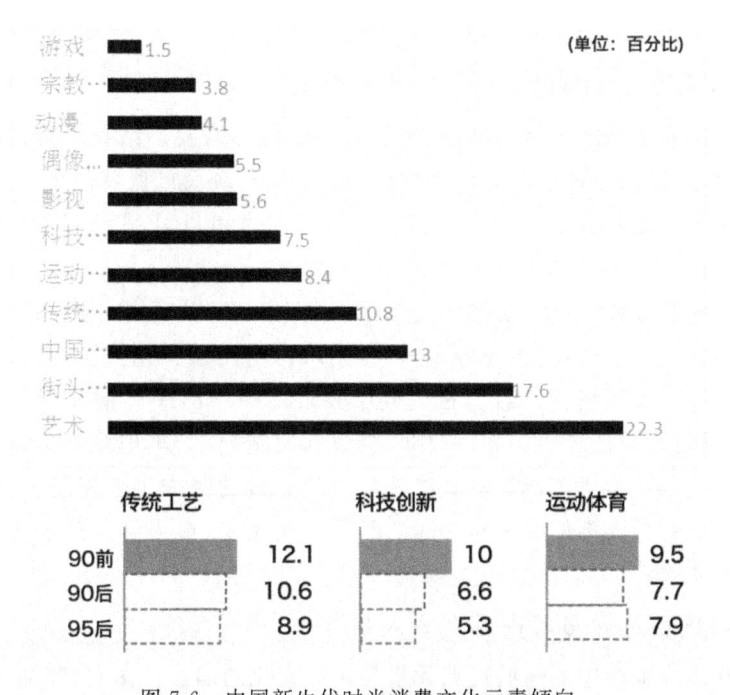

类别	百分比
游戏	1.5
宗教	3.8
动漫	4.1
偶像	5.5
影视	5.6
科技	7.5
运动	8.4
传统	10.8
中国	13
街头	17.6
艺术	22.3

(单位：百分比)

	传统工艺	科技创新	运动体育
90前	12.1	10	9.5
90后	10.6	6.6	7.7
95后	8.9	5.3	7.9

图 7-6　中国新生代时尚消费文化元素倾向

（数据来源：https://www.digitaling.com/articles/71434.html？plat=ios）

二、设计创新趋于民族化

　　文化自信突显了我国政府在国家顶层设计上对文化软实力的高度重视。而我国时尚设计师们对中国传统文化从不屑一顾到接受融合的过程中，摸索和寻找适合自己设计创新的元素。中国作为一个多民族国家，民族元素是中国文化中不可缺少的一部分。传统民族服饰作为民族文化的一部分，服饰样式别具特色，象征含义丰富，历史悠久，散发着浓郁的地域和民俗魅力，如今越来越多的设计师将设计目光放在了对少数民族服饰元素的提取。

　　中华民族在多民族不断融合的过程中，各种文化的相互交流、影响和吸纳极大丰富了优秀传统文化的内涵，也促进和丰富了中华服饰文化的发展，包括流传至今的少数民族服饰，比汉族服饰更多地保留了古代历史文化的元素，成为今天人们探寻历史文化奥秘的一个窗口。民族传统服饰文化一定程度上是本民族文化的各种元素的集合，元素可分为外在元素和内在元素。外在元素包括民族服饰中的配饰、色彩、纹样等，以其外表特有的形式向外人展示民族文化；而服饰中的美学文化则为内在元素，这体现着一个民族长年累月的文化内涵，在特定的历史条件下与社会环境相互交融流传下来。

(一)传统文化与时尚结合方式创新

特色民族服饰的传承与发扬,需要紧跟时代的需要。结合优秀传统民族服装文化内涵,进行多样化时尚民族的创新设计是传统民族服装的革新之路,也是发展之路,更能获得该民族人民的民族认同感和自豪感,重构民族服装新形象[12]。

现代民族服装设计需要挖掘民族服饰文化因素,以现代的设计手法,让传统与时尚相结合。首先,需要充分了解、深刻认识本民族文化传统,寻求文化背后的深厚内涵与民族精神;其次,在民族服装设计中突出民族特征和历史文化要素,对原有民族的传统服饰加以改造,吸收保留精粹,牢牢把握住传统民族服装文化的特点;最后,将传统的制衣工艺与现代先进的制衣工艺相结合,使得所设计与制作出的服饰不但能被新一代的年轻人所接受,更得到坚守传统民族工艺的前辈的认同。

(二)民族元素与时尚结合方式创新

民族传统服饰中的一些经典元素是民族文化的缩影。图案、装饰、面料等使得各地域的民族服饰丰富多彩、风格迥异。当传统元素与时尚相碰撞,以现代时尚为主,传统元素为辅,为现代设计添置一层民族色彩,这不仅使民族文化得到宣传与发扬,同时也为现代设计开辟了一条构思之路,丰富了现代设计的内容。如今,在服装市场上将传统元素与时尚相结合的服装品牌比比皆是,这些服装品牌大多以本民族文化特征为主要灵感来源,提取民族元素为服装画龙点睛,使得服装拥有自己的民族文化内涵。

当代服装设计应当既尊重传统历史,同时又面向未来;既要继承和发扬传统文化艺术又要考虑当代国际化的审美需求;既要表达设计师的情感与理念又要具有启发性和创见性[13]。以服装品牌江南布衣(JNBY)为例(见图7-7),民族化是该品牌的特点之一。江南布衣将柔软的面料、浅色色调和具有民族风格的面料图案融合在一起,服装品牌脱颖而出,在国内外市场皆有口碑。图案是服装的重要元素之一,图案的美与丑,决定着服装的取与舍,民族服装上的图案往往带有浓烈的民族色彩,将其称为民族图案[14]。江南布衣面料大多经过二次再造,尤其是凹凸丝织物、提花丝织物的处理手法让服装整体的民族味十足,再配以现代时尚独特的设计,以及新型面料、制衣工艺,充分证明了传统元素与时尚相结合的设计创新方式可以获得世界各国设计界以及时尚界的认可。

江南布衣的成功也充分印证了在继承本民族文化的同时,跟随世界的脚步

图 7-7　江南布衣(JNBY)

(图片来源:http://fashion.sina.com.cn/s/in/2019-01-18/1041/doc-ihqfskcn8196037.shtml)

的重要性[15]。设计师们应在坚持品牌的核心内涵的基础上,与时俱进、不断完善与发展自我,引领世界潮流。中华民族的服装文化设计需要国际化的文化思想,世界的国际化思想离不开中华民族文化。在多元化的社会中,提高中国特色的民族文化服装设计,让世界更好地认识中华民族文化,接受中华民族的服装理念,这是有利于中国"走出去"的发展思路,实现中国时尚经济的国际化发展[16]。

三、设计创新发展的不足

中国的优秀传统文化丰富且别有特色,国际上将中国传统文化作为元素应用在服装中已有年头。但在过往设计市场中,尽管不断宣传和强调要将中国文化灵活应用于作品中,而真正能够征服时尚界的设计少之又少。原因不外乎三方面,一为设计师本身,二为缺乏行业支持,三是企业相关动能不足,三者环环相扣,相互制约相互影响。

(一)设计师综合素质不足

我国的设计创新正在崛起,设计师们意识到传统文化应用的重要性,努力将优秀传统文化元素较多地应用在设计中,这是难能可贵的。但真正能够突出重围的作品并不多,其根本原因是多方面的,就设计师本身而言,综合素质有待提高是最为关键的。提高对中国优秀传统文化的认识是一方面,但具备把这种认识转化为独具特色作品的真正能力是另一方面。只有兼具两方面,才有可能设计出有价值有独创性的作品。设计师没有很好地理解优秀传统文化,仅仅运用了一些图形与色彩是远远不够的。中国优秀传统文化中许多讲究意境,其中一些更是"只可意会、不可言传"的,所以在将传统文化与时尚相融合时,切不可盲目地硬塞乱套。

同时,在进行传统文化与时尚融合的设计时,不可盲目跟风,要避免不加分析不加辨别地盲从当下国际时髦设计。设计师创作作品时应突出自身特色,注重开发属于我国的独特产品,才有可能设计开发出具有国际竞争力的时尚产品。同属于东方文化的日本,对其文化继承和设计创新的做法十分令人赞叹。以三宅一生作品为例(见图7-8),他的作品中成功地融进了东西方文化的精髓,而且把古代与现代融为一体,又透着强烈的时代气息。

图 7-8 三宅一生作品

(图片来源:http://shows.vogue.com.cn/Issey-Miyake/2019-ss-RTW/)

三宅一生的设计是以日本传统的工艺方法和空间意识为基础,隐现出作为东方的日本民族的哲学观念和对自然的态度,透露着东西交融,古今结合的美感[17]。日本设计师成功的重要原因之一是本土设计师能够继承本国的传统文化精神,并加以准确理解,将传统文化与现代精神、东方与西方相结合,设计出国际皆可接受的作品。

(二)缺乏行业支持与良性竞争

缺乏行业支持与良性竞争是我国设计创新发展不足的另一重要原因。当今我国服装市场发展空间大,服装企业数量众多,服装品牌想要冲出重围,走向国际,缺少了重要的一环——行业管控。任何行业的发展都需要所属行业的专业人士与组织的支持,需要行业组织的强化推广和对外宣传,一个好的产品,如果没有市场推广和宣传,很快便会被遗忘和淘汰[8]。而目前我国缺少类似强有力的组织或机构管控,从业者自律自控显然不可能,以至于国内恶性竞争、恶意抄袭屡禁不止,对传统文化滥用的服装企业更比比皆是,这些都极大地影响了我国时尚行业的健康发展。例如,深圳潮牌 ROARINGWILD 在自己的官方公众号发布推文公开指控国内服饰巨头旗下潮牌抄袭(见图 7-9)。

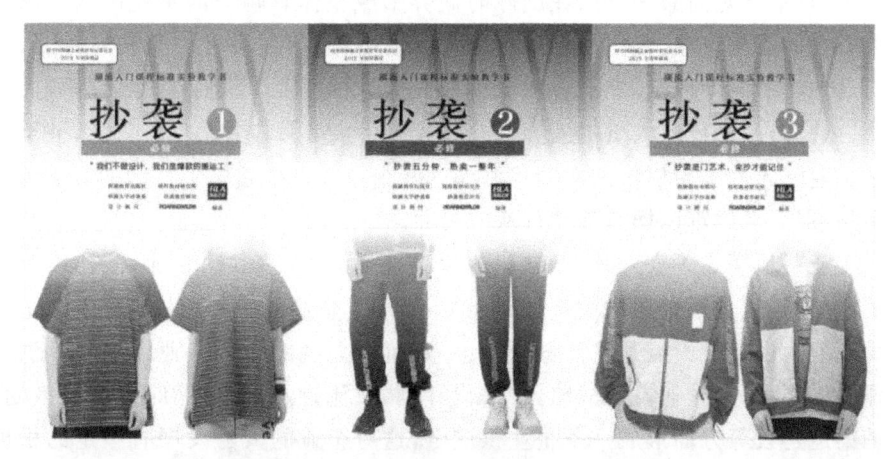

图 7-9　ROARINGWILD 被抄袭之一
(资料来源:http://fashion.ifeng.com/c/7ma5zcnJNR)

细节见图 7-10。

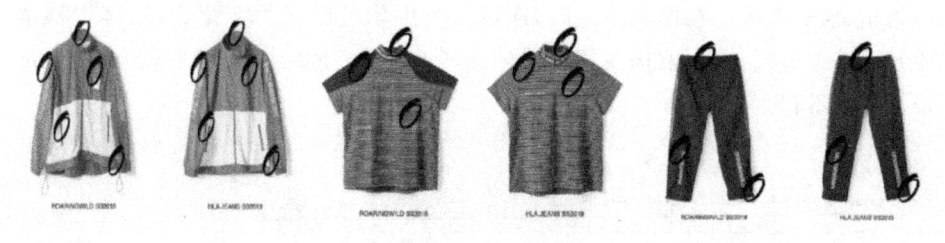

图 7-10　ROARINGWILD 被抄袭之二
(资料来源:http://fashion.ifeng.com/c/7ma5zcnJNR)

"抄袭"并不能使服装企业长久发展。服装企业当然应该自律,应注重建构自己的品牌,要形成自身的设计理念,拥有独特的设计风格,设计出具有内涵的服饰,而不是肆意抄袭。但是从营商环境角度而言,必须要有配套的制度体系和机制,相关组织除了积极提倡和鼓励服装企业注重自我创新,各个服装品牌注重对优秀传统文化的有效利用与融合,大力拓展市场外,当恶性竞争、恶意抄袭的情况出现时,要及时有效协调、干预、制止和严加处罚,全力杜绝类似事件发生。也只有这样,才能排除干扰市场与行业健康发展的不利因素,保护原创,保护合法经营者的积极性,使中国服装品牌发展壮大,冲出国门,为国际时尚界所认可。

(三)企业动能不足

企业动能的不足,严重影响和制约了中国优秀传统文化的传承与设计创新融合,这是本土时尚品牌难以在国际时尚界形成整体影响力的重要因素。国内大大小小的服装企业,大多缺乏本企业自身的准确定位,设计力量相对薄弱,没有自己独特的设计风格,加上企业缺少开发资源和力量,只是一味跟随西方国家的流行趋势,尽管投入大量的人力、物力以及财力,结果却并不尽如人意,甚至让服装企业陷入抄袭与模仿的怪圈。假如这些企业一直缺乏属于自己的概念性产品引领,那么必然难以摆脱被动盲从的局面。

企业落地模式不完善,企业文化落地难,困扰着许多服装企业,同样影响企业的整体能力,包括企业的设计创新能力,制约了企业的发展和品牌建设。企业的兑现能力也直接影响其设计创新,有一定价值兑现能力的企业能够及时供给企业发展所需,在产业发展战略、产品设计创新、流行趋势发布、时尚品牌策划、营销渠道建设等方面形成一条企业供应链,这对企业的大力发展有一定的积极作用[19]。

正视设计创新发展现状的不足,是彻底解决问题的开始,正如鲁迅所言"必须敢于正视,这才可望敢想、敢说、敢作、敢当"。设计师、指导性机构和企业是环环相扣,缺一不可。在面对不足时,应以传承中华民族优秀文化为基,客观科学地寻求破解之策,大力发扬我国设计创新产业,才能使得中国的时尚产业走上正轨且坚定不移。

第二节 后备人才培养

设计人才是促进国内设计创新快速发展的基础。正确的人才观和培养模式将为时尚产业发展提供人才保障,极大地推动我国设计创新发展,提升我国国际设计地位。

一、人才培养及需求现状

青年兴则国家兴,青年强则国家强,人才培养至关重要。随着经济的飞速发展,产业不断转型升级,企业的发展更新也越来越快,需要更多接受过高等教育、具备专业知识以及技能的人才来支持企业运营,拉动产业发展,但现实情况却不容乐观。

创新技能型人才缺乏。相关资料显示,企业对于人才的要求较高,而现实的时尚产品设计的求职者普遍呈现出科技创新能力不强、先进设备的操作不熟、先进技术的掌握水平不够、先进工艺的制作方法比较缺乏等问题,不能很好地适应相关岗位的能力要求[20]。一些应聘进入行业的从业者亦普遍存在后劲不足、缺乏创新能力、缺乏对新知识和新技术的运用能力、缺乏跨界知识、缺乏继续教育和提升的学习机会等问题。

复合型人才需求旺缺口大。企业在聘任专业人才时,不仅看中从业者本身的专业知识,同样关注综合性素养。《2019年互联网新兴人才设计白皮书》(见图7-11)指出,企业不仅注重设计人才专业知识、技能等显性能力,同样也关注态度、性格、思维方式等隐性部分。时尚企业与上下游有着非常密切的关联,设计人才需要通过新的技术和手段进行创新,并推进产品、产业链实现技术落地,因而设计人才应当具有强烈的责任心、使命感和良好的合作、沟通能力。

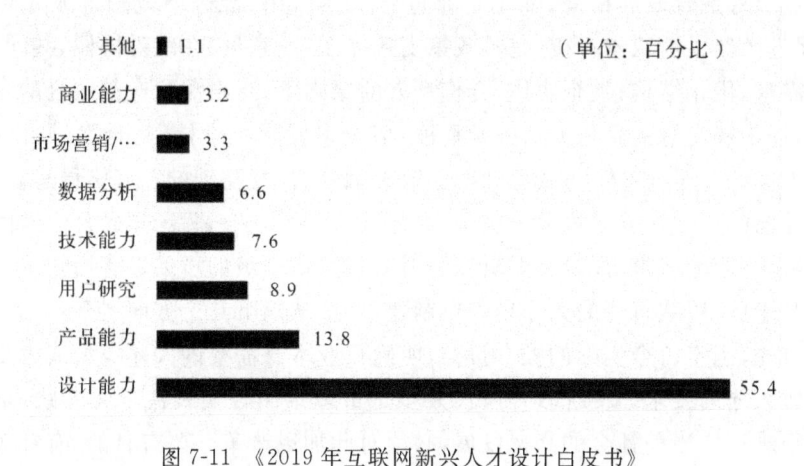

类别	百分比
其他	1.1
商业能力	3.2
市场营销/…	3.3
数据分析	6.6
技术能力	7.6
用户研究	8.9
产品能力	13.8
设计能力	55.4

图 7-11 《2019 年互联网新兴人才设计白皮书》
(数据来源:http://www.sj.cn/news/sjxw/201912/51966.html)

创新型人才培养意识缺乏。2016 年国家提出建立"创新型国家",在这种宏观理念的指导下,设计艺术教育迎来了新的发展。但与世界时尚产业发达国家相比较,我国的创新设计起步晚,在很长一段时间内时尚被狭义地定义为时装相关设计产业的代名词。意识的落后和人才的匮乏也成为我国时尚产业发展的绊脚石,并且直接影响着高校艺术设计学科的深入建设,影响着高校培养适应创新设计文化产业发展趋势的人才[21]。

人才培养的不足,就实质而言,反映的是现实的教育理念、教育模式和教育机制的问题。我国一般的人才培养形式大部分是由专业院校具体承担,学生经过专业知识的学习和初步的专业技能培养,再进行一系列的社会实践,在专业学院所学习的理论与操作的综合素质达到一定的标准后,发放毕业证书以及学位证书。但专业院校所学习的知识与实践,往往过于学院派与理论化,无法完全与社会实际对接,使得毕业生在刚开始工作时会有一定的差距感,工作中上手慢,达不到企业所需要的标准,甚至与市场和产业领域渐行渐远。

二、机制建设

2017年国务院办公厅印发了《国务院办公厅关于深化产教融合的若干意见》[22](下文简称《意见》),该《意见》中指出"四位一体"的重要性,强调了政府、高校、企业、行业在人才培养的进程中缺一不可,要求在促进教育链、人才链与产业链、创新链有机衔接中调动各方面的积极性。更明确指出重点任务:构建教育和产业统筹融合发展格局、强化企业重要主体作用、推进产教融合人才培养改革、促进产教供需双向对接、完善政策支持体系。《意见》在统筹协调,共同推进;服务需求,优化结构;校企协作,合作育人的原则下,指出深化产教融合的主要目标是,逐步提高行业企业参与办学程度,健全多元化办学体制,全面推行校企协同育人。预计至2027年,教育和产业统筹融合、良性互动的发展格局总体形成,需求导向的人才培养模式健全完善,人才教育供给与产业需求重大结构性矛盾基本解决,职业教育、高等教育对经济发展和产业升级的贡献显著增强。

基于此,服装行业的人才培养机制建设,应从以下几个方面展开:

首先,制定符合实际的教育目标,明确行业本身需要的人才类型或者重点领域需要人才的要求。传统教育模式大多是重理论而轻实践甚至无实践,培养的人才很难适应当前社会的高速发展,必须对此加以改革。要有目的、有针对性地进行人才培养,提高人才培养的效率,进行初步人才选择时应充分考虑行业需求方向以及培训结果的转化率,避免有限教育资源的浪费。

其次,构建完善的行业培训组织管理体系。包括完善组织机构、加强人才培养师资力量以及严格培训实施管理流程。人才培养中的师资力量是重中之重,加强专业师资队伍建设,尤其是梯次、体系化的专业团队与师资力量。要努力构建双师型、复合型的教师架构,教师不仅具备专业的知识与素养,同时应了解行业实时动态、把握企业发展经营状况,对所培养的人才具有一定的指向性和引领性。

最后，构建科学、公正的人才培养评估机构。专业院校是培养机构，不应该既是运动员又是裁判员，人才培养的成果如何应该由客观公正的第三方做出科学评判。引入第三方评估机构参与人才培养，目的在于发现问题，查找不足，进而优化培训内容。

整个培养体系应形成闭环，动态调整充实，不断完善从前期的培训调查分析到制订培训计划、实施培训实践与评估、终端结果反馈等各个环节（见图7-12）。

总体关系如下：

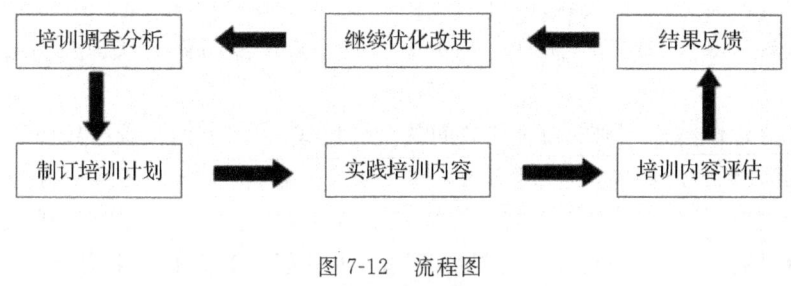

图 7-12 流程图
（资料来源：作者整理）

三、产教融合

教育是产业与科技交融共创的重要纽带。产教融合，指学校根据所设置的专业，积极开办相关产业，把产业与教学进行密切结合，两者之间相互支持、相互促进，把学校办成集人才培养、科学研究、科技服务于一体的产业型经营实体，形成学校与企业浑然一体或者是学校与企业形成联合体的办学模式。

融入工匠精神。国务院2017年印发的《意见》中指出，深化"引企入教"改革，支持引导企业深度参与职业学校、高等学校教育教学改革。并要推进产教融合人才培养改革，将工匠精神培育融入基础教育，推进职业学校和企业联盟、与行业联合、同园区联结。要真正培养知识新、动手能力强、上轨快的具有工匠精神的合格人才，则学校与企业同为不可缺失的两部分，产教融合的实施，需要学校与企业有机结合、相互支撑推进。要加强校园文化建设和相对应的企业文化建设，注重学生终身学习意识和习惯的养成，注重学生热爱劳动、认真工作、求精求真的精神培育，为毕业后顺利衔接企业做好基础工作，以便培养出企业真正需要的人才。

共享校企资源。校企合作做到了学校与企业信息、资源共享，是一种"双赢"的人才培养模式。学校与企业的双向合作有利于双方共同发展，让学校和企业的设备、技术实现优势互补,节约了教育与企业成本,学校可以用理论知识来指导企业的发展,企业长期积累的社会经历为学校提供实操经验。学校利用企业提供设备,企业也不必为培养人才担心场地问题,实现了让学生在校所学与企业实践有机结合。同时,与学校有地理优势的企业,可以直接在学校设立专门的实验工作室,从学校中挑选出合适的学生进行企业性质的培养,毕业后与企业直接对接。学校可以优化课程体系,积极引入企业技术人员或生产能手和管理人才到高校任教或者兼职任教,在教学过程中直接输出企业实践经验,让学生认识到企业的人才需求,从而进行针对性的学习。校企合作还有利于打造"双师型"的高素质教师队伍,推动产教融合人才培养的师资保障与高素质应用人才培养保障。

灵活合作模式。学校与企业之间的合作模式,由双方的客观条件而定,因地制宜、因校调整。例如,浙江理工大学的"众创空间"平台[23]。在此平台内,高校与行业企业、第三方运营公司形成一定的合作机制,建立运行管理机制,健全反馈评价机制。在产教融合的"众创空间"里,为有创业意愿的学生提供一定的建议、意见以及创业资源,这些资源几乎都来源于与高校合作的行业企业和第三方运营公司,这与传统的学生进行创业的方式不同,有高校从中牵线搭桥,为学生创业提供了一种新的思路。进行校企合作的高校,积极与企业对话,及时了解企业需求,应根据创新设计产业链的变化和企业的需求对相关课程内容进行适当的调整,同时应当注重实践教学,让学生在实践中了解自己擅长什么,根据自己的特长深入学习相关专业知识和技能,实行实时交流与学习。再以东莞市纺织服装学校为例,该学校与一些服饰企业和电商产业园开展"厂中校""园中校"的校企合作模式,实现了产教无缝对接[24]。它们以项目合作为载体,创新校企合作模式,开展产学研的递进式深入合作,提升产教融合的品质。此举措不但为企业提供了技术、人才、产品等多层次的服务,解决了中小微企业技术和人才战略问题,同时也为高校学生提供了优越的校园实习环境。

2018年四川交职学院深化产教融合也形成了自己特色。自《四川交通职业技术学院产教融合项目管理办法》制定以来,新增合作企业59家,并与中恒天集团签订《校企共建"中恒天汽车制造学院"合作协议书》。在全省职业院校深化产教融合校企合作现场推进会上,四川交职学院作为全省唯一高职院校代表进行交流发言:校企共建生产性实训基地54个,合作企业为学院提供兼职教师213人,捐赠价值339万元设备,合作开发课程89门、教材77种,订单培养学生2089人,接受顶岗实习学生2633人,接受应届毕业生1818人,企业与学院形成育人共同体。科技开发与技术服务成绩突出,成立四川交通运输研究院,申报的各类科研项目获批立项 69 项,申请的专利获得授权 41 项。获得国家级教学成果二等奖 2 项、四川省第八届高等教育教学成果奖 5 项、四川省社会科学优秀成果奖 1 项和四川省教育厅哲学社会科学科研成果奖 1 项。成功申报国家级高技能人才培训基地。开展各项继续教育,服务 2 万余人次。

产教融合对推动产业发展的作用是显而易见的。然而近几年的实施过程中,也存在着"一头热"的现象。不少学校或者企业非常热衷于产教融合,但最终落地是需双方达成共同意愿的,现实情况是"学校热"而"企业冷"或"学校冷"而"企业热"的现象比比皆是。如此的校企合作、产业融合并不稳定,渠道不畅通,无法实现这项政策所带来的理想效益。出现这种现象的原因应该是多方面的,比如合作模式单一,合作内容不深入;合作对象的选择上出现误区;缺乏产教融合、校企合作质量保障及评价体系;双师双能型师资队伍建设薄弱等等,需要在实践过程中不断加以完善和提高。

四、高校课程建设

高校课程是专业的基础,人才培养的依据,直接影响人才培养质量的最活跃的因素,也是学生最初接触工作技能的部分。高校课程建设水平的高低是衡量教学质量高低的重要标志,社会的快速发展,科技日新月异,产业结构加速转型升级,都对高校课程建设提出了更高更新的要求。高校作为人才培养中不可缺少的一部分,应充分发挥自身优势培育人才、做到德智体美劳多方面培养。

完善课程体系。课程体系是依据一定的教育价值理念,将课程的各个构成要素加以排列组合,使各个课程要素按照一定要求在动态过程中统一指向实现目标的系统,是一个具有特定目标、特定功能、特定架构、特定的知识和能力的综合体系。课程体系是高校教育的灵魂和心脏,是人才培养和教育教学工作的依据。课程体系建设必须与社会发展、经济建设、科技进步和社会需求相一致,必须与人的全面发展相适应,必须与多元化、国际化、终身化的学习要求与发展相适应。完善的课程体系在保持历史的继承性和稳定性的同时,注重及时调整、修订、革新与动态纳新吐故,能够体现学科知识发展的前沿方向,反映人才培养的个性化、多元化、复合型的需求。

优化教育手段。在"互联网+"的大背景下,高校课程教学应同步进行,支持线上线下同步授课,让学生对设计创新文化理念有更深的认识与理解。现代技术的发展,包括"互联网+"背景下有利于沉浸式教学,积极开拓教学思路与学生思维,可以让教学方式灵活多变,吸引提高学生学习兴趣,摆脱一成不变的传统教学方式。大力推进新媒体进入校园,从事设计创新事业的人要有一定的时尚性与超前意识,必须具备丰厚的、跨界的综合素养,能够理解时尚信息的获取渠道和接受方式,并在学习、生活中加以实践和应用[25]。网络信息资源如手机应用软件或者微信公众号等推送和共享的信息资源亦是一种新型的课程建设手段,学生可以通过移动端不受时间、地点等条件的限制更加自由地学习。

重视校外实践。加强校外实践是培养和提高学生综合素养、动手能力和创新能力的关键举措。设计是一门实践性很强的专业,是一门亟须灵感和过程的行业,需要通过大量的实践来不断地了解和弥补自身的不足之处。单纯的课堂教学传授的知识多为抽象的、理论性和教条性的,如果不能转化为形象生动的具象认知,学生就不可能真正具备独立实际操作能力,而校外实践恰好弥补了这一欠缺。而一般情况下,学生校外实践环节,学校作为主体,由于时间、人员、距离等原因,对于校外实习实践过程疏于监督,导致这一部分的质量监控未能更好地发挥作用,从而影响人才培养质量。[26]高校在重视校内理论学习时,应同等甚至超过校内那样重视校外实践,要加强校外实践的过程管理与督查,把校外实践的具体要求真正落到实处,做到理论与实践双管齐下培养人才,面向社会对标需求培养人才。

联动海外高校。对外交流与合作,推进国际化办学是促进学校事业发展的战略举措之一。其核心是引进和利用世界先进文化和优质教育资源,为学科和专业建设服务,为提高师生整体素养、增强跨文化交际能力和综合竞争力服务。随着国家"一带一路"倡议的推进,许多国内的高校与海外高校进一步开展多方面的合作,并取得显著成效。设计专业客观上说,海外尤其是欧美的设计发展早,经验足,所以与海外高校开展交流学习更是一项非常必要的举措。时尚产业是一个需要与国际接轨的行业,与海外高校合作,借鉴和学习国外的先进经验和课程设置安排,了解海外时尚发展新情况,完善国内时尚产业与设计创新的课程体系,提高育人质量;通过与海外高校共建研习基地等,有利于及时输入与输出人才。

汲取国外经验。一些国家从立法上保障学习者的素质,如日本颁发了《职业教育法》《学校教育法》,德国颁布的《成人教育法》等完善的法律制度都一定程度上推动了高校课程的建设[27]。较为成功的是德国的"双元制"教育模式、美国的"合作教育"模式以及英国的"工读交替"教育模式、澳大利亚的"TAFE"教育模式、日本的"产学合作"教育模式等等,都可以西为中用,根据高校的具体情况进行创新,以适合中国高校的人才培养[28]。

五、政府角色

自2002年《国务院关于大力推进职业教育改革与发展的决定》到2017年《国务院关于深化产教融合的若干意见》,政府角色已经从过去的"主导"型转变为"推动"型。政府作为国家社会利益的"掌舵者",在深化产教融合、校企合作上,要扮好五大角色[29]:

统筹与协调者。政府在人才培养中扮演着统筹与协调的角色。在人才培养的过程中,需要不同的资源来支持人才发展,政府通过制定相应的政策与举措,发挥统筹与协调的作用,充分调动各方面的积极性和资源,包括鼓励企业加大投入,配合各部门进行人才培养的实施,使人才培养得到充分的发展。

规划与引导者。政府根据社会发展、经济建设和社会需求等,把人才培养与发展纳入国民经济和社会发展总体发展战略中,统筹全面解决,运用规划的力量对人才培养起到很好的指引作用。尤其在校企合作中,政府作为中间的角色,能够引导企业与高校的行为和认知,同时规划出两者之间的合作模式与政策实施。同时政府在鼓励引企入校,健全企业需求导向型人才的培养中同样起到了关键性作用。

支持与推动者。在人才培养方面,政府给予了极大的支持与推动。为了能够促进高校、企业、人才共同发展,政府颁布了相关的政策去鼓励三方共赢。政府可以通过制定和实施相应的资源补充、财税减免、用地、购买保险、劳务补助等优惠政策,鼓励企业投资产教融合。对校企合作优秀表现者,进行一定的奖励,推动人才培养模式的多样性发展。

评估与监督者。在新型的政府、学校、社会之间的关系下,政府是校企合作双方的裁判员,政府制定完善科学标准,建立评价机制,在一个超脱的位置上对校企双方合作进行评估、约束,督促和规范合作行为,保护和激发校企合作双方的积极性,拓展人才培养方式。

宣传与促进者。政府作为为社会成员提供普遍服务的组织,其公信力、影响力与号召力使得人们对政府的宣传深信不疑的。在人才培养的过程中,通过政府的宣传,能够很好地提高人们对于政策的认识与熟知度,使得培养人才的各种方式保持良好的状态与前进的动力,促进人才培养得以真正实践,获取有效成果。同时加大对产教融合成果和典型案例的宣传推介,有利于营造全社会理解、支持、参与人才培养的良好氛围,促进各方自觉行动。

六、"赛—展"促学

《中国制造 2025》提出了制造强国的"三步走"战略,其中把门类齐全、技艺精湛的技术技能人才队伍作为创新设计文化生态强盛的重要支撑。以"赛—展"为抓手,以改革人才培养模式、建设师资队伍为重点,培养工匠精神和创业精神兼备的高端技术技能人才,引领国内时尚创新设计类专业的建设与发展。

与教学有效对接。以科学培养人才和学生就业为导向,有计划、有目的落实"赛—展"与教学相结合。通过甄别、遴选等形式,将符合教学计划的"赛—展"与课程教学有效对接,让教学内容能与参赛作品进行衔接,不仅锻炼和提高了师资力量,优化了课程体系,同时有利于对学生作品创意进行一定的指导,调动学生的学习积极性,有效地培养学生的职业技能,有助于提高教学质量和教学效果。

与工作有效对接。"赛—展"是一项系统性工程,"赛—展"中的能力体现在各个环节的细分任务与合作中,其全程的有效展开和落实与企业实际工作岗位中的要求相同。这实质上是将职场中的工作要求、工作流程以及工作标准等放进"赛—展"中,为企业产业提早培养学生的设计创新能力、设计创新意识以及设计创新精神提供实战经验,更是促进了教学过程的管理与落实的优化。

与创业能力对接。随着社会发展和就业压力的不断加剧,自主创业逐渐成为在校大学生和毕业大学生的一种职业选择方式。通过"赛—展"的锻炼,能够积累经验与教训,培养学生的社会应对能力以及创业所需的基本素质,优化了人才培养方案。高校为了培养这类创业人才,对校内的一些设备亦会提升,改善了在校实习创业的条件与环境。总体关系(见图 7-13)。

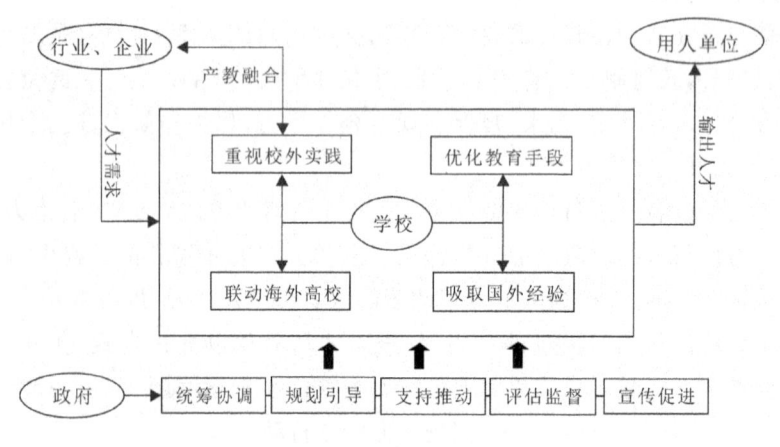

图 7-13 总体关系

第三节 知识产权保护

知识产权,也称"知识所属权",指"权利人对其智力劳动所创作的成果和经营活动中的标记、信誉所依法享有的专有权利",一般只在有限时间内有效。

一、时尚设计创新知识产权特点

知识产权,是人类在社会实践中创造的智力劳动成果的专有权利。随着科技的发展,为了更好保护产权人的利益,知识产权制度应运而生并不断完善。同属于智力劳动成果中的一类,时尚设计的保护制度具有一定的复杂性。

(一)时尚设计创新知识产权现状

设计创新文化生态的有序发展,离不开相关法律条文的规定与支持。时尚设计创新无疑属于个人或者特定集体的知识产权,但由于其不同于一般认知上的知识产权,加之对时尚设计创新的保护缺乏具体可操作性的法规,因此在当今社会中出现了许多乱象。

设计创新概念界定模糊。最有代表性的2005年为电影《无极》的艺术设计创作被戏仿(parody),20分钟的剪辑拼接通过精巧的情节变化与构思以及戏谑、滑稽的镜头、音乐、画外音的搭配,使观众对原本120分钟的原版电影有了耳目一新的感官体验。而这种戏仿又称谐仿,是在自己的作品中对其他作品进行借用,以达到调侃、嘲讽、游戏和致敬的目的,属二次创作的一种,戏仿的对象通常都是大众耳熟能详的作品。事后,电影《无极》的导演陈凯歌运用法律的手段对其起诉,此事也引起了多名专家关注。在这起事件中,20分钟的剪辑作品虽然被认定为挪用艺术作品,但在中国的法律中挪用艺术作品不属于《著作权法》的合理使用。挪用艺术作品不符合目的要件、不符合量的要件,挪用艺术作品对在先作品正常利用以及经济利益构成了妨碍与侵害[30]。挪用艺术可被认定为时尚设计创新中的一种,本质上是模仿前人艺术作品的行为。

艺术与法律不同出发点。艺术与法律是两条并不相同的路,在时尚设计创新知识产权保护方面的认识亦是不同的。艺术群体更加注重创作,侧重于创作的价值与艺术自由的思索,而法律群体基于法律知识的引导,对法律价值的追求,倚重于创新作品的保护秩序。由于不同的认知与时尚设计创新的司法保护不足,使得两个群体在思维与司法实践方面有所区别。

对艺术自由的不同认识。艺术与法律在性质层面上可以被分为两个阵营：感性与理性。艺术家会更加倾向于对艺术创作不应该有太多的束缚,艺术原本就是天马行空的意识形态,对其他艺术家作品的借用是对其的认可,这并不触犯法律规定。如 Richmond Burton 认为,在艺术创作领域,从前辈艺术作品中提取元素借用并不是不合法的,艺术家做的设计创新都是基于前面已经发生的和现下正在发生的,对艺术进行法律条文的规定无疑是对艺术创作的限制[31]。但就法律的基本原理而言,进行艺术的自由创作,须在不侵犯他人权利的基础上。我国宪法规定,公民有进行文学艺术创作的自由,同时规定,在行使自由和权利的时候,不得损害其他公民的合法的自由和权利[32]。在宪法的规定下,设计创新是不允许在他人未知的情况下侵犯他人权益,对他人作品进行拿来与借鉴。这不但是对作家的作品进行保护,也是对作家本人进行了一定的法律保障。

对艺术价值与审美价值的争议。设计创新作为一种视觉艺术与主观艺术,在知识产权的说法中是纷争不断。在对设计创新作品进行知识产权维护时,是否需要将艺术价值与审美价值分开讨论是一直争议的点。有学者认为,知识产权维护时应该重点考虑该艺术作品对于社会的价值以及作者本身所作出的贡献来评定是否违法,其作品本身的艺术价值也值得考虑。也有学者认为,审美价值的判断过于主观,影响法律的公平与公正性,在评判时不应带入强烈的主观色彩。

法律界定模糊。设计创新的作品是创作者的专利与著作,但是《专利权》与《著作权》并无法完全地保障作品以及作者的全部权利。著作权指的是作者或他人(包括法人)依法对某一著作物享受的权利。而专利权指的是专利权人在法律规定的范围内独占使用、收益、处分其发明创造,并排除他人干涉的权利。在艺术创作的范畴中理解,前者更加突出艺术性,后者更加突出作品本身的功能性以及实用性。艺术设计创新作品具有一定的独创性,这是设计师本身的思维想法的体现,属于精神知识。在一定的艺术作品设计中,首先需要考虑实用性以及功能性,这是所有创作作品的第一标准。

综合来看,在对设计创新作品实施法律保护时,应既对其外观设计的专利权进行保护,又对其创作的著作权进行一定的法律支撑。以常见的时尚设计——服装设计为例,在对服装进行著作权与外观设计的专利进行保护时,对其商业秘密也应进行一定的保护。《反不正当竞争法》第九条规定商业秘密指"不为公众所知悉、具有商业价值并经权利人采取相应保密措施的技术信息和经营信息。"[33]。服装设计的各类成果,只要未公开并且采取一定的保密措施,均能以商业秘密的形式得到法律保护。但一旦进入公共领域,则失去商业秘密保护这层屏障。而当服装设计在技术、功能和工艺等方面有所创新时，依旧可以寻求发明和实用新型专利的保护。

（二）时尚设计创新知识产权保护不足

艺术设计发展在我国起步较晚，相应的法律条文亦没有那么完善，因此在知识产权保护方面存在着不足之处。

法律保护不全面。作为有着悠久历史的大国，在多民族的繁荣共同发展中，我国各族人民用自己辛勤的双手创作出许多具有代表性的本民族工艺作品，这些工艺作品的制作工艺、形态与内涵都是劳动人民的智慧结晶。尤其是少数民族中，许多手工工艺是从老一辈那里流传下来，且传内不传外。但是在我国的著作权法体系中，对纯工艺美术品和实用工艺美术品，均只保护其具有创造性的造型或者设计图案，对其生产过程中的工艺与技术缺乏法律支持[34]。在对一些具有实用功能性的工艺美术品的保护中，只考虑了对其艺术外观造型的保护，忽略了这类工艺美术品在实际使用过程中的实用功能的法律支持。由此可知，我国在关于艺术类产品的保护有欠缺且并不明确，难以准确认定与具体化的保护。

保护时效过短。在我国，不同类型的发明创造保护期限有所不同，但在实际运用中对特定对象存在保护时效过短的问题。比如在服装设计方面的法律保护上明显保护期过短。服装行业作为更新换代迅速的行业，中国法律10年的保护期能够保护服装在这10年的经济价值，但是对于其外观设计的知识产权保护是有限的。外观设计作为一类精神知识，展现出的是设计师的构思与想法，需要得到法律的加强保护。国内外涉及外观设计抄袭的案例比比皆是，司法实践中被宣告无效的案例也非常多。作为文化大国的中国，应该加强外观设计方面的法律保障，这样才能够调动设计师的积极性，也有利于为设计师提供一个好的创作环境。

维权效果差。根据2018年专利统计年报显示，中国专利侵权纠纷案总计33976件，其中涉及外观专利侵权占44.5%。在这些受理的案件中，虽然结案率高达97.9%，但其中只有2.3%案件对侵权方进行依法处分，有29.9%的案件则是直接撤诉结案。由此可见，中国设计创新知识产权的维权体系还无法满足设计市场的需求，需要进一步优化和完善。[35]

（三）国外设计创新知识产权保护措施

在我国设计创新道路的发展中，时尚设计的创新能力不强，远低于国际领先水平，部分原因是我国尚未充分重视时尚设计创新激励和保护。在这方面，欧美的做法值得借鉴。美国最早期以行业协会的方式反对设计盗版，后因涉嫌不正当竞争的缘由解散了这类协会，此后用法律来进行管理。但是在版权或商品权难以保护时尚设计时，推出《反设计盗版法案》（Design Piracy Prohibition Act，DPPA）来稳定美国的时尚设计。欧洲各国的时尚保护措施依据欧盟制定的《共同体外观设计保护条例》。该条例以消费者对产品的整体视觉印象（Overall Impression）是否具有明显差异为判断标准，若消费者也无法区分，《共同体外观设计保护条例》提供的非注册外观设计将获得自动保护。

二、行业自律

行业自律是为了规范行业行为，协调同行，维护行业间的和正当利益，促进行业发展而进行的。每个行业有每个行业的规则，需要行业成员严格遵守。行业自律应关注以下几点：

承诺遵纪守法。这是一项最为基本的内容，遵守国家法律制度规章，如若做出违反国家规定的事情，法律将对其做出相应的惩戒。

承诺设计创新要遵守公认的道德准则。道德准则是每个设计师应必须遵守的内容，这是现代社会得以持续存在和进一步发展的支柱。道德准则奠定了一切商业行为以及产业企业和国民经济之间关系的基础，行业中的每一位成员都应致力于承担起道德行为的义务。

行业成员之间互相监督。成员之间互相监督，相互制约。拒绝抄袭、行业内部的恶意竞争以积极发展设计创新，保护设计创新文化生态环境。对掺假、伪劣的行业成员予以一定的处理，并进行警告公示。

行业成员之间沟通交流经验。在时尚设计行业，沟通交流经验是必不可少的。尤其一些成功的、规模大的企业，应该主动积极与新成员分享自己所积累的经验，以免新成员受挫、走弯路，共同大力发展行业，拓宽行业面。以大带小，不但能够助力新企业的发展，对大企业自身也是一个回顾反思，温故而知新。

共同建立公共平台。与传统的产业相比较，设计创新行业处于初步发展阶段甚至处于起步阶段，建立一个设计创新公共平台，有益于各方面资源的整合，例如市场资源、人才资源等，可以借助他人的力量去完成企业单独无法完成的事情，推动了企业的后续发展；同时通过公共平台的建立，为许多新上市的企业提供一些有用的、具有针对性的法律援助，进一步保障企业的切身利益。

企业间相互配合。企业家意识到转变，带领各自公司向美好的、可预见的未来大力发展，但行业的均衡发展同样需要行业价值链上的各个伙伴的理解与支持。只有相互配合、相互包容、相互监督、相互制约，才能提升行业信息化应用水平,营造出公平的、尊重知识产权的行业创新和竞争环境[36]。

三、地方联动

地方联动,指不同的省区市进行共同合作,完成一项利于各方的活动。

(一)京津冀地区

京津冀协同发展是党中央、国务院在新的发展阶段做出的重大决策部署,是促进渤海区域经济发展、打造北方腹地增长的重大国家战略。京津冀地区协同发展最根本的是创新驱动,协同创新共同体,建立健全区域创新体系,整合创新资源。就知识产权保护方面而言,可以构建共同的知识产权保护机制。实际上知识产权保护问题已逐渐成为阻碍三地创新要素自由流动的瓶颈,现实情况要求我们必须加快京津冀区域知识产权的合作保护,而法治协同保护正是京津冀知识产权合作保护的核心所在,这就要求我们必须按照统筹安排、平等互惠的原则,加强对京津冀区域知识产权法治、理念、机制和人才等问题的协同构建,为该区域知识产权法治协同保护机制提供科学、合理的解决方案,也为新时代中国特色社会主义法治建设提供方向[37]。首先,要统一区域立法标准,要在京津冀范围内协调相关的设计创新知识产权体系,从源头上统一法律,根据三个地方的实际差异,各自政府在平等互惠的基础上完成立法协商,共建知识产权保护网络。其次,加强普法教育,强化守法理念。利用当下的"互联网+"的技术优势,在三个地区全方位覆盖进行普法教育,尤其是河北地区。同时在京津冀三方联动时,要注重协同构建与完善相关宣传与创新设计知识产权法治化机制,强调三方的制度协调性,以利于三方设计创新文化生态的共同发展。

(二)浙江省、市地区

以省级单位为例,浙江省作为知识产权强省,要不断地创新和完善设计创新的保护机制,开展重点保护工作,营造良好的设计创新文化生态。在其进行地方联动保护知识产权时,重点关注以下几个方面:

(1)完善地方性法规,为强化执法力度提供法律保障。2015年9月25日浙江省第十二届人大常委会第二十三次会议表决通过《浙江省专利条例》与制定《浙江省专利行政执法重大案件督办制度》已经开了先河,还应该抓紧制定配套的实施细则或司法解释。

(2)创新执法机制,开展诉调、仲调对接等工作。除印发《关于建立专利民事纠纷诉调对接机制的意见》和《关于建立知识产权民事纠纷调解与仲裁机制的指导意见》外,要强化职能部门的责任落实和倒查机制,还应该继续拓宽与建立了多渠道知识产权保护机制。

(3) 突出重点领域,强力开展专利保护专项行动。据有关数据统计,2014年至 2016 年浙江省累计办理了电商领域专利保护 194526 起,关闭、删除、屏蔽、断开侵权商品或网店 115141 个[38],在取得已有成果的基础上,不可松懈,不可掉以轻心,要对侵权违规行为始终保持高压态势。

(4) 注重维权体系构建,加快知识产权维权中心建设。现已累计审核认定 29 家省级以上知识产权维权援助中心,除舟山市外,浙江省所有地市已全部建有省级以上知识产权维权援助中心,目前重点是要持续扩大覆盖面,争取实现维权体系的全覆盖。

(5) 加强正面引导,充分发挥企业知识产权主体地位作用。浙江省支持指导 36 家集团进行重点专利保护维权,并取得胜利。要持续不断开展相关的工作,扩大正面效应。

(6) 加强宣传培训,营造良好知识产权保护氛围。2013 至 2018 年中,浙江省共累计开展各类宣讲 100 余场次,培训一线执法人员 1100 人。通过宣传教育活动,目的在于增强意识,在全社会营造自觉守法,共同保护知识产权的氛围。

以市单位为例,杭州作为时尚设计创新高输出城市,在知识产权地方立法有着突出的表现。杭州当地的文化创意产业的行业协会、知识产权的行业协会和学术团体发挥着指导作用,做好知识产权政策、法律法规的宣传普及工作,发挥著作权集体管理机构功能,切实保护著作权性较强的设计创新文化产业的权益。建立和规范设计创新文化产业的知识产权服务机构,提供良好的设计创新知识产权信息检索、登记和知识产权的申请、仲裁服务。杭州市建立有关知识产权的地方性法规、有关知识产权的政府规章以及现有知识产权的地方立法评析来为设计创新的相关经营者提供知识产权的智力支持。通过多年的努力,杭州在知识产权保护方面已经取得了显著的成效,杭州的实践给其他地区提供了有益的借鉴。

四、法律法规

法律法规在保护设计创新知识产权方面有着至关重要的作用。

《著作权法》。我国著作权法采用"列举+兜底"的立法模式对著作权法意义上的作品进行限定,而服装设计并没有被归类于列举之内。在理论与实务中,服装设计也没有被当然归类于《中华人民共和国著作权法》(以下简称《著作权法》)第 37 条当中。2012 年,在对《著作权法(修订草案送审稿)》进行第三次修订中,我国曾试图增加"实用艺术作品"这一单独的作品类型,保护期限为25年,但是至今仍未落实。目前的司法实践中,根据个案认定,大多通过美术作品、图形作品或模型作品,对于符合法律要求、具有艺术价值的服装设计进行保护。[39] 2019年8月16日,国家版权局版权管理司回应《与贸易有关的知识产权协议》第25(2)条的履行:"符合'美术作品'要求的工业品外观设计,包括纺织品外观设计,著作权法应予保护"。据此可以明确,从主管机关的角度而言,我国著作权法应当对于满足要求的服装设计予以保护。

《专利法》。对纺织品给予外观设计保护有利于纺织品的生产与国际贸易活动。世界贸易组织在不同场合表示,"服装"外观设计可以援引工业品外观设计的法律保护。[40] 在我国,申请外观设计专利需满足四个条件:设计与产品相结合;是关于产品形状、图案和色彩或其结合的设计;设计富有美感;能够在工业上应用的新设计。[41] 可见,我国申请产品外观设计专利的审查标准很高,这无形中增加了审查工作的难度与周期,至少也需要6个月的时间。而时尚服装设计的一大特点在于它的时效性,季节性服装与流行趋势不断更迭,若等到专利申请通过,市场可能已经不复存在了,申请产品外观设计恐怕也失去了意义。因此,通过申请产品外观专利保护时尚服装设计原创性在很多情况下不具有现实可操作性,这种现实的情况应该引起相关部门的高度重视,并妥善加以处理。

我国的《著作权法》《专利法》等在一些方面维护着设计创新的合法权益,但设计创新需要的是全方位的,即实用性和艺术性都需要的法律保护。

《时尚法》。它的诞生意味着法律与时尚的交叉研究有了进一步的发展,时尚法依托于服装饰品行业,以其产品的生命周期为主线,处理从设计、制作、分发、授权到销售等所有产业链条中的法律问题。它是由一系列的法律法规及法律原则构成,规制时尚行业中参与者之间的关系,参与者与消费者的关系,参与者与不同的政府部门在进行各项生产环节中的关系[42]。在时尚法中时尚行业的法律问题被不断细化。美国与欧洲对于时尚法的讨论从知识产权到商业、到行业中的参与者等,方方面面催生出时尚法这一套行业法资源,从法律和社会层面系统地认知、关注、解释和指导时尚行业在新的国际格局下的发展。时尚法所涵盖的行业除了服装和饰品,也包括面料,新型材料的研发和生产,还涉及模特行业、媒体、美容美妆及香氛等行业。随着近几年创新行业的发展,时尚法也与服务于娱乐行业的娱乐法、服务于体育文艺行业的体育法、媒体法及围绕艺术品和艺术行业的艺术法共同成长,助力时尚产业的发展[43]。具体而言,时尚法是当下在艺术、设计、审美方面法律保护范围相对全面的法律,时尚法通过针对时尚设计创新的立法,进而保障了囊括整个时尚产业的可持续、健康地发展。

中国作为一个新兴的设计创新国家,在时尚设计方面的知识产权保护的法律方面有待提高。作为后来者,中国可以借鉴一些起步早、发展快的发达国家的经验。例如,美国社会对知识侵权行为"零容忍"、在日本侵害他人知识产权的行为被视为特大犯罪行为、新加坡在执法上专设保护组对侵犯版权以刑事量刑、韩国政府高度重视并不断强化相关法律,通过积极主动地与他国进行联合执法行动来打击知识产权的行为等。我国也在不断地完善关于时尚设计创新的相关法律,但要形成完备的体系,一方面便于依据相关法律法规,指导企业严格依法办事,守法经营。另一方面在我国产品出口他国,面对他国对我国知识产权法律保护质疑时,可以依法据理力争,保护自己的合法权益不受侵犯。

第四节 创新体系建设

设计创新的发展,离不开创新体系的完善,以及体系中的每个部分相互配合。通过有效的创新系统,能够大力推动设计创新发展。

一、创新传播

时尚设计创新作品具有产品与文化内涵的双重性质,是文化内涵融入经济生活的重要载体。而文化内涵具有民族性、区域性和历史性等特征,凝聚着每个时代精神文明的精华,代表一个国家的软实力。随着经济全球化的迅速发展,代表着中国文化与文明的时尚品牌与商品不断地被国外的消费者接受与喜爱。因此,我国需更加重视在新时代中输出中国优秀传统文化理念,加快融入符合现代潮流的商品中,建构我国新时尚文化理念,此举在一定的程度上能够提升我国的文化软实力[44]。

构建中国时尚设计创新文化理念,需要以优秀传统文化为基础,深入挖掘中国传统文化元素与时代精神,在国际时尚界与设计圈掀起"中国风"。目前,我国在国际时尚文化交流中处于较被动的局面,与发达国家相比,产品以中低端为主,在优秀传统文化传承与设计创新方面与发达国家相比也仍有较大差距。时代精神、时代经典等相关传统文化内涵元素是构建现代中国时尚设计创新文化理念的重要内容,要在优秀的传统文化的引领下提炼出适合现代时尚文明的语言与符号,进而提升中国优秀传统文化的地位与价值。

构建中国时尚设计创新文化理念，需要以优秀传统文化为基础，深入挖掘优秀传统文化的精髓，拓宽中国时尚设计创新的范围与思路，真正形成属于本民族的有别于西方的时尚商品与文化。中国五千年历史，其中包含着数之不尽的优秀文化思想与艺术成就，这需要我们停下来慢慢地、潜心地去探索、研究和提炼，将中华优秀文明与智慧植入现代的创新设计中。以现代的时尚方式来展示中国优秀的文化精神，用中华文化的智慧去影响全世界，讲述好中国设计创新故事。面对国际消费市场的不断变革，我们应及时深入了解与把握，深刻认识科技创新为时尚产业带来的变化与影响，同时跟紧国际市场的步伐，及时满足新时代设计创新发展的新要求。

构建中国时尚设计创新文化理念，需要以优秀传统文化为基础，加强对优秀传统文化的宣传，增强文化自信，为新时代时尚设计创新文化注入核心力量。国际市场中的时尚设计思潮一直被欧美发达国家市场所垄断，随着中国国际影响力的提升，带有中国元素和中国设计感的产品影响力也在不断提升，中国风正以强劲的姿态登上全球时尚舞台，那独特的东方文化魅力正熠熠生辉。在此背景下，构建出中国时尚设计创新文化理念，这必然有利于扭转当前国际市场被垄断的局面，提升中国文化形象，提高国民的综合文化素养，弘扬中华民族的伟大民族精神，实现中华文明的再次崛起。

党的十八大第一次提出重视中国传统文化后，许多媒体便紧随政策的引领，掀开了文化类综艺节目的大幕。从2013年河南卫视的《汉字英雄》到2017年中央卫视的《中国诗词大会》和《朗读者》，文化挖掘在各地掀起了一阵阵"热潮"。其中作为文化类节目的佼佼者——《中国诗词大会》至2020年已经开播到第五季，这足以反映出文化自信的提出，对于中国优秀传统文化的再发展起到极好的促进作用。《中国诗词大会》的拍摄录制是中华优秀传统文化的创新传播路径之一，该节目的诗词涵盖了从远古别有韵味的《诗经》到现代拥有雄心伟志的毛泽东诗词。节目舞台运用了大量的中华传统文化元素，例如中国水墨画、卷轴、城门等，观众身临其境。节目环节的设置上依旧展现了中国传统文化：飞花令、诗词接龙等，这样不仅增加了节目的丰富度与文化感，同时也赋予了传统文化新的生命（见图7-14）。《中国诗词大会》让中国传统文化的受众面变得更加广阔，同时更好地展现了时代精神，创新了文化传承。

《中国诗词大会》等文化类节目，通过优质的内容和创新的传播，赋予优秀传统文化新的生命力，让历史和文化"飞入寻常百姓家"，同时在传统文化中融入现今的时代精神，能够为设计创新文化生态提供一个美好的氛围[45]。

图 7-14　中国诗词大会现场
（图片来源：https://image.baidu.com/search/detail? ct=506480&z）

二、创新政策

创新是引领发展的第一动力，是建设现代化经济体系的战略支撑。政府出台的相关政策与策略具有权威性与导向性，它指向着市、省、国家未来发展的走向。加快实施创新驱动发展战略，形成有利于创新的良好氛围，最大限度释放各类市场主体和创业者的创新活力，必将汇聚成经济社会发展的巨大动能。创新政策尤其是为设计创新的设计师，指明了设计未来的趋势，拓宽了设计师的思路与设计范围，将极大地拓展设计创新的新空间、新天地。

（一）政策解读

习近平总书记在党的十九大报告中提出，中华优秀传统文化正向创造性转化、创新性发展，这句话为今后我国文化建设事业的发展指明了方向。为此，我们首先要思考以下几个问题：

第一，继承和发展中国优秀传统文化的意义。21世纪是世界经济发展的时代，是科学力量加强的时代，在这个高科技、人工智能等高速发展的时代，手机、电脑等多媒体提供了人们极大的便利，也极大地改变人们的生活方式。同时，整个社会也呈现了碎片化的特征：碎片化交往、碎片化营销、碎片化服务、碎片化阅读、碎片化信息等等，碎片化无处不在，充斥人们的生活。传统文化已经离我们的日常生活越来越远，保护与弘扬传统文化的意识也越来越模糊。但是中华优秀传统文化是中国人民在千百年的历史长河中，通过不断的实践总结出的成果，这是智慧的结晶,囊括了政治、经济、学术、艺术、文化等方面的内容,在传统文化的思想体系中以儒道思想为例,其中包含的大量正面、积极向上的为人处世的学问,对我们正确且科学地认识人与自然的关系具有重大意义;在传统的文学艺术发展中,给予了世人许多值得借鉴的美学资源;还有传统的生活生产方式等,这些都是形成现代社会的基础,我们对此必须具备历史认同感。

第二,全面且科学地认识中华优秀传统文化。中华优秀传统文化体现了中华民族的文化基因,构成了中华民族共同的精神家园。中华传统文化是中华文明成果根本的创造力,是民族历史上社会发展、道德传承、文化思想、精神观念形态的总和,体现出中华民族特有的思维方式和精神标识。它在历史上为推动民族团结进步和社会发展发挥过重要作用,在实现中华民族伟大复兴的今日依然具有显著的时代价值。无论何时何地,中华优秀传统文化都能激励和鼓舞中国人民积极进取昂然向上,都能促使事物朝着美好的方向发展。经过创新转化的优秀传统文化在当今时代仍具重大思想价值和现实意义,为中国特色社会主义现代化建设提供精神滋养和智力支撑。党的十九大报告里强调的创造性转化和创新性发展,是对优秀传统文化的继承和发展问题的又一次强调,而且特别提到"创造性"和"创新性"这两个特性,提到"转化"和"发展"这两个归旨[46]。

第三,中华优秀传统文化是中国传统文化中的精华部分,积淀着中华民族最深沉的精神追求,是进行创造性转化和创新性发展的本源,是坚持和发展中国特色社会主义的文化之根与精神之源。文化是对时代的记录,社会在不断地发展,文化也在不停发展,文化不仅对社会有一定的内在与外在的影响,同时也促进了人的发展,它会指导和引领人们按照特定、科学可持续的生活方式继续美好的生活。如今,人民群众作为文化的创造者、拥有者和受益者,在新时代大踏步前进的历史条件下,要深化对传统文化的科学认知,赋予优秀传统文化新的时代内涵和现代表达形式,积极推动着文化创新、变革,以满足人民大众日益增长的符合现代社会的新兴文化的需求,助推社会主义现代化建设。

(二)政策实践

推动中华优秀传统文化的创造性的转化和创新性的发展,需要我们付诸实践。

1. 强化领导形成合力。

作为一项宏大的文化创新工程,首先需要的是党和国家的领导,同时地方政府的积极配合,形成规范的制度保障和科学严谨的领导组织。

2.科学认知把握内涵。

对中华优秀传统文化进行积极的阐述,挖掘其中的思想精华与内涵,形成对中华优秀传统文化科学的正确的认知,继而培养出一代又一代正视和珍惜本国历史,尊崇和礼赞中华优秀传统文化的接班人,保证中华优秀传统文化的永续传承、发扬与光大,这是一个循序渐进、细水长流的过程。

3.抓住关键立足现实。

创造性的"转化"与创新性的"发展"的意义在于结合现代社会实际与现实,把传承、弘扬中华优秀传统文化与创造和发展中国特色社会主义先进文化有机结合起来,不断推动其发展、丰富和完善自身的思想内容,最终实现继承、弘扬和发展中华优秀传统文化的"根"和"魂"。

4.循势而为与时俱进。

传统文化在今天所遭遇的压力,并不是文化本身的危机,主要是传播形式上的困境[47]。在新的时代背景下,文化传播方式应与时俱进;将中华优秀传统文化与当下新兴的"互联网+"等媒体形态相结合,使得中华优秀传统文化拥有现代化的传播方式与表达方式。

5.汲取精华科学传承。

中华优秀传统文化蕴含着丰富的价值观和育人资源。古代先贤们提出了许多重要的教育理念和方法,这对当代的教育事业有着巨大的作用。我们应充分挖掘其中的教育思想,丰富课程内容,增强学生的文化自信,推动当今社会培育人才实现自身转化发展。

6.开放包容兼收并蓄。

中华优秀传统文化以更积极主动、开放包容的姿态走向世界,与外界进行交流,自觉学习借鉴发达国家的优秀文化,这是中华优秀传统文化创造性转化与创新性发展的必然选择。

中华优秀传统文化创造性转化、创新性发展是一项系统工程,蕴含了目标和任务的统一、原则和方法的协调、理论和现实的结合、认知与实践的互动,相关内容是动态发展的,并非一成不变,需要结合时代和实践的发展不断充实补充,唯有如此,才能尽可能科学高效地实现中华优秀传统文化的创造性转化和创新性发展[48]。

三、创新设计

中华优秀传统文化通过创造性转化、创新性发展后能够派生出许多意识形态,进而转化成设计文化作品以及艺术作品。

(一)服装创新设计

社会不断地发展变化,消费升级转变,国内消费者的消费习惯、消费场景、消费频次的变化等,都带动了服装市场的风格的演变。在大力倡导传承中华优秀传统文化后,服装市场涌现了许多具有中国传统元素,体现民族文化,符合国际水准的服装。一些本土品牌将传统与时尚元素相结合,形成了属于中国独有的设计风格理念,典型的如江南布衣。江南布衣最大的特点是服饰极具创意,主要体现在剪裁手法和面料再造两方面。品牌选用棉、麻、绸缎等面料进行褶皱、提花等创新,服饰多以拼接或不规则为主,剪裁多样,版型独特,创意不失时尚。再如服装品牌"意树"(见图7-15)。沿用传统的版型,在现代人的审美基础上对唐装等传统服装进行改良,保留立领、盘扣等细节,大块面剪裁与少省剪裁相结合,实现古装现代化的演绎。面料方面也是棉、麻为主,肌理感较强,"意树"男装虽然没有江南布衣出名,但在中国市场上也占有一席之地。

图7-15 意树男装

(图片来源:http://fashion.sina.com.cn/s/in/2019-01-18/1041/doc-ihqfskcn8196037.shtml)

这些都说明近年来中国服装品牌设计创新取得了一定的进步,大众对具有中华传统文化元素的服装的态度发生转变、认识也有了一定的改变。江南布衣走上国际时装周、被国际时尚界所认可亦说明中国优秀传统文化理念的设计创新正在形成、发展并被外界所接受。中国的服装设计要实现现代元素与传统元素的更完美融合,需要不断创新服装表现手法,加强对现代审美理念的探索,深入挖掘市场需求与传统文化的真正内涵,更好地将中国的传统文化通过服装向国际舞台展现,使中国的服装设计更加多元化、多样化[49]。

(二)文具创新设计

随着社会经济发展、人们物质生活丰富和产业转型升级,国内文具产业逐渐摆脱长期依赖和模仿国外文具的形态。国内文具产业不断提升产业自身的设计和创新能力,先后实现了从企业到产业,从贴牌到创牌,从单一品种到完整产业链的形成,成为了全球最重要的文具制造基地。已然出现了具有一定品牌知名度、影响力的,有着多元化产品线和多层次产品的知名企业,如上海晨光、宁波得力、深圳齐心等等。近年来,随着文化自信的提出,各品牌也陆续推出了融入中国传统元素的"中国风"产品,取得了一定的成绩。

故宫文创同样体现着中华传统优秀文化的创新设计(见图7-16)。中国历史文化源远流长,不同的王朝几经覆灭,但是为后人在故宫中留下了极为丰富的社会文化发展成果。故宫文创通过对故宫博物院里的文化元素进行提取,与产品进行联名设计,使得大众生活与传统文化相连,优秀传统文化不再是人们"见不到、够不着"的东西。同时故宫文创实现了文化价值链、产业链以及供应链的良好综合生态,不仅大力推动了时尚产业的发展,中华优秀传统文化设计创新理念也越来越清晰。故宫文创具有高度的自我表达、适度的传统性和低度的正式性、高度的时尚性的场景体验特征,一直以紧扣时代脉搏的开放胸襟和敢为天下先的创新气魄,引领国内外博物馆文创的社会风潮[50]。

图7-16 故宫文创

(图片来源:https://www.digitaling.com/articles/242101.html)

中华优秀传统文化的创新设计并不局限于以上分析的服装设计以及产品设计，优秀的传统文化现如今存在我们日常生活的方方面面，设计不过是为了让大众从认识到接受、认可的过程。中国的设计之路发展较晚，但以中华优秀传统文化为基础的设计创新必有广阔的发展空间。

（三）包装创新设计

包装设计是指选用合适的包装材料，运用巧妙的工艺手段，为包装商品进行的容器结构造型和包装的美化装饰设计。在现代时尚的消费观念下，消费者不仅注重商品实实在在的物质价值，同样也追求商品内涵的精神价值，以及附着的情感性和文化性等非物质因素，于是商品包装无形中承担了"无声的销售员"角色。现阶段的包装设计已经细化成为一个独立的领域，不仅仅关系到产品的创造性、新颖性，整体的方案策划与构架，还涉及产业全程的系统化管理和控制，这就决定了要以专业化的视角去审视包装设计工作。经过多年的努力，包装设计无论是外形要素、设计要素，还是材料要素都走出了一条创新发展之路。

就设计要素而言，在国家大力提倡文化自信和推动内循环消费的当代，书法字体设计在包装设计中的应用将会越来越多、越来越广泛。因其图形性、设计性、抒情性等艺术特点符合当代产品包装的情感和审美需求，可以对产品包装设计有较完美的体现。

传统书法字体有篆书、隶书、草书、楷书等，每一种字体都会给人不同的视觉体验，这种艺术视觉特征在包装设计中可以迎合大部分商品和品牌塑造的需求。

当代书法字体包装设计更多的是在行书基础上进行重新编排设计，这是因为行书介乎楷书和草书之间，包含两者的情感，不仅给人流畅的享受，又有一种曲折动感、姿态生动之美，同时，行书用笔含蓄有力、快慢有度，有沉稳老练之感。[51]比如：东阿阿胶股份有限公司针对白领阶层推出的保健食品品牌桃花姬，书法字体柔中带刚，融合国画画风桃花元素，搭配桃红色，既突出产品特征，也符合现代视觉审美，更迎合女白领的情感诉求（见图7-17）；再如一些浓烈的白酒，其包装中的书法字体宜用粗重，苍劲且有飞白表现的行草来表现酒文化的豪放。[52]

图 7-17　产品包装图

(图片来源：https://detail.youzan.com/show/goods?alias=2xf5b37q1gvoa)

第五节　他山之石品鉴

他山之石可以攻玉，研究成功的案例，对后起发展的中国设计创新有一定的启示。五大时尚之都是世界设计界公认的发达城市，全面分析深入探究成因，结合国内城市地区的基本情况加以借鉴与学习，将有助于求真务实，少走弯路，实现我国城市时尚的快速发展。

一、五大时尚之都经验

时尚具有多面性，每个人对于时尚的理解各不相同。五大时尚之都的形成不是一蹴而就的。巴黎、伦敦、米兰、纽约以及东京发展成为国际五大时尚之都，条件各有差异，但都走上了成功之路，本身就值得认真思考与研究。

人文地理条件。巴黎和伦敦属于温和的温带海洋性气候、米兰属于地中海气候、纽约属于温带大陆性气候、东京属于亚热带季风气候。五大时装周的四种气候均四季分明，雨水充沛，气候宜人。这无疑为五座城市形成世界闻名的时尚之都提供了先决自然条件，冷热分明的气候，使得当地的服装有一定时节性更替需求，带动了时装业的发展，而时装业是时尚中必不可少的部分，自然为巴黎、伦敦、米兰、纽约以及东京五座城市的时尚发展奠定了基础。

国家综合实力。与世界上其他国家相比，五大时尚之都的国家综合实力较强且国际地位高。巴黎、伦敦、米兰所属的国家法国、英国与意大利分别占据欧洲四大经济体前三;而纽约所属的美国是世界上高度发展的资本主义国家,在许多领域都为世界第一;东京所属的日本是世界第三大经济体,是亚洲第一的发达国家。国家的综合实力为五大时尚之都的形成提供了物质条件。

时尚品牌。国际时尚品牌是国际时尚之都的核心竞争力,时尚品牌的影响力决定着时尚话语权的归属。五大时尚之都的时尚产业都拥有一批具有代表性的国际时尚品牌,如巴黎以高雅的女装、珠宝、香水著称,包括路易威登(LV)、香奈尔(Chanel)等;伦敦以公认的男装著称,包括巴宝莉(Burberry)、登喜路(Dunhill)等;米兰是公认的成衣之都,如乔治·阿玛尼(Giorgio Armani)、范思哲(Versace);纽约以个人护理品牌闻名,如 CALVIN KLEIN、唐可娜儿(DKNY)等;日本以其人性化设计及其生活用品而闻名,如 MUJI、三宅一生(Issey Miyake)等。这一批具有代表性的时尚品牌不仅是五大时尚之都的招牌,亦是国际名牌,这是五大时尚之都形成的核心要素。

平台体系。五大时尚之都在对外发展时,都拥有属于自己的城市平台体系。以售卖平台为例,伦敦拥有哈洛德百货公司,米兰拥有维托伊曼纽二世拱廊,巴黎拥有春天百货公司,纽约拥有麦迪逊大道,东京拥有银座商业区等。以展示宣传平台为例,每个城市都有自己的春夏、秋冬时装周以及相应的珠宝展、家具展、面料展以及国际博览会等等。平台体系为五大时尚之都的形成提供了后勤服务保障。

人才培育。设计创新中最为关键的就是设计人才的培育。五大时尚之都中的许多品牌都为培养设计人才提供了充分的资源和舞台。一些品牌的创始人既是主理人又是设计师,为五大时尚之都的时尚人才培育提供坚实的基础。在设计院校方面,五大时尚之都拥有国际顶尖的教育培训机构,如伦敦的圣马丁学院、皇家艺术学院,米兰的米兰大学、欧洲设计学院、布雷拉美术学院、马兰欧尼学院、多莫斯学院,巴黎的巴黎国立高等美术学院,纽约的纽约大学、纽约视觉艺术学院,东京的日本东京艺术大学等,充足丰富且源源不断的人才储备显然是五大时尚之都成功的关键。

时尚文化。五大时尚之都位于世界的不同地理位置,有着不同的社会环境和人文背景,凝聚成的文化魅力也各不相同。巴黎设计师以其独有的冒险精神、丰富的创造力形成了高雅而精美的服装风格;伦敦无论在哪个时代都走在了时尚的最前沿,以创意和前卫著称;米兰的建筑颇为迷人,使得米兰时装带有极强的建筑风格,又吸收和延续了巴黎时尚的精华,并融合自己独有的文化气质,创造出了高雅、精致的风貌,充满了当地民族性的艺术风格以及简洁利落的实用功能;纽约的生活方式使得纽约时尚重视个性、平民化,经久耐穿,价格多元,即多元化、实用化、娱乐化成了时尚文化的精髓;东京以一个不断吸收的时尚中心的定位在快速发展,日本擅长挖掘东方文化的精华,再配以西方的制作工艺,形成了东西方文化通融的文化形象。时尚文化是五大时尚之都得以成功的不可或缺的社会条件。

时尚产业。拥有雄厚的设计创新力量,能够控制或拥有产业链关键环节是世界时尚之都形成和发展的基本条件。虽然五大时尚之都的时尚产业已完成了从生产销售型向服务型经济的转移,但都依然坚持保留制造业,并持续对制作技术优势的追求[53]。例如巴黎是高级时装的发源地以及伦敦是高级制定的制作中心,巴黎与伦敦的高级制定拥有一定的权威性;米兰精于面料开发与跨领域合作;纽约的高级成衣、休闲装、运动品牌居于全球领导地位;东京主张与时尚产业相关的技术整合和设备开发,同时发展高品质的时装加工业。拥有实实在在的时尚产业的制造业和中心地位,避免空心化是五大时尚之都得以持续发展的根本。

时尚政策。产业政策是国家对经济建设进行调控的重要机制。国际时尚之都的形成离不开政府的大力扶持和效率管理,国际时尚之都所在的国家和城市在时尚产业发展时均确定为重点发展的产业加以扶持。例如,纽约政府为时尚产业专门划出了城市空间供时尚产业的发展,纽约政府在各发展阶段对时尚产业的不同部门进行了相对应的扶持[54];巴黎政府给予了时尚业很大的支持,其中工商负责处理审批相关时装贸易出口和产业法规,文化管理巴黎时装活动和国际交流以及出台相关法律、花巨资赞助、大力宣传、鼓励奖励以及组织时装节扩大影响力等政府的支持举措[55];伦敦则出台了设计师扶持政策、金融危机后的伦敦时尚产业扶持政策;意大利专设时尚产业部门管理米兰时尚产业。稳定完善的政策与机制直接影响着五大时尚之都的发展,是保证时尚之都健康可持续发展的稳定器和加速器。

时尚法律。完备的法律体系是保障时尚产业稳定发展的坚强基石和靠山。五大时尚之都均具备完善时尚业的法律体系。如,伦敦的《著作权、产品设计和专利法》、英国知识产权局(UKIPO);米兰的《版权法》、知识产权法庭;巴黎的《知识产权法典》;纽约的《版权法》《蓝哈姆法》《专利法》,国际知识产权联盟;东京的《知识产权基本法》等。

巴黎是高级时装的发源地,世界时尚设计和信息发布中心;米兰是高级成衣发源地,世界一流的面料制造基地;伦敦具有悠久的纺织业传统,是经典男装的制作中心;纽约的高级成衣、休闲装、运动装品牌居全球领导地位;东京拥有自己一流的设计和品牌,同时发展高品质的时装加工业。世界五大时尚之都塑造了各具特色的时尚文化与时尚经济,成为举世公认的世界级时尚中心,时装产业是贯穿始终的核心。

具体探究世界五大时尚之都的成功之路,不难发现共同的经验,那就是,发展时尚产业必须根据自身条件出发,确定适合本地区实际的发展规划和发展道路,建构与产业发展相适应的、配套的政策体系和完善的机制。时尚消费引领未来发展。时尚产业作为城市经济发展的新动力,我国有关城市和地区在发展时尚产业,助推构建双循环发展新格局的背景下,应该借鉴和学习世界五大时尚之都的发展经验,因地制宜,才有可能走出属于自己的发展之路。

二、日本人性化设计理念

中国与日本同属东方国家,但日本的时尚产业发展迅猛,使得东京成为五大时尚之都之一,打破了时尚话语权在欧美国家的神话,其中日本独特的人性化设计理念最为时尚界认可。对日本人性化设计理念的形成因素进行溯源和探究,将有助于推进中国特色时尚产业的设计创新事业。

(一)形成因素

1. 地理位置因素

日本是一个位于太平洋北部、亚欧大陆东部的岛屿国家,由本州、北海道、九州、四国等岛屿共同构建的"千岛之国"。作为一个身处地震带的岛国,面临着自然资源的缺乏以及自然灾害的频发,例如火山、地震,迫使日本只能依靠进口来维持和满足人民日常所需,但正是这种特殊的地质条件,为日本带来了大自然所馈赠的温泉资源。所有这些让日本人民从心灵深处油然产生对自然的敬畏与尊重,形成了日本讲究简朴、素净以及注重细节的特点。

2. 宗教因素

日本的宗教信仰对日本人性化设计理念同样有着至关重要的影响,神道教与佛教禅宗的影响最为明显。日本神道教作为日本本土宗教,起源于日本先民的原始自然崇拜,经过时代变迁的发展后,逐渐形成了比较完整的宗教体系,其崇尚自然,主张人与自然和谐相处,重视共同体的利益和人的情感[56]。禅宗是佛教流派之一,从中国传入日本的禅宗中不仅有佛教中原有的理念,也包含着当时中国的传统文化。日本禅宗认为生命本身就是原始而极其单纯的,主张人们打破外物的观念的束缚,注重心的修炼,克服妄心,息心去欲[57]。无论是本土的神道教,还是传入的禅宗,一定程度上教化了日本人民的心灵。时至今日,神道教与禅宗的理念——和谐、纯粹,相互融合、交叉体现在日本现代设计产品的方方面面。

3. 外来因素

日本在形成自身的人性化设计理念过程中,不仅有着内部因素,外来因素也很大程度上提供了帮助。依据时代的变迁与文化的影响可以分为三个阶段:

中华文化。日本与中国一衣带水,有许多文化元素都是源于中国。例如,在现代的日文中,还能够看到汉字的身影;在建筑方面,日本的传统房屋都与我国唐代建筑相似,等等。经过时代的不停演变,日本早已将自己本土的特质与从中国传入的元素相融合,形成属于自己的民族文化,被人们熟知,深刻影响着人们的生活。

西方文化。日本在16世纪接触欧洲文明。随着西方思想的传入与中国鸦片战争的失败,日本人开始意识到西方技术、制度、艺术等的重要性,转而开始重视西方文化,由此,日本开始受到西方的影响。但是日本在面对新的先进文化时并没有一味地放弃属于自身的优良传统文化。

美国文化。二战结束后,日本作为战败国被美国占领,此后的日本文化与美国文化相互碰撞。在美国的主导下,日本开始慢慢恢复经济与社会,同时开始注重艺术类教育,成立设计院校,拥有自己的设计教育体系。日本还分享了美国的先进技术,着手培养新一代的人才,从而改变了日本的面貌,使日本成为设计强国。

尽管外部因素为日本人性化设计发展提供了很大程度的帮助,但不容忽视的是,日本人性化设计的发展更多是基于自身文明,日本并没有抛弃自身的文化,而是相互融合,在吸收外部优秀文化影响的同时,依旧维持着本民族文化的独立性和稳定性。

(二)对中国的启示

中国发展自身的时尚产业和时尚文化时,如何实现人性化设计的理念是需要高度重视的。对此,日本提供了很好的借鉴与启示。

1. 坚守民族文化

我国历史悠久,文化底蕴深厚,民族众多,形成了独特的民族文化,在与外来先进文化碰撞时不应被漠视,甚至被废弃。我们可以敞开胸怀,包容吸纳优秀的外来文化成分,但必须坚定不移地坚守自身文化,保持民族文化的完整性和独立性。自身文化是设计创新的基础,舍弃了自身文化,设计创新便不复存在,失去了前进的动力。

2.传承优秀传统

日本人性化设计理念中可以发现有些元素源于中国。中国历史文献中对于人性化设计方面的记载悠久,这说明中国并不缺乏人性化设计的历史和研究。中国文化底蕴深厚,其中的优秀文化更是数不胜数,只是在发展的过程中,在与外来文化发生碰撞时,类似于人性化设计的民族优秀文化被忽视、被搁置,并没有很好地得以传承。现在重提人性化设计理念,首先需要设计师们对我国优秀传统文化有一个正确的认知,要了解什么是真正的优秀传统文化,把握其真正的内涵,要认同本民族与自己国家的文化,提升我国的文化自信。

3.拒绝拿来主义

我国设计一直来被外界诟病的原因之一是盲目一味地模仿,没有自己民族的灵魂。日本受到西方先进文化的影响后,并没有完全跟随西方,而是在传承自身文化的同时,不断学习进取、取长补短,以本土文化为内在精神气质,以西方文化为外在表现,注重文化的双重特性。

4.注重东西融合

我国设计起步相对较晚,设计理论等方面都比较薄弱,在面对西方的先进设计理念时,我国一方面要基于优秀传统文化进行设计创新,另一方面应须懂得东西方文化的融合。此"融合"是将我国优秀传统文化真正地融入、贯穿到创新设计中,并非将某一传统文化元素简单地直白地贴在设计的表面。以东西融合为抓手,以我国优秀传统文化为基础,赋予设计灵魂,就能够创出属于本民族的设计理念。

三、国内经验案例综述——浙江杭州

浙江杭州作为时尚消费快速增长的城市,设计创新同样发展迅速。八大万亿产业,是新的发展时期浙江经济腾飞的八大引擎。浙江有良好的产业发展基础和深厚的文化底蕴,这些都是发展时尚产业的最好条件。杭州作为浙江省的省会,应该而且必须走在其他城市的前面,成为时尚产业发展的标杆。结合五大时尚之都经验,杭州在加大力度发展时尚产业,努力打造新型时尚之都方面,要着力以下几点:

挖掘文化资源。挖掘当地自身文化资源,形成杭州独特的文化氛围,丰富城市文化的内涵。杭州身处江南水乡,在地理位置与历史文化上资源丰富,有着独特的河姆渡文化、良渚文化和悠久的吴越文化,还有"水光潋滟晴方好,山色空蒙雨亦奇"的西湖与独特的巷子文化。在发展时尚产业时,应该注重对于自身独特文化的挖掘，打造独特的杭州文化氛围，保留中华优秀传统文化的基础上融合现代都市文化，为时尚产业提供长久的生命力。

加强时尚宣传。时尚产业随着国民经济的增长发展迅猛，但时尚在群众眼里还是有一定的距离感，所以杭州应该加强时尚宣传。如今时尚宣传占主导地位的是 VOGUE、ELLE、COSMO、Marie Claire 等杂志，多媒体迅猛发展后各自也有了品牌杂志的微信公众号与微博官方账号，有些已经渗透到了群众的生活中，大众可以通过互联网及各类 APP 及时了解时尚信息。但这些杂志都是从国际时尚界流入中国市场的，国内本土的时尚杂志不但数量少，而且没有 VOGUE 等时尚杂志所具有权威性。杭州甚至还没有属于自己权威的时尚杂志或者媒体，这对于杭州建设时尚之都是不可想象的。时尚杂志以及信息有助于增加城市的曝光度和国际美誉度，有利于拉动本土的时尚消费水平，提升本土时尚产业相关品牌层次，扩大其知名度与影响能力。

增强时尚人才培育。五大时尚之都的成功经验说明了时尚产业相关人才培养的重要性。我国时尚教育整体起步较晚，基础差、教育资源匮乏，基本是20世纪80年代之后才开始逐步发展起来的。时尚产业的发展需要在设计、营销以及创新生产技术等环节加大力度，除了政策扶持外，重要是后继人才的培育。在院校设置、师资力量不断改善的同时，杭州具有服装专业的院校可以借鉴五大时尚之都的人才培养方式，制定科学完备的人才培育体系，与当地企业和国内以及海外的服装院校进行合作，实行校企合作、产教结合的人才培养模式，将专业理论知识学习与产业实践相结合，培养出拥有杭州独特气息的时尚产业人才。

加强政府引导。杭州时尚产业发展需要政府的引领和支持，除了制定地方相关产业政策外，要在招商引资、税费减免、融资扶持和优化环境等方面进行相应的支持。要着力解决普遍存在的产品同质化问题。在调整产业结构和产品类型的同时，政府要统筹规划并出台相关的政策和战略，支持和帮助时尚企业、行业协会及时整合产业资源与供应链。可以借鉴日本纺织产业结构调整的做法，循序渐进地加以改革，逐步对纺织产业进行产业升级与转移。还可以借鉴意大利纺织产业结构优化方式，基于资源资本差异化的创新，强调"专"与"精"，追求产品差异化，调整纺织产业的产品结构、市场结构和区域产业结构，从而避免现阶段浙江省纺织产业存在的因产业同构化、产品同质化而导致的价格竞争的恶性循环[58]。

● 参考文献

[1]JAN F, BEN R M, ESBEN S A. Innovation studies evolution and future

challenges[M].London:Oxford University Press,2013.

[2]JEA H N,YOUNGOK C,DAVID H.The design innovation spectrum:An overview of design influences on innovation for manufacturing companies [J].International Journal of Design,2017,11(2):13-24.

[3]张楠,王居源.设计创新驱动的新产品开发模糊前端管理研究——以长三角传统制造企业为例[J].经济问题,2020(9):72-77.

[4]王军.近代以来中国人对传统文化的心态演变[J].玉林师范学院学报,2015,36(6):76-82.

[5]习近平.在纪念孔子诞辰2565周年国际学术研讨会暨国际儒学联合会第五届会员大会开幕会上的讲话[N].光明日报,2014-09-25(2).

[6]毛立辉.中国国际时装周反思录(一)中国设计的文化自信如何提升？谈中国元素的创新[J].纺织服装周刊,2009(45):76-77.

[7]高燕.服装设计的时尚创新与中国传统文化[J].包装世界,2013(3):28-29.

[8]习近平:决胜全面建成小康社会夺取新时代中国特色社会主义伟大胜利——在中国共产党第十九次全国代表大会上的报告.

[9]刘嘉.只有文化,是永远值得探寻的访盖娅传说品牌创始人兼艺术总监熊英[J].纺织服装周刊,2017(27):34-34.

[10]苏珍珍.对话熊英:盖娅传说盛放巴黎歌剧院的幕后[J].中国纺织,2016(10):138-139.

[11]分析:时尚消费的追求与创新设计.http://www.sohu.com/a/229783231_99983349.

[12]刘万昱.时尚与传统的融合——西藏民族服饰的创新探索[J].中国民族博览,2019(2):187-188.

[13]张立川.解构与重组——中国传统民族文化元素的服装设计创新[J].美术观察,2017(4):96-99.

[14]陈超.民族服饰元素在现代服装上的应用[J].丝绸,2007(0):19-21.

[15]张紫妍,古怡.设计师品牌"江南布衣"的设计风格研究[J].服饰导刊,2017,6(1):57-63.

[16]饶明旭,李金山.浅谈服装设计的民族化与国际化[J].西部皮革,2016,38(4):44.

[17]马晓蓉.我国服装设计和传统文化的合并[J].西部皮革,2017,39(18):84-85.

[18]张雅雯,陈雨.湖南湘绣在文化创意产业领域中的创新推广与发展现状研究

[J].西部皮革,2017,39(18):43-44.

[19] 崔彦,蔡钰茹."海派时尚设计及价值创造知识服务中心"——对于协同创新的思考与实践[J].创意设计源,2015(6):29-36.

[20] 刘科江.智能制造背景下珠三角时尚产品设计人才需求状况调研分析[J].教育现代化,2018(8):278-281.

[21] 杨明刚.发展上海时尚产业,培养创意设计人才[C].设计学研究,2012:88-95.

[22] 中华人民共和国中央人民政府.国务院办公厅关于深化产教融合的若干意见[Z].国务院办公厅,2017-12-19.

[23] 陆秋萍.基于产教融合的高校"众创空间"创新探析[J].中国青年社会科学,2018,37(3):97-103.

[24] 江学斌.产教交融[J].中国服饰,2018(7):66.

[25] 曹为成,黄永利.时尚产业语境下服装艺术设计人才培养机制研究[J].职教通讯,2017(29):28-30.

[26] 袁丹丹,张鹏,王金珍.产教融合视角下应用型本科院校教学质量保障体系构建研究[J].职业技术教育,2020,41(8):59-62.

[27] 刘琼.应用型本科高校校企合作人才培养模式探讨[J].留学生,2016(3X):118.

[28] 李金艳."产教融合、协同育人"应用人才培养的研究与实践[J].教育现代化,2018,5(34):3-4.

[29] 李永生.政府在深化产教融合中要扮好五大角色[N].人民政协报,2018-10-31(010).

[30] 蓝纯杰.论版权法保护挪用艺术作品的路径[J].时代法学,2019,17(6):57-65.

[31] 威廉·M.兰德斯[美],等.知识产权法的经济分析[M].金海军译.北京:北京大学出版社,2016:314-315.

[32] 参见《宪法》第47条、51条.

[33] 参见《反不正当竞争法》第9条.

[34] 高阳,陈静.论实用艺术作品的著作权保护[J].浙江理工大学学报(社会科学版),2019,42(5):542-547.

[35] 胡钰雯,孙虹.五大时尚之都的经验对中国时尚知识产权保护的启示[J].丝绸,2020,57(6):26-32.

[36] 张俊龙.升级从知识产权开始中国纺织服装行业信息化与公平竞争研讨会

召开[J].纺织服装周刊,2013(47):16.

[37]曹琴仙,付华.京津冀知识产权法治协同保护机制研究[J].河北法学,2018,36(7):87-99.

[38]完善创新机制积极开拓途径浙江省专利保护工作取得新成效[J].今日科技,2018(3):32-33.

[39]郝敏.服装设计相关的知识产权保护模式探析[J].知识产权,2019(9):26-36.

[40]郑志海,薛荣久.入世与知识产权保护[M].北京:中国对外经济贸易出版社,2000:89.

[41]吴汉东.知识产权法学[M].北京:北京大学出版社,2016:135.

[42]王健,丁文锦."时尚法"专栏导言[J].浙江理工大学学报(社会科学版),2019,42(5):512.

[43]Sindy Ding-Voorhees.时尚法:国际视野与中国发展——从美国与欧洲对时尚保护的源起、现状、立法与司法实践谈起[J/OL].浙江理工大学学报(社会科学版):1-12[2020-02-07].http://kns.cnki.net/kcms/detail/33.1338.TS.20190912.1712.022.html.

[44]李加林.时尚产业发展的文化支撑[N].浙江日报,2019-03-11(009).

[45]孔媛媛.文化类综艺节目对优秀传统文化的创新传播——以《中国诗词大会》为例[J].声屏世界,2019(7):35-36.

[46]http://theory.people.com.cn/GB/n/2018/0329/c40531-29895400.html.

[47]任然.传统文化需要创新传播模式[N].西江日报,2017-03-22(F02).

[48]毕国帅.推动中华优秀传统文化创造性转化创新性发展研究[D].济南:山东师范大学,2019.

[49]柳文海.传统与时尚相融合的中国风格服装设计手法研究[J].文物鉴定与鉴赏,2019(15):68-69.

[50]向勇.故宫文创:传承优秀传统文化的先锋实验[J].人民论坛,2019(9):124-126.

[51]葛海飞.当代书法字体设计在包装设计中的创新应用[J].轻纺工业与技术,2020,49(8):195-196.

[52]黄静.现代包装设计中的传统文化元素[J].包装工程,2005,26(1):180-181.

[53]时尚之都的八大要素[J].宁波经济(财经视点),2013(13):25.

[54]孙莹,汪明峰.纽约时尚产业的空间组织演化及其动力机制[J].世界地理研

究,2014,23(1):130-139.
[55]王峥峥.巴黎时装之都的成功经验对北京建设"时装之都"的启示[D].北京:北京服装学院,2010.
[56]周永生.日本神道文化及其力量[J].世界宗教文化,2017(3):58-65.
[57]陈璇.论日本文化对禅宗思想的吸收和借鉴[J].开封教育学院学报,2019,39(3):241-242.
[58]刘娟,孙虹.五大时装之都的经验对浙江时尚产业发展的启示[J].丝绸,2018,55(7):64-69.

参考文献

[1] 纪振宇,赵爽.解析未来中国时尚消费趋势,2019中国国际时尚高峰论坛为市场"划重点"[J/OL].中国服饰,2019.

[2] 陈徐彬.中国有民族品牌吗[J].广告大关(综合版),2006(02):22-23.

[3] 张贤根.民族时尚创意研究:现状、问题与对策[J].服饰导刊,2015,4(04):62-70.

[4] 尹艳华.我国企业民族品牌管理现状与对策分析[J].延安职业技术学院学报,2013,27(04):35-37.

[5] 肖文陵.国际流行体系与当代中国时尚产业发展途径[J].装饰,2010(10):94-95.

[6] 夏毓婷.论国际时尚之都建设的价值导向与战略重点[J].湖北行政学院学报,2014(06):48-51.

[7] 陈文晖,熊兴,王婧倩.我国时尚产业政策回顾及未来展望[J].中国物价,2018(10):81-84.

[8] 龙静,陈传明.服务性中介的权力依赖对中小企业创新的影响:基于社会网络的视角[J].科研管理,2013,34(05):56-63.

[9] 郑小为,宁青青.促进中小企业创新的政策扶持策略研究[J].武汉商学院学报,2017,31(04):30-33.

[10] 朱楠.我国时尚设计的法律应对[J].上海政法学院学报(法治论丛),2013(06):21-26.

[11] 方兴.支持中小企业创新发展的财税政策研究——以苏州市为例[J].现代管理科学,2017(11):78-80.

[12] 孟中惠.加大对中小企业发展的政策扶持[J].乡镇经济,2006(05):29-31.

[13] 李宇.管理职位设计常见错误的再思考——基于德鲁克的观点[J].东北财

经大学学报,2007,49(01):30-34.
[14]佚名.OSPOP[EB/OL].(2019)https://baike.so.com/doc/2408417-2546284.html
[15]佚名.飞跃[EB/OL].(2019)https://baike.so.com/doc/5666675-24849568.html
[16]原研哉.设计中的设计[M].济南:山东人民出版社,2010.
[17]佚名.时尚纺织服装产业创新服务体智尚国际服装产业园开园[J].纺织报告,2018(07):6-7.
[18]张巧靓.以"白领"女装品牌为例——浅析中高端职业女装的设计研究[J].艺术科技,2015,28(07):98.
[19]佚名.品牌故事:杰尼亚(Zegna)[J].中国纤检,2015(20):58-59.
[20]佚名.杰尼亚:个性化服务的楷模[J].上海经济,2011(10):34-37.
[21]罗昶,谢家华:网上卖鞋成巨富[J].商业文化,2014(17):17-18.
[22]沈宝钢.直播带货商业模式探析及其规范化发展[J].理论月刊,2020(10):59-66.
[23]钟涛.直播电商的发展要素、动力及成长持续性分析[J].商业经济研究,2020(18):85-88.
[24]粟天瑞.H&M屡陷"质量门"被曝对质量把控不严[J/OL].中国财经,2012.
[25]佚名."H&M"等国际品牌服装屡曝质量问题[J].品牌与标准化,2016(07):7.
[26]李杨.快时尚品牌的旧衣回收项目管理模型——基于H&M的案例研究[J].管理案例研究与评论,2018,11(02):181-191.
[27]佚名.H&M成为全球首个供应链透明的时尚零售商[J].印染,2019,45(09):61.
[28]郭燕.嵌入H&M全球供应链的中国服装进口贸易研究[J].毛纺科技,2020,48(06):90-94.
[29]佚名.营销创新[EB/OL].(2019)https://baike.so.com/doc/5569626-5784823.html
[30]佚名.耐克与阿迪达斯的品牌战略分析[J].中外鞋业,2019(05):84-87.
[31]许欢.波司登的时尚变身[J].中国纤检,2019(08):102-103.
[32]易芳,梁莉萍.波司登:创新驱动凝萃品牌之魂[J].中国纺织,2017(11):118-119.
[33]刘乐.浅析可持续时尚品牌的发展与创新—以StellaMcCartney为例[J].西

部皮革,2020,42(01):111.

[34] 王亚民.2020年的文化故宫[N].人民政协报,2020.

[35] 陈江涛,吴燕晴.从产品输出到价值输出——SHEIN品牌建设[J].经济研究导刊,2020(34):56-57+63.

[36] 张芷若.以人为本的极简主义设计——以无印良品为例[J].中国民族博览,2019(09):160-161.

[37] 邵兴德,孙璨,张仲凤.无印良品绿色设计理念研究[J].家具与室内装饰,2019(08):66-67.

[38] 康红娜.湘西凤凰旅游纪念品设计的"道"与"器"[J].包装工程,2013,34(06):26-28+40.

[39] 邓焱,李中扬.设计中的"无用"之道[J].包装工程,2015,36(06):109-112.

[40] 李晓颖.浅析无印良品包装设计的禅意美[J].西部皮革,2017,39(24):129+136.

[41] 陆建东.从巨亏31亿、关店3000家,到净利年翻44倍"一切皆有可能"[J/OL].财报,2020.

[42] 佚名.李宁2018年营收首次突破百亿元[J].网印工业,2019(04):59.

[43] 王雪妍.阿里云联手李宁打造"数智化"新门店[J].时代经贸,2019(28):90-91.